复杂性理论的应用语言学研究方法

Research Methods for Complexity Theory in Applied Linguistics

菲尔·伊韦（Phil Hiver）
阿勒·H. 阿勒－扈利（Ali H. Al-Hoorie） 著

周世瑶　李斑斑　译

朝華出版社
BLOSSOM PRESS

著作权合同登记号　01-2024-4729

图书在版编目（CIP）数据

复杂性理论的应用语言学研究方法 /（法）菲尔·伊韦，（沙特）阿勒·H. 阿勒 - 扈利著 ; 周世瑶 , 李斑斑译 . -- 北京 : 朝华出版社 , 2024.7
ISBN 978–7–5054–5456–9

Ⅰ . ①复… Ⅱ . ①菲… ②阿… ③周… ④李… Ⅲ . ①应用语言学—研究方法 Ⅳ . ① H08-3

中国国家版本馆 CIP 数据核字（2024）第 112125 号

复杂性理论的应用语言学研究方法

［法］菲尔·伊韦（Phil Hiver），［沙特］阿勒·H. 阿勒 - 扈利（Ali H. Al-Hoorie）　著

责任编辑　张北鱼
责任印制　陆竞赢　訾　坤
书籍设计　北京浦洋伟业

出版发行　朝华出版社
社　　址　北京市西城区百万庄大街 24 号　　**邮政编码**　100037
订购电话　（010）68996522
传　　真　（010）88415258（发行部）
联系版权　zhbq@cicg.org.cn
网　　址　http://zhcb.cicg.org.cn
印　　刷　北京盛通数码印刷有限公司
经　　销　全国新华书店
开　　本　710mm × 1000mm　1/16　　**字　　数**　300 千字
印　　张　20
版　　次　2024 年 7 月第 1 版　　2024 年 7 月第 1 次印刷
装　　别　平
书　　号　ISBN 978–7–5054–5456–9
定　　价　88.00 元

译者序一

作为复杂动态系统理论(complex dynamic systems theory，CDST)专家菲尔·伊韦（Phil Hiver）教授的第一位博士生，每当与人谈论起我的导师，总是会被问起有关复杂性理论的问题。然而，作为名师学生的我，不得不承认，早年间，对于这个理论的认识、理解以及运用还处于模糊阶段。我博士阶段的学习及研究方向主要是二语习得中的个体差异及研究方法的创新，尤其是高阶统计方法在应用语言学中的应用。因此，虽然我非常认同复杂性理论探究问题的角度，但碍于精力有限，一直未能有足够的时间去深入阅读相关书籍，更谈不上使用相适应的研究方法来进行相关研究。这也因此成为我的一个心结：希望能有机会仔细研读复杂性理论相关知识，学习其研究方法并在应用语言学研究中进行推广。

2021 年博士毕业回国后，一个偶然的机会，我翻到了拉森 – 弗里曼（Larsen-Freeman）和琳恩·卡梅伦（Lynne Cameron）的那部经典著作《复杂性系统与应用语言学》(*Complex Systems and Applied Linguistics*) 的中译本。这突然给了我一个启示，有一种说法不就是“翻译是阅读文章最好的方式”吗？我是不是也可以通过翻译复杂性理论相关书籍来迫使自己对这个抽象的理论进行细致阅读？而且，我手边不就有最好的资源！由此，本书的种子自此种在了我的心间。我曾试图联系过国内当时我认识的做复杂性理论研究的同仁，但由于译著缺乏原创性、学术价值较低等原因，我的提议最初未能得到支持。直到 2022 年春节，在三亚与北京前来度假的斑斑畅聊，有着出版从业经验以及丰富二语习得研究成果的斑斑，在听了我的提议之后，爽快地答应了。由此，这颗翻译书的小种子开始发芽。

在导师伊韦博士的牵线搭桥下，我们顺利地和原著出版社取得联系并获得相关版权。2023 年，我们的翻译工作全面展开。回首整个过程，感激满盈。

首先，我特别感谢我的博士导师，也是这本书原著的第一作者菲尔·伊韦，以及他的同学阿勒·H. 阿勒 - 扈利（Ali H. Al-Hoorie）博士，感谢他们在推动复杂动态系统理论在应用语言学研究中做出的卓越贡献。伊韦教授专业、严谨的治学态度，对学生悉心的指导和鼓励，以及强烈的家庭责任感，深深影响了我求学、工作及生活中的方方面面。他不仅是我学业上最出色的导师，更是我学术生涯中最明亮的灯塔，照我前行。

其次，我要感谢我的搭档，也是我的挚友斑斑，她不计较个人得失，坚定地去做具有学术价值但个人收益较少的工作。是她的坚持才让这颗翻译的小种子得以生根、发芽，结出美好的果实。她对工作的专业精神、对家庭的奉献精神，以及对孩子的细腻关怀也深深影响着我。同为家有二宝的职场妈妈，我们之间的默契、时而的相互鼓励，也是支撑我在工作中不断前行的重要动力。同时，我也特别感谢我远在美国洛杉矶的妹妹洋洋 (Gaby)，在本书的初稿翻译以及终稿校对方面，她都做出了巨大的贡献。没有她的一路相伴，此书不会如此顺利地出版。

再次，我要感谢本书的责编北鱼，是她的耐心、鼓励一路支持着我们。人生第一次和出版社打交道就遇到如此体贴的编辑，实属幸事。

另外，我也要特别感谢复旦大学郑咏滟副院长，作为国内复杂动态理论研究的领军人物，在我邀请她为此书作序时，她不仅没有丝毫地犹豫，还主动帮助我们阅读第一版成稿，并提出了非常宝贵的修改意见。郑老师的专业精神和为复杂动态系统理论在国内推广做出的重要贡献，是我们能有机会把此书翻译成中文的重要底气。同时，我也非常感谢在此书翻译过程中给予了帮助和支持的大连理工大学于涵静副教授、海南大学外国语学院院长白丽芳教授，以及为此书顺利出版提供经费支持的海南大学外国语学院英语系。正是有以上专家、同仁和单位的支持，此书才能顺利与读者见面。

最后，感谢我最亲爱的家人，他们的理解和支持是让我可以心无旁骛做好工作的最坚定后盾。

最后的最后，分享一句作家张小砚的话，与同在学术道路上砥砺前行的小伙伴们共勉：后来许多人问我一个人夜晚踟蹰路上的心情，我想起的却不是孤单和路长，而是波澜壮阔的海和天空中闪耀的星光。

周世瑶 (Ashlee)
2024 年 9 月 15 日于 17 级超强台风“摩羯”过后的海南大学

译者序二

三年时光流转，2022 年春节，我与世瑶 (Ashlee) 在海南三亚再度相逢。海风吹拂，我们畅聊许久，忆往昔岁月，谈彼此近况，话共同友人。几日之后，世瑶来电，邀我共同翻译其导师菲尔 · 伊韦（Phil Hiver）博士和阿勒 ·H. 阿勒 - 扈利（Ali H. Al-Hoorie）博士合著的《复杂性理论的应用语言学研究方法》。接到此邀约，我的心情可谓复杂，既激动不已，又满心欢喜，同时还心存一丝疑虑。

激动，源于我与这本书及作者之一菲尔 · 伊韦 博士的奇妙缘分。2019 年我在佛罗里达州立大学访学期间，导师珍妮 · 特纳（Jeannine Turner）博士曾邀请菲尔 · 伊韦 博士和我的爱人（计算机科学博士）参与一场复杂历时数据分析讨论，我携女儿生无忧旁听。虽对讨论内容一知半解，却得知菲尔和阿勒两位青年学者近年一致致力于 CDST 的应用方法研究，且他们的著作已然完稿。我随即向伊韦博士申请阅读手稿，潜心学习大半年后，于 2020 年在 *Applied Linguistic* 上成功引荐了该书。

欣喜，则因翻译此书意味着将再次深入学习复杂动态理论在应用语言学领域运用的方法，可能推动 CDST 在国内应用语言学领域的发展。然而，我亦有犹豫。缘由有二：其一，与外单位合作的译著难获成果认定；其二，身为两个学龄前儿童之母和处在职业成长期的青年教师，时间、精力极为有限。略作思索，我们最终决定“为爱发光”，合力译就此书。

2023 年，这本书的翻译、讨论与审校成为我们日常工作生活之外的主旋律。回首过往，感恩满溢。首先，我由衷感谢原作者菲尔 · 伊韦和阿勒 - 扈利博士，他们在应用语言学领域贡献卓越。他们的研究成果与著作如同一扇崭新之窗，为我们开启复杂性理论在应用语言学中的广阔视野。其次，我感恩挚友世瑶，她邀我共启翻译之旅，我们携手并肩、攻坚克难。世瑶的专业素养、严谨态度、宽容胸怀、不懈努力以及对孩子们的深深爱意，如同一束璀璨之光，激励着我向阳前行。同时，我诚挚感谢北京科技大学 22 级翻译硕士夏亚凤、23 级翻译硕士刘亭君对本书翻译与审校工作的大力支持，正因她们的付出，我们得以按时完成著作的翻译。再者，我感激本书责编张北鱼女士，她对我们翻译工作的信任、支持以及对书稿修改、校对的严谨态度，使这本书顺利呈现在中文读者面前。最后，我感恩我的爱人生若谷、宝贝生无忧与生无恙、公公婆婆和爸爸妈妈，他们给予我无尽之爱与强大力量。

由于我们能力有限，译著中若有不当之处，还望学友和读者海涵。

李斑斑

2024 年 9 月 10 日于北京科技大学外语楼

中译本序

在《复杂性理论的应用语言学研究方法》中译本即将付梓之际，我很高兴受到两位译者的邀请，为中译本作序。2020年本书英文版刚刚出版，我便迫不及待地翻阅，非常兴奋地发现这本专注于复杂理论在应用语言学领域研究方法的学术著作涵盖了丰富的方法，将复杂理论在本领域的发展又大大向前推进了一步。四年后的今天，周世瑶、李斑斑两位译者能将这本举足轻重的方法论专著翻译成中文，与广大中国读者见面，实乃学界之幸。

我与复杂动态系统理论的接触始于2010年。和每一个进入到这个领域的学者一样，我惊叹于该理论体系的瑰丽宏大，同时面对繁芜庞杂的概念也感到无从下手、望而却步。复杂动态系统理论自1997年由美国密歇根大学戴安·拉森-弗里曼（Diane Larsen-Freeman）教授引入到应用语言学领域以来，经历过一段长达十年的沉寂期，很大程度上是因为该领域当时处在方法的探索期。2010年之后的蓬勃发展除了得益于前期理论建构奠定的深厚基础，更应归功于两本方法性的里程碑著作。2011年荷兰格罗宁根学派的代表性人物马尔乔琳·H. 费尔斯普尔（Marjolijn H. Verspoor）、万德尔·洛维（Wander Lowie）和基斯·德博特（Kees de Bot）编著出版了 *A Dynamic Approach to Second Language Development: Methods and Techniques* 一书，详细介绍了动态系统的技术路线和方法，很大程度上解决了方法论的困境，为后续开展大量实证研究扫清了障碍。时至今日，该书介绍的移动极值图、蒙特卡罗分析等方法还在实证研究中被广泛使用。2015年英国、加拿大和瑞典的三位学者佐尔坦·德尔涅伊（Zoltán Dörnyei），彼得·麦金太尔（Peter MacIntyre）和阿拉斯泰·亨利（Alastair Henry）将复杂动态系统理论引入了学习者个体差异和学习动机研究，出版的 *Motivational Dynamics in Language Learning* 论文集进一步突破方法瓶颈，提供了丰富的研究方法蓝本，也为复杂系统理论在应用语言学研究领域开辟了二语动机这一分支。我本人也是从这本书中接触到了Q方法，之后加以应用，受益匪浅。

《复杂性理论的应用语言学研究方法》一书可视作之前两本著作的延续与发展。本书的原作者菲尔·伊韦（Phil Hiver）和阿勒·H. 阿勒 - 扈利（Ali H. Al-Hoorie），接过了他们的导师佐尔坦·德尔涅伊教授的旗帜，成为新一代的复杂理论研究领军人物。本书基于近十年来蒸蒸日上的实证研究，更加系统、全面地介绍、剖析了适合于复杂动态系统理论视角的一系列量化、质性方法，提供了一整套切实可行的方法蓝本和丰富实例。世界观决定方法论，二者统一、不可分割。复杂理论的方法论最重要的是认识论上的变化，也就是我们获取、形成关于世界的本源、关于知识的性质发生了变化。复杂理论认为现实中的世界是分层次、有结构、恒久变化的，人们通过合适的方法论工具无限接近现实世界的真相，但研究者对世界真相的认识总是不完全的，因此要用批判的态度不断检验自己的认识。复杂理论挑战了传统心理认知研究底层的还原论倾向和二元对立世界观，认为这只能达到简化操作的目的，对现实的描述不够充分。世界的本质是复杂动态系统，人文社科领域的复杂性尤甚，这就要求我们应该用普遍联系的、动态发展的观点来认识世界、认识语言。由此可见，开展复杂动态系统理论指导下的实证研究，无法仅仅依赖传统上基于牛顿经典力学、还原论、决定论的一套体系，更应采用复杂理论独有的方法论。只有这样，我们才能突破纯粹描述性的研究藩篱，开始拨开复杂性的迷雾，窥探系统发展的模式。

复杂动态系统理论已逐渐为中国应用语言学界所接受、熟知。然而，由于大量的著作还是使用英语撰写，语言上的壁垒或多或少导致对该理论的探讨和应用探索过度集中在英语研究者群体。复杂动态系统理论指导下的应用语言学研究绝不应该只限于英语。中国拥有自己完整的外语教育知识体系，中国也有世界上人口最多的外语学习群体，中国的应用语言学研究理当为世界应用语言学研究做出新知贡献。我感到本书中译本的出版尤为重要，对进一步推广复杂动态系统理论有着深远的意义。从事国际中文教育和其他外语语种教育的一线教师、科研人员都可以从中汲取丰富灵感和智识养料。我也期待更多从事非英语教育的研究者能够投身复杂动态系统理论，探索多语种学习中的复杂性、动态性，与国际学者一起将复杂动态系统理论推向更广阔的多语言、多文化应用语言学研究。

郑咏滟

2024 年 8 月 18 日

于复旦大学外文楼

原版序

迈出下一步

就在五年之前，也就是2014年，我有幸应佐尔坦·德尔涅伊（Zoltán Dörnyei）教授之邀，在诺丁汉大学发表演讲。在那次（动机动力学会议上），德尔涅伊教授向我介绍了他的两位研究生——菲尔·伊韦（Phil Hiver）和阿里·阿勒-扈利（Ali Al-Hoorie）。他告诉我，他的这两位学生十分优秀，对复杂性理论还饶有兴趣。从德尔涅伊教授的高度评价，以及我们三人之间就复杂性理论（其中一次讨论还是在舍伍德森林郊游时进行的！）所展开的深入对话中，我清楚地意识到，这两位都是才华横溢的学者。时光荏苒，伊韦博士和扈利博士如今已不再是学生，都成了大学里的教授。在这些年里，他们合作无间，硕果累累，如今更是携手完成了这部著作。我深感欣慰，也由衷感谢他们的付出。

这是一本意义重大的专著。复杂性理论引领了一种新的思维方式，对科学研究的传统观念提出了挑战。我们不能再满足于牛顿式的还原主义，那种将宇宙视为拉普拉斯式的机械钟表，其运行具有确定性，并通过统计手段从总体样本的行为推而广之到个体。就我们的学术兴趣而言，这种新的思维方式也对语言和语言学习/发展的传统观念提出了质疑。例如，语言一直被视为由静态的规则系统构成，而第二语言习得被描述为一种过程，即学习者从说一种固定的、同质的母语逐渐过渡到能掌握一种统一目标语言的过程。这一早期观点与复杂性理论所提供的视角形成了鲜明的对比。

借助复杂性理论或复杂动态系统理论（complex dynamic systems theory，复杂性理论在第二语言发展领域被称为CDST），语言的形态是不断变化的，始终处于动态发展的过程之中，并通过相互作用不断涌现。将语言视为“流动中的模式”是有益的，就像山间溪流中的漩涡，水不断流过，而模式却保持不变。

复杂动态系统理论提出了一种后结构主义的生态观。其中，时空背景被视为影响发展的一个不可或缺的因素。因此，将学习者与学习过程分开是不恰当的。个体差异真正做到了以人为本，甚至具有现象学特征，并且是可变的。个体内部和个体之间表现的变化性无处不在。等效性、自创生、自组织、相互关联、协同适应和跨学科性——这些都是开放复杂系统的核心和基础特征。

显然，我仅简要概述了复杂动态系统理论所引入的新本体论。对于一些人来说，这种新的思维方式为复杂系统（包括第二语言发展等）提供了丰富的描述。确实，早期的许多研究都是用来确定复杂系统的特性是否适用于应用语言学家感兴趣的现象。这些研究的结果为理论化和哲学探索提供了有力的信息，并对语言的本质及其学习/发展的性质产生了重要的新见解。此外，我和琳恩·卡梅伦（Lynne Cameron）提出了“复杂性思维建模”，即在实际数据收集或进行干预之前，以复杂系统的方式进行思考。菲尔·伊韦和阿里·阿勒-扈利通过提出“动态集成”扩展了这一基本建模方法，其中包括旨在指导研究设计的九个考虑因素——这两种方法对于传达不同的思维方式对经验调查的意义都具有重要价值。

然而，如果要充分发挥复杂动态系统理论的价值，研究人员就需要在描述和理论化动态系统变化的基础上更进一步。部分研究者已经着手此事，但方法论选择并非始终显而易见。确实，如何研究变化过程，特别是当关注因素之间的关系随时间的推移而发生变化，以及当复杂系统所处的特定时空背景极具影响力时，这一问题并不总是显而易见的。然而，我们知道，作为应用语言学家，我们的问题导向意味着我们有责任超越研究的独特时间和地点，并建立所研究事件与未研究事件之间的联系。本书赋予我们的是一整套丰富多样的研究方法，以便开始建立那种联系。它为我们如何设计和实施与复杂动态系统理论相一致的研究提供了宝贵的指导意见。本书考虑到读者的背景，在每章对一种方法进行了通俗的描述，通过一个示例研究来阐述每种方法，并将其与一系列研究问题和注释阅读联系起来。本书最后附有术语表一份，旨在为读者提供帮助，并补充了一些资源。

对复杂动态系统理论的解读有时可能浮于表面，比如仅仅指出复杂系统与语言之间的共性。我们中的许多人确实就是这样开始的。在这本著作中，菲尔·伊韦和阿里·阿勒-扈利展示了对复杂动态系统理论基本概念的深刻理解，他们不仅限于描述，而是带我们深入理解和探究能揭示复杂和动态现实的研究设计和方法。此外，两位作者以复杂且微妙的方式处理了一些从复杂动态系统理论角度来看颇具挑战性的问题，如因果关系和可推广性，这令人印象深刻。

我也很欣赏这本书中那些使文章极具可读性的趣闻逸事，比如了解到罗纳德·费舍尔爵士（Sir Ronald Fisher）因视力不佳，在涉及数学时不得不依靠自己的想象力，这使他能够用几何的方式可视化数学，并成为现代统计学基础的第一奠基人。作者在其他地方的评论也十分有趣，不过，我就不在这里做过多的剧透了。

这本书的另一个值得赞赏的特点是，它不仅没有回避争议（比如目前对混合方法的偏好和争议），反而深入探讨了相关问题，亦没有立即否定某一种立场。这种克制在应用语言学中并非显而易见，但它确实表明了一种文明的态度，这种态度并不代表软弱，而是表明了对争议更深层次、更高共识性的理解。为了说明这一点，两位作者明智地建议应将研究方法进行融合而非混合，并以此作为对这一特定争议的总结。

要推动动态系统理论进一步阐释第二语言发展，接下来最需要的步骤就是通过强大的分析工具，以连贯且令人信服的方式提供强有力的研究发现。接下来采取以问题为导向的科学探究方法意味着，这本书，作为清晰性的典范，与应用语言学的最佳成果完全吻合。以复杂动态系统理论为灵感去理解第二语言发展是十分重要且意义重大的。目前，我十分欣慰地看到这项工作正在稳定开展并会持续进行下去。

戴安·拉森-弗里曼

密歇根大学荣休教授

2019 年 5 月

目 录

第一部分 复杂性理论概述

第二部分 质性研究方法

第三部分 量化研究方法

第四部分　复杂动态系统理论研究方法的前景

第一部分

复杂性理论概述

第一章 引言

“复杂性是世界的一部分，但它带给人们的不应该只有困惑：如果我们相信事情就该是复杂的，那么我们就能接受它并进一步探索其复杂性的本质。我们应享受它所蕴含的深刻性、丰富性和美感，同时也要对抗不必要的复杂性。”

——Norman（2011：4）

过去几年间，复杂动态系统理论（CDST）在应用语言学领域引起了众多联想。举例来说，拉森－弗里曼（Larsen-Freeman，1997）最早提出用复杂理论的视角看待应用语言学中的问题，该篇论文现已被列为该领域最具影响力的文章之一（de Bot，2015）。此外，拉森－弗里曼和卡梅伦（Cameron，2008a）在其专著中全面阐述了复杂动态系统理论对应用语言学领域的启示，该书被评为应用语言学领域最具影响力的著作之一（de Bot，2015）。我们必须承认，人们对复杂动态系统理论兴趣的爆炸性增长这一现象不足为奇。毕竟，应用语言学是一门兼具综合性、包容性、独特性的“混搭风”学科，也就是有些人所说的具有跨学科性。并且，该学科始终以其对外界影响所持有的开放性态度为特征（Chapelle，2014）。围绕复杂性理论的知识重组已经更大范围地席卷了社会学，这证明了我们这个时代的许多重大问题是复杂且系统化的，我们必须进行相应的认知转变来应对（Capra & Luisi，2014）。同样地，应用语言学也已经“趋于复杂化”。就一些很重要的方面而言，复杂性影响了语言学家的思维，这或许正是人们所期待且乐见其成的。

新手可能会想知道，为什么要采用复杂动态系统理论框架？在应用语言学领域，复杂动态系统理论能够实现哪些我们原本无法实现、无法操作、无法认知甚至无法触及的内容（参见 Ortega & Han，2017）？首先，复杂性是人类本身，也是社会世界所反映出的经验现实。于我们而言，复杂动态系统理论在 21 世纪的应用语言学中的地位，是以埃德加·莫兰（Edgar Morin）在其作品中提出的一个主张为导向的："碎片化思维使我们无法将部分与整体联系起来，无法应对源源不断的新信息所带来的变化、意外和不确定性。相反，我们需要一种根本的能够重建联系的能力——将脱节的、分散的对象重新整合起来，从而思考它们的复杂性、整体性，等等。我们必须学会在不确定性的海洋中航行（Morin，2001：1-3）。"从这一意义上来说，复杂动态系统理论让那些牵绊应用语言学家的思想和问题，无论是有意设计的还是自然产生的，均以更接近其动态且贴近现实的方式得到更好的理解（参见 Larsen-Freeman & Cameron，2008a）。

最近的研究（例如 Larsen-Freeman，2017）综述了针对当前受复杂动态系统理论启发的应用语言学不同分支的研究。这些研究表明，复杂动态系统理论已持续且广泛地渗透到应用语言学的各个分支领域中，如语言发展 / 习得（de Bot，2008；Ellis & Larsen-Freeman，2009；Verspoor et al.，2008）、语言磨蚀（Schmid et al.，2013）、语言变化（Cooper，1999；Kretzschmar，2015）、生态语言学（Cowley，2011；Kramsch & Whiteside，2008）、语言演化（Ke & Holland，2006；Mufwene et al.，2017）、语言政策与规划（Hogan-Brun & Hogan，2013；Hult，2010a；Larsen-Freeman，2018b）、语言教学（Kostoulas et al.，2018；Mercer，2013，2016）、英语作为通用语研究（Baird et al.，2014；Bouchard，2018；Larsen-Freeman，2018a）、语言景观（Soler-Carbonnell，2016）、双语和多语现象（Herdina & Jessner，2022；Todeva，2009）、社会语言学（Bastardas-Boada，2013；Blommaert，2014）、教育语言学（Hult，2010b）、会话分析（Seedhouse，2010）、传播学（Massip-Bonet & Bastardas-Boada，2013；Massip-Bonet et al.，2019）等。

同时，应用语言学界对现实世界中的实际问题一直有着明确的关注倾向。这种关注倾向与事件、时空设定和人相关，对于这些人来说，语言知识及其使用是解决各种问题的关键（Davis & Elder，2004）。复杂性还以社会世界的现象学现实为基础。在与其他应用语言学家的无数次对话中，我们一次又一次地听到这样的评价，这种观点（即复杂性）在知识层面上是合理的，因为它能够捕捉到有趣现象的固有情境和动态现实。尽管如此，我们也会经常听到这样的观点：尽管复杂动态系统理论与研究者们的研究领域紧密相关，但是如何使用该理论以及运用该理论的观点来研究问题的方法仍然不够明朗（见 Lowie，2017；MacIntyre et al.，2015）。这或许令人感到惊讶，因为我们现在已经清楚地了解到：复杂动态系统理论是基于以问题为导向的研究方法论，并呼吁通过研究需求得出进行科学研究的方法（Morin，2008）。显然，对于以复杂理论为基础的实证研究来说，其主要障碍是应用语言学家对于设计和开展实际的复杂动态系统理论研究所需的内容存在不确定性（例如 MacIntyre et al.，2017）。这些不确定性带来的结果就是在某些问题上缺乏明确的共识，即哪些现象或问题值得探究，如何构建和进行系统性的研究（例如，关于工具和数据收集的问题），以及如何分析和解释复杂动态系统理论研究的结果（例如，Ellis，2018 所述）。

◎ 本书的写作背景

回忆起曾经面临的学术挑战，即当时科学家的语言和思维不足以驾驭全新的概念时，诺贝尔奖获得者维尔纳·海森堡（Werner Heisenberg）（1901—1976）百感交集地说道：

“我记得与尼尔斯·玻尔（Niels Bohr）的讨论持续了数小时，一直讨论到深夜，几乎陷入绝望。讨论结束后，我独自在附近的公园散步，我一遍又一遍地问自己，大自然真的像我们在实验中所感受到的那样荒谬吗？”（Heisenberg，1958：42）

事物的复杂性及其中看似矛盾的特点是理解自然界中事物存在方式的关键，这些物理学家花了很长时间才接受这一点。然而，一旦他们接受了这一事实，他们就开始提出更加精确、更加富有洞察力的问题，并发现了对那些看似矛盾的特点的合理解释，这构成了现代科学最激动人心的时期之一（Capra & Luisi，2014）。

虽然没有那么夸张，但我们自己在复杂性理论方面的经历，的确与那些量子物理学家遇到的学术挑战有着相似之处，在某种意义上，就像莫兰（2001）所说的，在“不确定性的海洋中”航行。我们对应用语言学领域的学习和研究生涯始于对人的兴趣。因为我们对于在二语学习和教学环境中的个体（即学习者和教师）具有浓厚的兴趣，尤其是他们的思想和行为如何促成他们在这些环境中的有意义投入和持续发展，以及与二语学习相关的心理社会因素如何导致这些个体有意识地努力、投入和保持持久性。当然，如果想要了解个体积极投身于二语学习机会的方式和途径，我们只能重点研究个体的认知、情感和行为因素之间的相互关系，以及个体与其所处环境的相互依存关系。在该领域先驱者们的思想影响和鼓励之下（Dörnyei，2008，2017；Larsen-Freeman，2012；Mercer，2011；Verspoor et al.，2011），我们的研究应运而生。正如他们一样，我们的工作试图明确聚焦在语言的学习、教学和应用情境中，试图引起人们对这些现象的动态性质的直接关注。然而，这项工作并不容易。

我们发现，从动态、情境化角度进行应用语言学研究的突出挑战之一是，除了少数几部优秀著作外（例如 Larsen-Freeman & Cameron，2008b；Verspoor et al.，2011），几乎没有研究方法来指导我们进行基于复杂理论的设计和研究。即使是在研究范围更广泛的社会科学领域，现有的关于复杂性研究的资料也只是一些概念性框架介绍（见 Mitleton-Kelly et al.，2018）。这种脱节就像不进行实际驾驶操作，仅凭查阅线控驱动、线控油门机制的相关理论知识来学习驾驶汽车。这不是我们希望看到的情况。正如我们在其他文章中所写的那样，我们很快就发现，基于复杂动态系统理论的学术研究大多止步于理论探讨，缺乏与复杂动态理论原则相匹配的实证研究设计（Hiver & Al-Hoorie，2016）。为此，我们扩大了对相关方法论指导的搜索范围。我们求知若渴，阅读了大量复杂性与研究方法的资料，比如把 12000 页的《复杂性与系统科学百科全书》（Meyers，2009）当作睡前读物。这段探索李雅普诺夫函数（Lyapunov functions）、费根鲍姆常数（Feigenbaum constants）和曼德博集合算法（Mandelbrot set algorithms）的经历，对我们大有裨益，它让我们确信了几件事。

与我们的导师们一样，我们首先确信的是，盲目地全盘引进复杂性科学中的数学方法，会限制我们的研究，因为应用语言学的研究对象有时与自然科学的研究对象大相径庭，而且社会科学也不具备物理科学中能用来对复杂性进行数学建模的数据（Dörnyei et al.，2015；Larsen-Freeman & Cameron，2008b；Verspoor et al.，2011）。然而，我们同样确信，在其他人文、社会科学领域中，现有的复杂性实证研究范式和分析方法已经成熟，且对应用语言学领域中的复杂动态现象研究大有助益。正如我们希望在本书的第二、三部分所呈现的那样，量化方法和质性方法在复杂动态系统理论研究中至关重要。复杂性的科学哲学并非提出一种互斥的方法，而且对于需要调查的一系列现象来说，这种非此即彼的方法既不合理，也不实用。质性方法的优势在于它能让研究者更加细致地观察具体发展过程，同时，我们也希望能证明，重视变异性、互联性和变化性的先进技术也确实存在。

话虽如此，我们不应天真地忽视这样一个事实，即任何“新”研究方法的引入通常会在研究界引起两种不同的反应：一种是倾向于将该方法拒之门外，认为它“太冒险”（即不易于学习和应用），另一种则认为“没什么新意”。在这个方面，我们受到了丽莎·费尔德曼·巴雷特（Lisa Feldman Barrett，2017）的启发，她在其研究中写道：

“科学革命困难重重。起初，新范式引发的问题比它能解决的问题还多。新范式或许能解释现有的异常现象，或者重新考虑悬而未决的问题。但是它也会引发一系列新问题，这些新问题只能借助新的实验和计算技术来解决。这只是新范式的一大特征，而不是缺陷……新范式往往还没开始就会受到批判，因为人们认为它无法解决所有问题。但是科学的进步往往不是解决旧问题，而是提出更好的问题。新方法的价值从不取决于它是否能解决旧方法的问题。”（Barrett，2017：14）

首先，我们向读者保证，本书涵盖的复杂动态系统理论的研究方法，尽管并非详尽无遗，但已经在应用语言学以外的社会科学复杂性研究中得到广泛应用，具有坚实的方法论基础和应用实例，以此鼓励读者积极地参与到这些研究方法和思想的互动中。从某种意义上说，我们应用语言学家并非“单打独斗”，相反，正因为采用了这些研究方法，我们加入了一个充满活力的、志同道合的研究人员群体，他们同样对人类和社会世界的情境性和动态性十分感兴趣。其次，每种研究方法都有其独特性，因为每种方法都有针对性地解决复杂动态系统理论研究中的某个标准问题或满足研究中相应的要求。我们认为，这些方法就像为应用语言学实证研究的精确性和严谨性提供了更多样化的着力点，我们应该欣然接受这种创新。事实上，许多在应用语言学领域中被广泛使用的方法，似乎并不适用于对复杂、动态现实的研究，也缺乏对这些复杂动态现实的真实情景的考量。显然，我们需要对现有的研究方法进行扩展。因此，我们正紧跟其他社会、人文学科，这些学科也在试图通过对现有方法进行常规创新，以及从邻近领域借鉴兼容方法来理解复杂性。并且，我们也在追赶方法论改革运动的进展，包括开放测量工具和材料、公开数据、实行预注册和推广复制研究等。这些举措能进一步丰富复杂动态系统理论的研究。

因此，我们着手写一本书，其中包括我们自己在研究时希望得到的研究指导。但是，我们的重点从来都不是推进某一议事日程或给出一系列确切的答案，而是与他人进行一次激励人心的对话，以此在研究中实现一种不同类型的实践。最终，我们发现这一过程与自组织和涌现原理密切相关。虽然我们一开始的确对本书有所规划，但我们的过程更像是埃德加·莫兰所说的“路径开创”过程。也就是说，我们朝着目标前进的过程本身是探索性的，而且可探索的范围也远大于最初的预期。这恰好与本书的重点相吻合，也正是我们所希望的。

◎ 本书的内容结构

本书由四部分组成，每一部分都从不同角度来阐释主题。引言之后的第二章将介绍复杂性理论的概念构成及其术语。由于我们的主要任务是将复杂动态系统理论与应用语言学家可以借鉴的研究方法联系起来，所以并未对复杂性科学做全面概述。但是，为了把我们综述的方法嵌入其情境之中，并介绍它们的实证模式，一些相关背景信息的介绍是必要的。这也是第二章的目的。我们讨论了复杂性和系统性思维在研究中的意义及起源，并涉及几个关键原则和参考要点，以便更好地理解复杂动态系统理论范式并对其开展研究。初次接触复杂动态系统理论的人会发现，第二章所提供的信息可以让他们相对迅速地上手。而熟悉复杂动态系统理论的人可能会发现，这些信息让他们对复杂动态系统理论研究的思考更加深入。

第三章在背景知识的基础上更进一步，我们分别以实证的方式和更范式化的方式处理复杂性，通过对这二者的区分，研究了复杂、动态的社会世界中的哲学和方法论问题（例如普适性、因果关系）。此外，我们还讨论了复杂现实主义世界观怎样在现实主义和相对主义之间保持平衡，并通过依靠研究对象来确定实用且平衡的研究方法，为复杂动态系统理论研究提供以问题为驱动的研究方法。然后，我们探讨了复杂动态系统理论研究中有哪些可能的关键任务，并思考了这些任务对应用语言学的跨学科研究有什么意义。

从第二部分开始，我们从理论转向方法。对于第二部分（质性）和第三部分（量化）的十四章，我们的目标是为读者提供一系列复杂动态系统理论研究方法的概念介绍。读者将会发现，与典型的单一研究方法的专著不同，我们并没有提供那么多细节。换句话说，我们的目的并不是具体解释某种方法在某个软件中需要点击哪个按键（虽然我们确实为读者推荐了一些提供此类信息的相关文章）。相反，每一章的首要目的是对相关研究方法进行详细而丰富的概念介绍。我们的终极目标是为应用语言学家们提供一个复杂动态系统理论视角下的研究方法的概览，以帮助他们决定哪些研究方法与其感兴趣的研究问题最为相关或最为适用。在读者选定一种方法后，我们会深入指导其如何应用。

每一章都将论述一种不同的研究方法。每章开头是介绍研究方法，阐述该方法可以解决的各种研究问题，以及该方法的一些技术特征。为了让内容不那么抽象，几乎每一章都包括“实例研究”部分，该部分提供了已发表的利用相关方法的研究概述，以便读者能通过更具体的示例来了解相关方法在实践中是如何使用的。实例研究中仅选取了最适用于该方法的部分，感兴趣的读者可以查阅完整的研究论文，获得更详细的说明。虽然本书的标题是“复杂性理论的应用语言学研究方法”，但有时候我们的实例研究并非来自应用语言学领域。在这种情况下，我们选用了更加广泛的社会科学实例，并用它们来阐述所介绍的方法。我们有意这样做的原因是：这些方法在应用语言学中相对冷门，甚至几乎从未被使用过——这也正是将它们引入应用语言学的重要原因。另外，一个促使我们选用其他社会科学实例的原因是现有的应用语言学实例不够浅显易懂，外行读者很难从中学会这些研究方法。每一章结尾都附有一份带有注释的参考文献清单，以供想要深入了解某一方法的读者使用。为了满足更多读者的需求，此清单还包含了介绍性的阅读资料和更深入的阅读资料。

最后是第四部分，该部分展示了将混合和多方法研究设计纳入复杂动态系统理论研究范畴后，应用语言学研究未来的发展方向。第十八章介绍了我们对于组织构建这样一种前瞻性的复杂动态系统理论研究项目的几个方面的初步思考，同时还指出了将质性 / 量化、群体 / 个人、反证 / 探索相结合的研究设计，将如何推动复杂动态系统理论研究方法在应用语言学中的发展。在本书的结尾，我们附上一份复杂动态系统理论方法论的术语表，这份术语表集合了本书前几部分（以第一部分为主）的术语。此外，我们介绍了一些复杂动态系统理论及其研究的资源和数据库，包括线上和线下的优秀资源，希望有助于读者研究学习。我们期待感兴趣的读者可以通过这些资源继续探索复杂动态系统理论及其对应用语言学研究的贡献。

不同的读者可以选用不同的方式阅读本书。熟悉复杂性理论的读者可以大致浏览第二章或直接跳过。这一章主要介绍复杂性理论及其概念工具和术语，针对的是想了解该理论的入门读者。我们鼓励想初步了解复杂动态系统理论基础知识的读者从第二章开始阅读，然后根据自己最认同的方法论选择继续阅读第二部分或第三部分的章节。在第三章中，我们明确了复杂动态系统理论参考框架对实证研究的意义。我们确信，这些背景知识能让我们对复杂动态系统理论范式的潜力有更深刻的理解，也能培养我们在研究事业中深入探索的能力。如果读者对这些观点感到困惑，那么我们建议您再返回到第三章，以便您整理出想要研究的问题类型，找到适用的研究方法。这将使您能按照自己的节奏来理解复杂动态系统理论的哲学基础，减少过程中不必要的误解，最终更全面地理解如何用复杂动态系统理论指导您的研究。

如果您有明确的研究课题或主题研究领域，并希望直接了解研究方法，那么我们建议您直接阅读第二、三部分的章节。这两部分的 14 个章节是关于如何做复杂动态系统理论研究的，指导了如何以实证方式将复杂动态系统理论应用于研究设计和研究方法中。其中前七章介绍质性方法，后七章介绍量化方法。我们必须承认，对质性、量化方法的区分略显武断且对于复杂动态系统理论研究来说这种区分并非不可或缺。但是，对于那些认为自己已经掌握了某种科学研究方法，并熟悉其中的一种或另一种科学探究模式的研究者来说，这种区分将对他们有所帮助。虽然我们选择在第二、三部分采用这种内容结构，但我们在第四部分的其中一章探讨了混合方法和复杂动态系统理论研究的未来，进一步解释了第二、三部分的内容。我们也希望通过这一章让读者清楚，复杂动态系统理论研究方法可以根据应用形式来决定采纳质性数据还是量化数据，分析个体还是群体，发挥探索还是证伪的作用。从最佳意义上来讲，复杂动态系统理论研究对每个人都有益处。

本书讨论了复杂动态系统理论与应用语言学研究的相关性。无论您通过何种方式接触到这本书，我们都邀请您继续读下去，并与我们一起，作为研究者和应用语言学家，共同迈出将复杂动态系统理论付诸实践的激动人心的步伐。祝您有一个愉快的阅读体验！

◎ 参考文献

Baird, R., Baker, W. and Kitazawa, M. (2014) The complexity of ELF. *Journal of English as a Lingua Franca* 3, 171–196.

Barrett, L.F. (2017) The theory of constructed emotion: An active inference account of interoception and categorization. *Social Cognitive and Affective Neuroscience* 12 (1), 1–23.

Bastardas-Boada, A. (2013) Language policy and planning as an interdisciplinary field: Towards a complexity approach. *Current Issues in Language Planning* 14 (3–4), 363–381.

Blommaert, J. (2014) From mobility to complexity in sociolinguistic theory and method. *Tilburg Papers in Culture Studies*, 103.

Bouchard, J. (2018) On language, culture, and controversies. *Asian Englishes* 20 (3), 268–278.

Capra, F. and Luisi, P.L. (2014) *The Systems View of Life*. Cambridge: Cambridge University Press.

Chapelle, C. (ed.) (2014) *The Encyclopedia of Applied Linguistics*. New York: Wiley.

Cooper, D. (1999) *Linguistic Attractors: The Cognitive Dynamics of Language*

Acquisition and Change. Amsterdam/Philadelphia, PA: John Benjamins.

Cowley, S. J. (ed.) (2011) *Distributed Language*. Amsterdam/Philadelphia, PA: John Benjamins.

Davies, A. and Elder, C. (eds) (2004) *The Handbook of Applied Linguistics*. Oxford: Blackwell.

de Bot, K. (2008) Introduction: Second language development as a dynamic process. *The Modern Language Journal* 92, 166–178.

de Bot, K. (2015) *A History of Applied Linguistics: From 1980 to the Present*. New York: Routledge.

Dörnyei, Z. (2008, March) Are Individual Differences Really Individual? Plenary given at the meeting of the American Association for Applied Linguistics, Washington, DC.

Dörnyei, Z. (2017) Conceptualizing learner characteristics in a complex, dynamic world. In L. Ortega and Z. Han (eds) *Complexity Theory and Language Development: In Celebration of Diane Larsen-Freeman* (pp. 79–96). Philadelphia, PA/Amsterdam: John Benjamins.

Dörnyei, Z., MacIntyre, P.D. and Henry, A. (eds) (2015) *Motivational Dynamics in Language Learning*. Bristol: Multilingual Matters.

Ellis, N. C. and Larsen-Freeman, D. (eds) (2009) *Language as a Complex Adaptive System*. Boston, MA: Wiley-Blackwell.

Ellis, R. (2018, October) Oral Corrective Feedback in SLA: Taking a Holistic Perspective. Plenary given at the 2018 meeting of the Second Language Research Forum, Montreal, Canada.

Heisenberg, W. (1958) *Physics and Philosophy*. New York: Harper.

Herdina, P. and Jessner, U. (2002) *A Dynamic Model of Multilingualism*. Clevedon: Multilingual Matters.

Hiver, P. and Al-Hoorie, A.H. (2016) A 'dynamic ensemble' for second language research: Putting complexity theory into practice. *The Modern Language Journal* 100, 741–756.

Hogan-Brun, G. and Hogan, S. J. (2013) Language planning and complexity: A conversation. *Current Issues in Language Planning* 14 (3–4), 490–496.

Hult, F. (2010a) Analysis of language policy discourses across the scales of space and time. *International Journal of the Sociology of Language* 202, 7–24.

Hult, F. (2010b) The complexity turn in educational linguistics. *Language, Culture and Curriculum* 23, 173–177.

Ke, J. and Holland, J. H. (2006) Language origin from an emergentist perspective. *Applied Linguistics* 27, 691–716.

Kostoulas, A., Stelma, J., Mercer, S., Cameron, L. and Dawson, S. (2018) Complex systems theory as a shared discourse space for TESOL. *TESOL Journal* 9 (2), 246–260.

Kramsch, C. and Whiteside, A. (2008) Language ecology in multilingual settings: Towards a theory of symbolic competence. *Applied Linguistics* 29, 645–671.

Kretzschmar, W. (2015) *Language and Complex Systems*. Cambridge: Cambridge Press. Larsen-Freeman, D. (1997) Chaos/complexity science and second language acquisition. *Applied Linguistics* 18, 141–165.

Larsen-Freeman, D. (2012) Complex, dynamic systems: A new transdisciplinary theme for applied linguistics? *Language Teaching* 45, 202–214.

Larsen-Freeman, D. (2017) Complexity theory: The lessons continue. In L. Ortega and Z.H. Han (eds) *Complexity Theory and Language Development: In Celebration of Diane Larsen-Freeman* (pp. 11–50). Amsterdam/Philadelphia, PA: John Benjamins.

Larsen-Freeman, D. (2018a) Complexity and ELF. In J. Jenkins, W. Baker and M. Dewey (eds) *The Routledge Handbook of English as a Lingua Franca* (pp. 51–60). New York: Routledge.

Larsen-Freeman, D. (2018b) Resonances: Second language development and language planning and policy from a complexity theory perspective. In F. Hult, T. Kupischand M. Siiner (eds) *Bridging Language Acquisition and Language Policy* (pp. 203–217). New York: Springer.

Larsen-Freeman, D. and Cameron, L. (2008a) *Complex Systems and Applied Linguistics*. Oxford: Oxford University Press.

Larsen-Freeman, D. and Cameron, L. (2008b) Research methodology on language development from a complex systems perspective. *The Modern Language Journal* 92, 200–213.

Lowie, W. (2017) Lost in state space? Methodological considerations in complex dynamic theory approaches to second language development research. In L. Ortega and Z.H. Han (eds) *Complexity Theory and Language Development: In Celebration of Diane Larsen-Freeman* (pp. 123–141). Amsterdam/Philadelphia, PA: John Benjamins.

MacIntyre, P. D., Dörnyei, Z. and Henry, A. (2015) Hot enough to be cool: The promise of dynamic systems research. In Z. Dörnyei, P.D. MacIntyre and A. Henry (eds) *Motivational Dynamics in Language Learning* (pp. 419–429). Bristol: Multilingual Matters.

MacIntyre, P. D., MacKay, E., Ross, J. and Abel, E. (2017) The emerging need for methods appropriate to study dynamic systems: Individual differences in motivational dynam- ics. In L. Ortega and Z.H. Han (eds) *Complexity Theory and Language Development: In Celebration of Diane Larsen-Freeman* (pp. 97–122). Amsterdam/Philadelphia, PA: John Benjamins.

Massip-Bonet, À . and Bastardas-Boada, A. (eds) (2013) *Complexity Perspectives on Language, Communication, and Society*. New York: Springer.

Massip-Bonet, À., Bel-Enguix, G. and Bastardas-Boada, A. (eds) (2019) *Complexity Applications in Language and Communication Sciences*. Cham: Springer.

Mercer, S. (2011) The self as a complex dynamic system. *Studies in Second Language Learning and Teaching* 1, 57–82.

Mercer, S. (2013) Towards a complexity-informed pedagogy for language learning. *Revista Brasileira de Linguistica Aplicada* 13 (2), 375–398.

Mercer, S. (2016) Complexity, language learning and the language classroom. In G. Hall (ed.) *The Routledge Handbook of English Language Teaching* (pp. 473–485). New York: Routledge.

Meyers, R. (ed.) (2009) *Encyclopedia of Complexity and Systems Science*. New York: Springer.

Mitleton-Kelly, E., Paraskevas, A. and Day, C. (eds) (2018) *Handbook of Research Methodsin Complexity Science: Theory and Applications*. Cheltenham: Edward Elgar.

Morin, E. (2001) *Seven Complex Lessons in Education for the Future*. Paris: United Nations Educational, Scientific and Cultural Organization.

Morin, E. (2008) *On Complexity*. Cresskill, NJ: Hampton Press.

Mufwene, S. S., Coupé, C. and Pellegrino, F. (eds) (2017) *Complexity in Language: Developmental and Evolutionary Perspectives*. Cambridge: Cambridge University Press.

Norman, D. A. (2011) *Living with Complexity.* Cambridge, MA: MIT Press.

Ortega, L. and Han, Z. H. (eds) (2017) *Complexity Theory and Language Development: In Celebration of Diane Larsen-Freeman*. Amsterdam/Philadelphia, PA: John Benjamins.

Schmid, M. S., Köpke, B. and de Bot, K. (2013) Language attrition as complex, non-linear development. *International Journal of Bilingualism* 17, 675–683.

Seedhouse, P. (2010) Locusts, snowflakes, and recasts: Complexity theory and spoken interaction. *Classroom Discourse* 1, 4–24.

Soler-Carbonnell, J. (2016) Complexity perspectives on linguistic landscapes: A scalar analysis. *Linguistic Landscape* 2 (1), 1–25.

Todeva, E. (2009) Multilingualism as a kaleidoscopic experience: The mini-universes within. In E. Todeva and J. Cenoz (eds) *The Multiple Realities of Multilingualism* (pp. 53–74). Berlin: Mouton de Gruyter.

Verspoor, M., Lowie, W. and van Dijk, M. (2008) Variability in L2 development from a dynamic systems perspective. *The Modern Language Journal* 92, 214–231.

Verspoor, M., de Bot, K. and Lowie, W. (eds) (2011) *A Dynamic Approach to Second Language Development: Methods and Techniques*. Amsterdam/Philadelphia, PA: John Benjamins.

第二章　什么是复杂性理论

“希望你放弃简化一切、寻求公式化方法和简单答案的冲动，展开多维度思考，称颂生活的神秘性和矛盾性。希望你不会因每次经历中众多注定的因果而沮丧，而是去欣赏生活的复杂性。”

——Peck（1993：14）

◎ 复杂性：纵横交错

复杂性是人文社会科学领域的一大特征（Human，2015）。尽管这是一个不争的事实，但想要简单地给复杂性下定义或描述什么事物是复杂的，仍然极具挑战性。当然，人们可能会认为，简单性才更受大众青睐。但在复杂性这一术语的历史意义研究中，一些学者（例如 Morowitz，1996）暗示，随着时间的推移，研究者希望研究的许多现象，尤其是那些与人类经验或社会领域相关的现象，对于现阶段研究所用的简单工具来说，已经变得太过复杂。其他学者则更进一步，认为人类文明已被锁在“复杂性竞赛”之中（Nowotny，2005：20）。我们对人文社会科学领域的日常操纵和干预似乎造成了越来越多的复杂性。与此同时，研究者和科学家也在寻找新的方法，以缩减由此产生的越来越高的复杂性。那么，在人文社会科学领域的背景下，复杂性意味着什么呢？将其解释为“简单”的反义词远不能说明这些例子所涉及现象的性质——相反，它指的是事物之间的联系（Morin，2008）。

复杂性一词起源于拉丁语 *cum plectere* 或 *complexus*。从字面上看，意思是交错在一起的东西。最早将这一术语用于科学及科学探究相关技术的，是 1948 年在《美国科学家》期刊上发表论文（Davis & Sumara，2006）的物理学家、信息科学家沃伦·韦弗（Warren Weaver）（1894—1978）。作为一个名词，复杂体是指一个由若干部分（尤其是相互关联的部分）组成的整体。那么，复杂性是指很多事物存在的性质是纵横交错的，由各个部分组合、联合而成，除整体性质外，其他性质未知（Alhadeff-Jones，2008）。

然而，我们应该立即澄清"复杂"（complex）和"繁杂"（complicated）这两个术语之间可能存在的混淆。这两个术语经常被交替使用，但是这种替换经常出现问题。繁杂是指在数量上与简单性不同，而复杂则是指性质上的差异（Reitsma，2003）。而且，与复杂不同，繁杂的事物从根本上说是可以分解成部分来理解的。例如，一个繁杂的机械时钟有很多大小不一的部件，如万年历、计时码表、月相或重复报时等。在钟表领域里，这些繁杂的功能才是真正值得炫耀的。而且，组装或维修机械计时器及其功能的任务涉及多重步骤，十分繁杂。这些步骤既有常见的，也有罕见的，还有一些有技术含量的要求。但是，这极其繁杂的时钟本质上只是一个时钟，它永远不可能成为别的事物。在全球"时钟界"层面上（暂且用这个词），我们将永远无法看到一个时钟发生质的变化，变成一个新的或不同的事物。换句话说，对于繁杂这一概念的完整而准确的描述，可以从其内部组成部分的属性中获得（Byrne & Callaghan，2014）。如果我们能找到一种方法对繁杂的系统进行仔细拆解及重组，它将仍以与之前完全相同且可以预见的方式运转。

繁杂的事物、想法或问题可能涉及多个同时存在或发生的元素。驾驶飞机和提取脑部肿瘤是相当繁杂的任务，需要"工程师设计的蓝图、步骤明确的算法、训练有素的工作人员，以及……运行着精确校准设备的电脑软件"（Cuban，2010）。被引入到繁杂结构中的变化是高度机械化的：它涉及在尽可能微小的层面上制定详细的改革设计，确定自上而下实施变化的分步程序，并克服过程中出现的任何障碍。而与这种极端的简化过程不同，复杂的事物是某个整体的一部分，该整体无法仅从其组成部分进行分析理解，并且这些部分组合起来后的性能大于其各部分性能之和。"重要的是，在复杂动态系统理论（CDST）中，复杂意指表现出无法由其要素的行为所预测的涌现行为”（Diane Larsen-Freeman，personal communication，16 December 2018）。

有一个例子很好地概括了这些特征，那就是社会（Sawyer，2005）。在一个社会中，相互关联的个人和体系，以及他们之间的时空关系，产生了我们所说的实体。我们用实体一词指代，并允许这一复杂的单元发挥一项集体功能。各个部分的相互作用不固定，也不明确，而是充满活力、凌乱、有适应能力且动态的。适应变化、应对冲突是正常的，而并非反常。鉴于其复杂的本质，仅通过分析内部部分及其功能是无法构建对一个社会的理解的。要理解社会这一概念所表达的整体的内在相互依赖性和适应动态性，需要做的远不止这些。虽然社会不可简化为其独立的各个部分，但这并不意味着一切（对社会的理解）都是无望的。正如西利亚斯（Cilliers）（2005：263）所说：“我们无法完全了解复杂的事物，（但）这并不意味着我们对复杂系统一无所知，也不意味着我们对它的知识必定是……薄弱的。我们可能知识渊博，但……我们必须保持谦虚。”

举一个特定领域的例子，让我们思考一个越来越流行的观点——语言在本质上是具有复杂性及自适应性的——这种复杂性是真正无法简化或者说还原的（Ellis & Larsen-Freeman，2009；Kretzschmar，2015）。这种语言系统观点提供了一个不同的视角，即对其他非复杂系统观点中普遍存在的许多二分法提出质疑，例如区分语言作为抽象象征与语言的直接体验，区分语言学习与语言使用，或区分语言表达与语言技能（Larsen-Freeman & Cameron，2008）。相反，语言——与大多数人类现象一样——无法有意义地脱离其固有的社会功能或使用语言进行交流的主体（即个人）而单独存在。（Beckner et al.，2009）。虽然可能有其他观点认为语言的本质与我们所定义的“繁杂”相近，但当“复杂”成为语言的特征时，这种可能性才是真正新颖的。以这种方式思考的语言，既存在于个体，也存在于群体，由相互交流的社会结构所制约，并处于不断的变化和适应之中（Douglas Fir Group，2016）。正如Five Graces小组在开创这种观点时总结的，“认知、感知、经验、具象、大脑、自我、人际互动、社会、文化、历史等，都是错综复杂、密不可分的”（Beckner et al.，2009：18）。

在本章中，我们将首先简要介绍这些思想的起源，它们共同构成了社会科学中的复杂性思维，以及这些思想如何在复杂动态系统理论中变得更加正式、更加明晰。然而，由于我们希望本书具有较强的实用性，也就是将复杂动态系统理论作为一种适合研究的思维模式来介绍，因此本章并不涉及复杂性的核心，也不会对复杂性进行全面总结或回顾。尽管如此，一些刚接触复杂动态系统理论的人可能会发现，第二、三章的信息量极大。我们向读者保证，本书其他章节并非如此，本书是以实践为主的。

为了确保研究的问题是有意义的，我们继续调查复杂动态系统理论的核心思想和原则，这为我们的研究规划和开展提供了依据。我们还讨论了这些概念工具如何使应用语言学家以符合复杂性理论的方式来组织并开展研究。我们仅为读者提供必要的指导，以便读者对本书后续部分有所准备。在后续部分中，我们将研究这些原则如何在所有相互关联且动态的研究设计和研究方法中得以体现。

◎ 复杂性思维在社会科学领域的起源

人类及其行为与互动是社会科学的主要关注对象。不同的知识传统会导致对社会世界的不同理解，然而，社会科学家们并没有回避全面观察人类行为及其互动的丰富性（Byrne，2011）。在当代人文科学和社会科学中，关于复杂性的各式论述可以追溯到亚当·斯密（Adam Smith，1723—1790）描述某些社会行为产生的意外后果时所说的“看不见的手”、埃德蒙·伯克（Edmund Burke，1729—1797）对其所处时代政治的反思、拉尔夫·沃尔多·爱默生（Ralph Waldo Emerson，1808—1882）和卡尔·马克思（Karl Marx，1818—1883）对比鲜明的著作，他们都强调了在社会系统中，表面看似矛盾的东西实际上是维持社会秩序的因素（Urry，2003）。兼容的概念在英国哲学家赫伯特·斯宾塞（Herbert Spencer，1820—1903）的作品中显而易见，在埃米尔·杜尔凯姆（Émile Durkheim，1858—1917）的社会整体观和维尔弗雷多·帕累托（Vilfredo Pareto，1848—1923）的政治经济学概念中亦是如此。有了一定的历史意识，现在我们可以回过头来肯定这些学者所做的贡献，他们为复杂性思维在几代人思想中的萌芽奠定了基础。

尽管当时复杂性思维尚未形成明确的理论，但其观点与 20 世纪 30 年代库尔特·勒温（Kurt Lewin）和乔治·米德（George Mead）的学术著作大致相似。20世纪下半叶的杰出社会研究者们，虽然没有将其思想与复杂性正式地联系起来，但仍然在世界复杂性的理解方面发挥了作用，其中包括安东尼·吉登斯（Anthony Giddens）的结构化理论（structuration theory）、塔尔科特·帕森斯（Talcott Partons）的认知复合体（the cognitive complex）、尤尔根·哈贝马斯（Jürgen Habermas）的交往行为理论（theory of communicative action）、阿尔伯特·班杜拉（Albert Bandura）的三元交互决定论模型（reciprocal causation model），以及尤里·布朗芬布伦纳（Urie Bronfenbrenner）的生态系统理论（ecological systems theory）[参见 Eve et al.（1997）中的评论]。然而，更值得注意的是，自20世纪中叶以来，人文社会学科对复杂性理论化的贡献，至少不亚于其对复杂性理论深刻见解的贡献（Capra & Luisi，2014）。

当代复杂性科学更直接的理论来源是控制论、一般系统理论和系统动力学，这些理论均出现于20世纪初期到中期。复杂性已成为物理学、应用数学、计算机科学、气象学和神经科学等领域的科学研究基础，这也许不足为奇（Abraham，2011）。由于其根源在于物理和数学科学，一些人可能认为借鉴复杂性理论的见解和理念本质上与大多数应用语言学家关注的社会现象不相容，甚至与用于概念化这些现象的现有理论框架相触（Lantolf，2016）。

尽管人们通常认为社会科学是自然科学的平行现实（Byrne & Ragin，2009），但当代逐渐转向以复杂系统的理解作为人类和社会研究的基础，这表明这些科学逐步认识到，人类和社会领域在本质上反映并体现了构成复杂性的基本原则（Capra & Luisi，2014）。事实上，正如一些综述所显示的那样，复杂性理论的学科影响力已经稳步扩展到包括社会科学中的重要领域，尤其是社会学与人类学领域（例如政治学、健康学、经济学、心理学和管理学）。为了解决兼容性问题，可以提出一个更普遍的观点，即在人文和社会科学中，有许多实例表明这些学科受到了自然科学发展的启发，或者实际上独立地发展出了与这些领域平行的见解（Horn，2008；Ridley，2015），并逐步成为这些领域的重要贡献者，将这些见解牢固地纳入其学科特定的知识基础之中。

例如，哲学家埃德加·莫兰（Edgar Morin，1921—）因首次提出一般复杂性和限制性复杂性的区别而闻名，且在九十多岁时仍积极地将其思想应用于各个学科。而早期接受过人类学教育的格雷戈里·贝特森（Gregory Bateson，1904—1980）在其生命的最后十年，将各种系统理论进行整合，发展出了一种认识论的“元科学”。当代人文社会科学学者也为应用复杂性做出了其他实质性的贡献，在此我们仅举几例，如科学哲学领域的罗伊·巴斯卡尔（Roy Bhaskar）、约翰·厄里（John Urry）、威利斯·奥弗顿（Willis Overton）、保罗·西利亚斯（Paul Cilliers）等；系统与复杂性思维领域的大卫·伯恩（David Byrne）、弗朗西斯·海利根（Francis Heylighen）、罗伯特·阿克塞尔罗德（Robert Axelrod）、德雷克·卡布雷拉（Derek Cabrera）等；方法论领域的查尔斯·拉金（Charles Ragin）、艾伯特-拉斯洛·巴拉巴西（Albert-László Barabási）、彼得·切克兰德（Peter Checkland）、布莱恩·卡斯特莱纳（Brian Castellani）等。如今，全球各知名大学都设有致力于人文社会科学领域复杂性研究的研究中心和机构。近二十年来，关于人文社会科学领域的复杂动态系统研究的期刊、会议和协会等也在不断涌现。显然，复杂性已不再是物理学科和数学学科的研究领域，即使它曾经的确如此（Koopmans，2019）。

复杂性及其为研究事业所做的贡献被描述为“从停滞不前的牛顿世界观中脱离出来的开创性突破”（Manson，2001：412）——我们在切身经验中发现它确实如此。现在，让我们来研究一下这个理论观点所依据的假设，看看它是如何帮助研究者们去探讨社会科学领域以及去研究他们感兴趣的现象的。

◎ 从复杂性思维到复杂性理论

2000 年初，杰出的物理学家史蒂芬·霍金（Stephen Hawking）曾说过：“我认为，下个世纪将是复杂性的世纪。”这句话是对正迅速成为主流知识文化的新兴范式转向而言的。鉴于复杂性是在近几十年才形成了一个连贯的思维领域，霍金的这句话具有惊人的先见之明（Davis & Sumara，2006）。“复杂性理论”（亦称复杂性科学）是一个伞式术语，涵盖了相互理解、相互补充的焦点，例如混沌理论（数学）、非线性动力系统理论（数学）、协同理论（物理学）、复杂自适应系统（物理学）、耗散结构（化学）、自创生系统（生物学）和涌现论（哲学）等。

复杂性作为一个宽泛的科学研究方向，不乏具有特定技术含义的术语，例如“自组织临界性”（self-organized criticality）和“滞后现象”（hysteresis）（这两个术语及其他术语的定义见本书末尾的术语表）。尽管如此，这些领域通用性术语，是指许多上述社会科学子领域共同关注的现象。因此，利用这些共享的科学术语，有助于应用语言学领域增加跨学科交流，缩短与其他学科的距离（Larsen-Freeman，2017）。具体到应用语言学领域，“复杂/动态系统理论”或CDST这一混合术语已被广泛使用。为了清晰起见，在本书的其余章节中，我们将在具体提及应用语言学领域时采用这一术语。

在过去的几十年里，许多学者一直致力于澄清复杂性在社会研究中的适用性和有效性（Byrne & Callaghan，2014）。从其他借鉴了复杂性的人文社会学科中，我们能够了解这些领域及其学者是如何应对这种后结构生态理论的潜力的（Larsen-Freeman，2017）。这些学者提出了以下几种复杂性发挥作用的方式：

- 作为理解社会领域的诠释范式（Byrne，1998）；
- 作为方法论的参考框架（Byrne，2005）；
- 作为世界观或科学观（Cilliers，2005）；
- 作为跨学科交流的途径（Klein，2004）；
- 作为形成思维习惯的原则（Kuhn，2008）；
- 作为描述和解释变化的方法（Mason，2008）；
- 作为理解社会现象的统一概念框架（Urry，2005）；
- 作为概念性的工具箱（Walby，2007）。

贯穿所有对复杂性的理解的一个共同点是：没有一种方式可以阐明复杂性，以至于复杂性本身可以被称为一种理论（Manson，2001）。读者可能会问：“如果复杂性不是一种理论，那么它是什么?”由于复杂性功能广泛，一些学者采纳了“元理论”（meta-theory）这一更准确的术语（Larsen-Freeman，2013，2015；Overton，2013）——一套连贯的现实原则（即本体论思想）和认识论原则（即认识论思想）。对于应用语言学家来说，这些原则支持着目标理论（即语言、语言使用和语言发展与学习的理论），并使目标理论与之保持一致。

奥弗顿（Overton）（2015：166）说，诸如复杂动态系统理论这样的元理论“捕获到了比任何理论都广的概念，这些概念构成了科学理论和科学观察发挥作用的基本概念核心”。此外，尽管目标理论是暂时的，它们的预测必须根据观察到的新证据不断进行评估，但复杂动态系统理论元理论适用于以下概念：对于某个领域来说，哪些社会人文研究的现象、问题、方面是“有意义或无意义的、可接受或不可接受的、主要或次要的”（Overton，2007：154）。因此，复杂动态系统理论具有独特的潜力，以超越特定学科的方法来解决共同的问题——有些人称之为“跨学科性”（Montuori，2013）。

复杂动态系统理论元理论由一套关系原则组成（Overton，2007，2013），即某些现象（a）涉及多个相互关联的部分（b）一同变化，（c）通过动态、非线性的过程，（d）该过程随着时间的推移产生涌现模式（Holland，2012）。复杂性作为一种元理论，代表着一套强大的知识工具和概念，它通过向研究者提供“组织世界的有效方法，安排研究主题的逻辑结构（以及）组装其构建模型的支架”（Castellani & Hafferty，2009：34），实现为不同理论提供信息。因此，复杂动态系统理论是一种元理论，用于研究社会领域中动态变化和涌现结果的性质和原因（Morin，1992，2008）。它为理解社会领域提供了一个复杂且动态的本体论立场。其概念工具作为严谨的认识论辅助，有助于思考和理论化。这些概念工具对于研究评估人文社会领域而言是必要的知识蓝图，因此对我们的研究目的尤为重要。

现在，我们来谈谈那些被“融入”到复杂性思维模式中的重要概念工具和思想。

◎ 复杂系统：关系分析单位

弗朗西斯·海利根（1960—）曾提出一个著名观点，即大多数复杂主义者的工作都是基于若干个基本原则，包括人文社会科学领域以外的研究者的工作。其中最重要的原则被称为关系原则，它表明现象（如事物、过程）并不是独立存在的，而是与其他现象息息相关的。系统一词源自希腊语 *syn histanai*，意思是“放在一起”。这就是为什么“系统地理解事物”字面上的意思是把它们带入情境，并明确事物之间关系的性质。这也说明了复杂动态系统理论研究中的重要一点，即首先要思考整体中的各部分间是如何相互关联的。因此，复杂动态系统理论附带的一个主要工具，是一个与众不同的关系分析单位——复杂动态系统。复杂是指构成系统的多个元素相互依存，这种状态有时被描述为完全互联性（Straussfogel & Von Schilling，2009）。在采用这一观点的研究中，这些以关系定义和理解的系统是分析的基本单位（Byrne，2002）。

复杂动态系统理论提供给我们的分析单位——在现象学上是带入情境的真正的复杂系统——与人文社会领域一样是“动态的”（Larsen-Freeman，2016a）。这种动态性反映在单个元素的变化中，也反映在整个系统的行为中（van Geert，2009）。系统的结果和过程源于一个不断成长、变化以及不断适应新情境的关系网。很多复杂动态系统理论研究旨在解释一个系统的行为，它源于系统的各组成部分及其在多个层次上的关系——这说明了关系单位在研究中的重要性（Lerner & Overton，2008）。

正如我们在其他研究中所述（Hiver & Larsen-Freeman，2020），我们必须提醒人们不要假设“系统”在暗示我们“存在着一个实际上并不存在的离散实体”（Osberg & Biesta，2010：597）。在此，我们需要强调，系统不是一个特定的物体，当将其应用于我们领域的问题中时，它一定不是固定的。系统是一个关系实体，由一系列要素构成，这些构成要素以特定的方式相互作用，在特定的时间点会产生整体的状态或形态。系统有别于组合、聚合或集合，因为是否属于系统会影响构成部分的属性（Larsen-Freeman & Cameron，2008：26）。因此，从这个关系性的角度来看，反映出应用语言学问题的本体论假设和定义特征的，是复杂动态系统，而不是对该领域基于对某一对象的理解。

当然，对于刚接触复杂动态系统理论的人来说，将系统操作化（operationalize）似乎是一项抽象的工作（另见 Mercer，2013）。然而，这件事的真相是“关于复杂系统，没有任何形而上的东西”（Cilliers，2000：31）。因此，我们认为最可行的方法是将系统作为一种在现象学上具备具体有效性的事物来操作。系统是反映实际因果机制运作的真实实体，这一观点与一个案例中社会复杂性是一个复杂系统的概念是一致的（Uprichard，2013）。从这种系统角度来看，个人、群体和互动都是合适的分析单位（即案例），但构成要素、抽象变量和其他人为现象则相反。在本章后面，我们将回到案例是研究目的的适当分析单位这一观点，以及为什么我们认为在复杂动态系统理论中，研究方法并不总是能定义案例。

同时，人类和社会系统的研究始终涉及能动性（agency），无论是独立的还是分散的（Al-Hoorie，2015），而且我们不是唯一有这种想法的人（关于这个话题更全面的讨论，参见凯尔索（Kelso）（2016）和拉森－弗里曼（2019）。人类和社会系统中能动性的核心地位，要求在任何系统的范围内包含能够执行有意识行动的主体或者多个主体，这些行动在因果上贡献于该系统研究中产生的结果和变化过程，尽管这种贡献不是决定性的（Juarrero，1999）。以下是可能构成研究基础的复杂系统（Hiver & Al-Hoorie，2016）：

- 由情境中的若干异质元素或要素组成；
- 这些组成部分中至少有一个是主体（agent），它们会在多个层面上相互作用；
- 随着时间的推移，组成部分因相互作用而发生变化；
- 这些相互作用导致该系统表现出全系统宏观层面的行为模式。

为了说明这一点，让我们思考一下拉森－弗里曼和卡梅伦（2008：37）提供的一个例子：言语社群（speech community）是由不同的社会群体、个人及其嵌入行动领域的语言资源组成的；通过会话动态和持续的理解协商，话语模式和参与形式修改了这些社会群体、个人和语言资源的性质；在言语社群的复杂系统中，随着时间推移而出现的独特的全局模式，可以从特定的结构（如词汇搭配、习语、模因）到话语事件（如交会、使用实例），甚至到特定语言（如克里奥尔语）。

我们建议，所有针对这种关系单位的复杂动态系统理论研究，都要阐明这些必要的标准是如何应用到所选单位的，以确保所选单位符合复杂系统的特征（更多相关讨论见第三章）。以这种方式对分析单位具体化，可以使研究者能够更自然地将相关现象概念化为一个关系性和软组装的系统——也就是说，这种系统更多地受制于情境给养和物质需求——而不是简单地还原（Kloos & Van Orden，2009）。这样也让研究者能够重视个体的特殊性和异质性，这些在对整体的研究中可能会被忽视（Larsen-Freeman，2019；Lowie & Verspoor，2019）。复杂动态系统理论是一种系统理论，而这类复杂系统在特定的背景下可以被视为典型的研究对象。

然而，敏锐的读者可能已经注意到了一个转折。将复杂系统作为基本分析单位，产生了拉森－弗里曼（2017）所说的“边界问题”，可以这样概括：如果一切事物都能以复杂动态的方式与其他事物相互关联，那么如何能描述复杂系统？研究者又将如何从情境和其他系统中界定出所研究的系统，而不是通过画线而拆分所解释的事物？在复杂性研究中解决这个问题的一个方法，是拉森－弗里曼（2017）引用的理查德·陆文顿（Richard Lewontin）作品中的观点，他称之为“功能整体”（Lewontin，1998）。也就是说，学者们的首要关注点是解释现象，而不是为系统或分析单位划定任意界限，而且研究设计中考察的任何部分、过程或界限都取决于所解释的现象。

常见的例子是，适合解释握笔这种精细运动的分析单位与适合解释挥动网球拍这种运动的分析单位有很大不同。更贴近我们领域中分析单位的例子包括：情境中的个体语言使用者，可以用作研究发展过程和结果的分析单位（Larsen-Freeman，2016b）；语言社群中语言使用者的互动集体，可用作探索话语及意义构建中涌现模式的分析单位；以及随着时间相互影响的语言成分系统，可作为语言使用模式和语言变化模式的分析单位（Kretzschmar，2015）。因此，当研究从宏观到更微观范围的复杂系统时，指定该分析单位的现象学界限显得尤为重要，因为这能让研究者更明确地专注于更精确的现象范围（Harvey，2009；Ragin，2009）。

对复杂系统的研究同样需要关注变化的过程，我们会在本章后面详细阐述这一点。复杂系统如何适应环境以维持其功能，实际上是一个与几乎所有领域都相关的问题（O’Sullivan，2009）。在研究此类问题并更好地理解此类复杂动态问题的出现和现象时，复杂的宏观行为、系统内动态的微观相互作用以及涌现的行为模式，都是非常有意义的（Hiver & Al-Hoorie，2016）。诚然，应用语言学现象在不同层面上运行，其范围之广足以使其在任何专题领域以多种方式引起关注。我们想到的几个例子包括关注相互依存关系的结构、关注关系动态、关注变化轨迹和自组织过程，以及关注涌现结果。当然，关系系统同样有构成部分，一个基本的研究方法可能是描述这些构成部分及其联系。正如希尔伯特（Hilpert）和马尔尚（Marchand）（2018：2）所建议的，系统的要素可以采取“物质形式、概念形式或符号形式，如学生个体、教师、技术对象；动机变量、行为变量、情感变量、认识论变量和认知变量；文字、文本、符号和话语”（另见 Marchand & Hilpert，2018）。这种描述性、构成部分主导的研究可以帮助“（a）从复杂系统的中心研究一个单独的元素，并研究其动态的、时间密集型的行为；（b）为复杂系统定义自然界限，研究其背后的关系密集型结构；以及（c）从复杂系统中选择几个重要元素，研究其动态的、时间关系密集的相互作用”（Hilpert & Marchand，2018：8）。但是，我们在其他研究（Hiver & Al-Hoorie，2016）中观察到，这些系统描述了在多个层面形成应用语言学现象的复杂、动态和涌现的过程，因此对于复杂动态系统理论来说，采用关系单位是必不可少的。

下面，我们来详细介绍一些复杂动态系统理论的特征和原则，这对于理解复杂系统的行为至关重要。这不仅为研究者思考社会领域及其现象的方法提供了参考，而且还为如何在社会科学领域中开展研究提供了新的规范。

◎ 复杂动态系统理论研究者概念工具包

时间与对初始条件的敏感依赖性

采用复杂动态系统理论进行研究最重要的转变之一是时间的重要性（de Bot，2015；Lemke，2000）。关注时间意味着更加明确地将注意力重新聚焦到发展过程而非产出结果上。这一思想已经在语言使用和语言发展的研究中获得了重视（例如 Fogal，2019a；Lowie et al.，2014；Lowie & Verspoor，2015；Polat & Kim，2014；Schmid et al.，2013）。在理解过程和结果时，使用时间的首要方法是每一个系统都有自己的历史（De Villiers-Botha & Cilliers，2010）。历史和情境在理解系统的终端与如何到达其终端方面，发挥着至关重要的作用。在诸如社会机构、语言社群或课堂这样的复杂系统中，许多不同的要素和因素随着时间的推移相互作用，某些因素在早期的细微差异可能会对最终结果产生重大影响——“蝴蝶效应”一词使这一概念为人们所熟知（Kauffman，1995）。这突出了复杂系统的非线性本质：某个构成部分在某一时刻的微小偏差，可能会导致后续（系统）形态的巨大差异，而初始条件的细微差异可能会对未来行为产生重大影响（Prigogine & Stengers，1984）。这种思想可见于一个社会语言社群中，新手们的经历会随着时间的推移而出现差异。例如，在本章前面我们提到的言语社群中，一些新手可能会融入并与已经成为该言语社群一部分的人建立相互依赖的关系，而另一些新手则可能会保持相对孤立的状态，尽管他们拥有相同的参与机会。在未来的某一时刻，这可能会使得那些紧密融入言语社群的人，具有更高的语言能力和更高的参与度。

对初始条件敏感依赖的另一个有趣方面是，初始条件允许系统随着时间的推移逐渐演化出规则。系统会随着自身的适应，选择最强的规则（即在系统经验中看起来最合理、最突出的规则）——适应即一种自组织——并纳入那些使系统得以最佳运行或发展的规则。在这里，让我们想一下人类之间的互动，以及他们如何利用一些相当简单易懂又时常互相矛盾的原则，比如互惠与自利。这些规则可以影响各构成部分的行动，并引申到系统的自组织结果（Holland，1992）。因此，即便是在最初看起来相同的系统中，为引导后续适应而制定的规则也可能大相径庭（Holland，2012）。这证明了系统中所有要素间浓厚的相互依存关系，也进一步说明了初始输入中的微小差异如何随着时间的推移而演变成巨大的输出差异（Kelso，1995）。初始条件通常不会成为更传统研究范式的核心特征，但它们成为研究复杂系统的重要部分，因为它们“构成了系统的景观，并影响了系统的变化轨迹”（Larsen-Freeman & Cameron，2008：230）。

◎ 对环境与其他系统的适应性

人类和社会领域中很少有固定不变的事物，变化无处不在。因此，复杂动态系统理论研究及其明确关注时间的一个附加价值（Elman，2003），是强调适应性发展的过程。在语言使用和发展领域，这种适应性变化已经被众多学者明确研究过（Baba & Nitta，2014；Fogal，2019b；Lenzing，2015；Lowie & Verspoor，2011；Verspoor et al.，2008，2012）。系统不断重新组织其内部部件，以适应其周围环境或其他系统引起的问题（Juarrero，1999）。我们称之为共适性（co-adaptation）（Larsen-Freeman，2010）。这可以通过语言使用者的可理解性的例子来解释，说话者会根据声学条件、交流目的和对话者提示来调整他们的音量、音调、措辞、语气和副语言特征。因为后者时刻都在变化，所以前者也会随之变化。通过随着时间无限演化，系统会试图优化与周围环境及其他系统的相互作用（Nowak et al.，2005）。这种适应性的改变没有预先确定的固定目标（Rose et al.，2013）。相反，系统被认为是迭代的，这样它可以在持续移动变化的过程中，重复返回到同一状态（Kelso，2002）。

除了在适应过程中不断改变内部构成部分之外，系统还会在环境中引发变化。而这种非线性的适应性在改变环境的同时反过来也影响系统的持续行为（Prigogine & Stengers，1984）。这种互惠性是系统的一个主要特征。除了这种持续渐进的变化外，系统还经常以更有力的方式发生变化。这种类型变化的一个例子是分岔，或者说是一个复杂系统中的态空间发生的发展性变化，即当对系统参数进行微小的调整时，可能会导致系统发生重大的相位转变（phase shift）或引起系统产生质变。我们可以在物理领域中找到这种相位转变的经典例子，比如，在水中，与温度“参数”相关的分子变化导致水凝固成冰（这是一个相位转变），或者蒸发变成水蒸气（这是另一个相位转变）。另一个例子体现在马的自然步态中，比如，增加速度“参数”时，马的步态会从步行变为小跑，再到慢跑，直到疾驰。系统分岔的方式会让系统在其环境中达到更好的平衡状态［即周期倍减分岔（period-halving bifurcation）］，或者促成更大的变异性和复杂性［即周期倍增分岔（period-doubling bifurcation）］。通过这种持续的适应和创新的变化，系统能够产生丰富多彩的行为，因此这种“移动的目标”（Holland，1992：18）可能难以理解和控制。

还有一个特征增加了系统的复杂性：通过适应其环境和其他系统，系统产生了预测行为。为了适应变化的环境和遇到的其他系统，系统的构成部分发展出了预测某些反应后果的规则（Holland，1995，2006）。这种涌现的预测能力是最不为人所理解的系统特征之一，但它也是最具实证说服力的一个特征。举一个现实生活中的例子，2014 年谷歌的子公司 DeepMind 开发了一个深度学习程序，阿尔法围棋（AlphaGo），它从一个大型人类围棋（一种蕴含空间逻辑的复杂棋盘游戏）数据库和一种学习算法开始学习。通过利用大型数据库中人类以往的围棋游戏数据，AlphaGo 很快就能预测人类在不同棋局中可能采取的行动，并在不久以后毫不意外地击败了人类冠军棋手。由于人文社会现象的时间视角是复杂动态系统理论的重要部分，所以受到这一思想启发的研究必然会着重强调发展和适应的过程。我们将在下面的章节中进一步探讨这个问题。

◎ 反馈（feedback）与自组织临界（self-organized criticality）

正如我们之前提到的，复杂系统不是被动地接受变化的事件，而是主动适应并预测不断变化的环境，并反过来引发该环境的改变。正是这种特质赋予了系统非线性以及对反馈敏感的特性（Gell-Mann，1994）。在复杂动态系统理论的术语中，反馈是指系统的输出作为输入被送回，形成回路，并影响系统功能的过程（Davis & Sumara，2006）。在语言使用中，双向反馈流是所有交互事件的核心部分（例如 Seedhouse，2010）。这种反馈循环对于复杂动态系统理论非常重要，因此被称为复杂系统的中枢“神经系统”（Newman，2009：4638）。

尽管反馈通常源自系统要素之间的互动，但它也可以源自外部，例如环境或另一个动态系统。自然界中这种反馈循环的一个例子是人体的体温调节机制。在高强度运动和极端温度的条件下，人体能够通过不断调整能量消耗并优化血液流向肌肉，来保持相对恒定于 37 度的体内温度。负反馈，或自我维持反馈，是系统中最常见的反馈类型；其作用是抑制系统的变化或适应（O’Sullivan，2009）。负反馈维持着系统在一定的参数范围内稳定运行。例如，多语社群中的语言接触和冲突可能会导致语言灭亡（即一种多数人使用的语言或方言吞并或取代少数人使用的语言或方言），利益相关者和决策者可以通过战略性举措来干预这种情况，以扭转这种影响（另见 Kretzschmar，2015）。这种负反馈通过恢复平衡，并将其行为引回正轨的方式，影响着系统。但是，根据定义来看，一个仅由负反馈掌控的系统是“死”的，且不具备适应性（Banzhaf，2009）。

另一方面，正反馈（positive feedback），或自我强化反馈（self-augmenting feedback），是指这样一种状态：A 产生了更多的 B，B 又反过来产生更多的 A。这种正反馈强化了系统沿着其正在进行的发展路径所做的适应性改变。这样做增强了系统中的变化，使之扩展成为一种全系统范围的模式——这被称为循环增益。在极端情况下，这些反复的反馈模式可能会将系统锁定在路径依赖之中（Lewis，2005）。正反馈也会形成不稳定的模式，这些不稳定的模式可能会达到系统的临界点（Straussfogel & Von Schilling，2009）。一个领域特定的例子可以体现在语言教育的趋势上，这些趋势推动了教学起始年龄的不断提前；在许多情况下，这导致正式政策的制定以更广泛地适应这种趋势，而教育部门则以更加极端和不可持续的方式作出回应（另见 LarsenFreeman & Tedick，2016；Mercer，2016）。

自组织临界发生在系统达到两个稳定阶段或平衡阶段之间（即临界）的转折点。因此，自组织临界与相位转变密切相关（见上文）。当系统达到这个临界值的结果时通常会发生剧烈的变化，即进入一个质上不同的相或态（Bak，1996）。我们之前提到的水在冰点和沸点的例子就是一个临界的系统。要使水保持在部分凝固的状态，需要严格控制好温度。如果水接近临界温度，一点微小偏差就会使系统进入一个相（即固态）或另一个相（即液态）。在口头互动中自组织临界点的快照即一种正负反馈之间的来回拉扯，因为对话双方在协商意义时，也可以说明这个概念：过多的负反馈会使交互停滞，并导致对话者间形成僵局，而太多的正反馈则可能引起明显的冲突，即其中一个对话者主导着交互，或者两个对话者在交互事件空间中争夺位置。

最后，复杂系统永远不会完美适应其环境，因为系统的适应过程本身会改变环境，因此系统通过适应而不断进行优化是其动态性的一部分（Nowak et al.，2010）。继续讲之前的言语社群的例子，不仅系统构成部分会因其与其他要素相互作用而变化，而且系统嵌入的当前环境也会因其适应性的动态变化而改变。从这一点来看，反馈提供了一种适当的方式，将系统的变化关系和动态过程置于研究设计或项目的核心地位。

◎ 对情境的开放性

现在很明显的一点是，系统不仅不断地与周围环境或事物相互作用，而且系统本身也是其所处情境的组成部分（Ushioda，2015）。一个经典例子是社会和语言群体，以及它们的目的通常是如何与特定的时间、地点和更大的社会背景相关联的（另见 Kretzschmar，2015）。从定义来看，任何复杂系统都是由许多小部分组成的开放综合体，这些小部分相互作用并逐渐适应其所处的更大情境。所有的社会人文系统都具有或建立了功能界限，将它们限定在所处环境内，并划定系统构成要素的起点或终点（Eoyang，2004）。在本章前面的部分，我们以实证和现象学上都有意义的方式，说明了建立和确定这种界限的重要性。为了给这些观点增加重要的概念细节，我们可以说，与其将系统从其余环境中切割出来，不如让这种界限保持开放性，让系统保持适应性和强健性。

例如，虽然一个社会群体对于群体内成员和非成员的构成有一定的假设或正式的指导方针，但是大多数群体也为希望加入或离开该群体的个体制定了内部规定。通过复杂系统界限的开放性，系统与环境或系统与系统之间的自适应或相互适应行为得以实现，这是这些单位积极尝试将其经验转化为优势的重要方式（Eoyang，2003）。

这些开放的界限通过一种被称为耦合（coupling）的概念，将系统与其环境和其他系统相连。在缺乏耦合关系时，系统与其环境的适应性变化鲜少发生。而且，如果没有能量、资源或信息的迁移，那么整个系统的自组织适应性模式就很难出现，因为缺乏变化的动力（Juarrero，1999）。系统的开放性和与环境的耦合行为产生的结果，一旦被观察到就能被加以解释，但无法事先以确定性方式进行先验预测，这对于设计开展研究具有重要影响（Reitsma，2003）。

◎ 软组装（soft-assembly）

社会科学中的大多数研究都基于一种假设，即适应和发展是基于硬组装的规则驱动的机制（Thelen & Smith，1994）。这背后的思想是“有效的事物”有望跨越时间地点颇为可靠地发挥效力。硬组装的机制独立于系统所嵌入的当前情境，它们适用于多个情境，与性能无关且以某种不活跃的绝对态存在于离线状态

（Larsen-Freeman，2015）。软组装机制的涌现则相反，它们受限于情境，并涉及系统对其环境的某种特定适应性（van Geert，2009）。这意味着复杂动态系统理论研究关注的是确定在哪些情境和环境下，什么事物对谁有效。

多数系统的一个显著特征是它们具有卓越的灵活性或适应性，以及它们在不同情境和环境下的补偿倾向（Kloos & Van Orden，2009）。软组装是暂时的，它实时发生，且仅涉及当前可用及必要的工具和结构。软组装机制仅在某种情况或任务的即时情境下存在并得以实现（Thelen，2005）。显然，系统所嵌入的情境或环境，不能仅仅被视作解释系统行为时需要考虑的一个因素（Larsen-Freeman & Cameron，2008）。相反，情境因素必须被视为系统本身的实际参数或维度（Goldstein，2011a）。我们用本章前面提到的可理解性概念的例子来解释这一点，一个人的交流目的、说话者的明显线索以及相互作用的时空条件等——这些都可以被视为显著的情境元素——将有助于决定说话者如何调节他们的音量、音调、措辞、语气和副语言特征。

在第三章中，我们将讨论复杂动态系统理论研究者在研究的核心中所采取的立场。但是，可以说，软组装对于复杂动态系统理论研究的重要性并不意味着它在根本上是特异的。阐明因果关系仍然是科学地探究复杂动态系统理论的核心（Byrne，2009）。在复杂动态系统理论的研究中，最终起决定作用的是“谁”、“在哪里”（即在什么环境中）、“如何”（即在什么条件下）以及“何时”，这些因素共同决定了什么是有效的。

◎ 理解复杂动态行为

在本章前面，我们提出复杂系统是复杂动态系统理论研究的分析单位，我们可以进一步说，案例在方法论上等同于复杂系统。这与社会复杂性的许多方面相吻合，因为社会复杂性学家使用的许多方法都是基于案例的研究方法。这也绝不会将我们局限于某一种收集分析数据的方法——基于案例的方法包含高 N（人数或观察对象）和低 N（人数或观察对象），以及量化和质性的方法。然而，虽然研究此类案例及其与其他案例之间的关系可能很有趣，但这仅仅是研究的一半。在此类系统中，动态的变化过程和涌现结果与系统本身同样有趣（Goldstein，

1999，2000）。事实上，系统仅存在于时空层面，系统存在和形成的过程赋予了系统意义。这意味着“态”或“结果”应该被理解为一种看待系统时间性和动态存在状态的方法。例如，当我们询问系统在做什么时，我们实际上是在说一种正在展开的存在模式。这就是我们所说的系统“行为”。

动力学这一术语源自希腊语 dynamikos（van Geert，1998），意思是“有力量的”。这很贴切，因为系统中最具实证说服力的事物，往往是系统的发展过程和引起这种持续且非线性变化的力量。在系统中起作用的力量也是许多应用语言学研究的核心关注点。正如拉森－弗里曼和卡梅伦（2008：229）提出的那样，“应用语言学家感兴趣的许多现象可以被视为复杂系统”，其背后是强有力的过程。我们不仅认为这种现象应该被明确地表述为系统，而且我们认为其形成过程甚至比其存在状态更具说服力。从这一思维方式来看，对于应用语言学家来说，“理解语言使用、语言发展和语言学习中的变化是关注的核心”（Larsen-Freeman & Cameron，2008：229）。

动态变化对于理解系统和利用复杂动态系统理论的洞见来构建研究十分的重要，因此我们将在本章这一节中专门探讨动态行为的三大要素——它是如何产生的（即自组织）、在哪里展开的（即态空间和吸引子态），以及它所导致的模式（即涌现）。这些是研究变化如何发生的必要参照点。

◎ 自组织（self-organization）和涌现（emergence）

为了描述复杂系统的要素如何相互作用，并利用由此产生的系统动态来沿着发展轨迹前进，自组织的概念非常重要。当系统通过一个独立于明确指示、指令或程序的过程，来调整其内部结构或整体聚合功能以响应外部环境时，这就体现了自组织（Dekker et al.，2011）。哈肯（Haken）（2009：8927）在关于协同学的早期研究中，将自组织描述为“空间、时间或功能结构的自发形成”。他所描述的是系统内元素自我稳定和自我调节的全面合作。自组织，考夫曼（Kauffman）（1995：71）称之为“自由秩序”，这可能听起来像一个矛盾修辞，但是事实上它是最常见的建立秩序的形式，也是发展和变化的首要推动力（Goldstein，2000；Howe & Lewis，2005）。这种自由秩序的概念可以通过日常生活的展开方式来解释：在合适的条件下，生活中的许多事物往往会自行更好地理顺，并随着时间逐渐成型，这比相关人员有意强行解决时效果更佳。

我们认为，自组织是一个跨越时间的过程，通过这一过程，系统在不受干扰的情况下获得其结构和功能（另见 Gershenson，2007）。由于自组织与涌现的联系，这一过程通常被理解为一种模式形成过程，我们将在后文对此联系进行进一步阐述。然而，从技术上来说，除了优化系统自身的持续存在，自组织并没有一个特定的终极目标或外部目标（Deacon，2012；Rose et al.，2013）。因此，整个过程是非目的论的，不是以完成目的或达成终极目标为导向，而是向着有目的的、固有的，或“内在的”目的论方向发展（Weber & Varela，2002）。例如，自组织会引起更大规模的协调，并使系统更加复杂。因此，自我维持成为自组织系统的重要功能。自组织是处于系统行为核心的过程，以至于人们很容易误认为自组织在现实世界中引起的清晰可辨的模式是理所当然的（Banzhaf，2009）。让我们看看自组织如何促成这些模式。

系统的一个有趣特征是，虽然系统会失去平衡，但其结果可能是建立新秩序。因此，一个不断变化的系统可能是一个正在经历转变过程的系统。而且，当系统随着时间的推移进行自组织时，系统会呈现出新的模式或同步性，这些模式或同步性是无法通过逐一观察其组成部分来预测的（Goldstein，1999）。英国哲学家查理·布劳德（C. D. Broad）（1887—1971）在 20 世纪 20 年代初首次提出“涌现性质”这一术语，用于指称那些出现于特定复杂性层面但不存在于低层面的属性（Capra & Luisi，2014）。整体呈现出新模式，这些新模式不一定来自构成部分。例如，让我们思考一下，对于汽车零件以及如何驾驶汽车的深入了解，几乎无法提供关于高峰期交通模式的信息。在言语和语言使用领域，我们同样可以预期，掌握某种语言发音的语言学习者需要的不仅仅是该语言的语音符号的精确表征知识，而是另一个完全不同层次的更深需求。

当系统在更高层次（即系统层次）出现性质上的新行为，且这种新行为无法从低层次要素的相互作用中预测时，涌现就会跨越空间出现。自组织是指系统中自发的模式形成和变化，可以被视作一种引起涌现结果的强健的普遍过程（Goldstein，2000，2011a）—— 一种自下而上的因果关系。这些新的协调的存在模式或行为模式，能够影响较低层次的系统要素，并以一种稳定新涌现行为的方式影响它们。这样一来，在系统的较高层次形成的相关结构就引起了自上而下的因果关系。

◎ 态空间（state space）和吸引子态（attractor state）

社会现象显然是多种多样的，但是复杂性的一个惊人结果是，稳定模式的出现是常态而非例外。系统的这种稳定趋势被称为吸引子态（亦称吸态）（Hiver，2015）。吸引子态是一个系统随时间趋向或逐渐稳定下来的临界值、模式、解决方案或结果（Newman，2009）。吸引子态对于理解涌现结果非常重要。复杂动态系统理论利用生动的地形隐喻，捕捉动态行为发生的位置和系统可能存在的模式化结果，这种地形隐喻即态空间或态景观（Larsen-Freeman & Cameron，2008）。这种景观是一个N维空间，包含了系统在任何特定时间可能出现的所有结果的配置。换句话说，它或多或少为系统提供了所有现象学结果的全面理念。

自组织产生的模式化结果（即吸引子态）代表着系统的一个稳定区域，它可以在没有任何故意引导或精心策划的情况下涌现（van Geert，2008）。这与应用语言学领域中的现象非常相似（例如，在语言政策和使用中或语言发展中），在该领域中，变量的动态集合自发地自组织成代表较高层次平衡模式的吸引子态（Larsen-Freeman & Cameron，2008）。在此我们可能会想到，在较小的时间尺度上的第二语言（二语）学习事件，如师生互动，如何叠加成我们称之为“理解”“发展”或“迁移学习”的连贯活动整体。当然，系统随着时间而稳定下来的状态，不一定需要用数字进行描述。这些结果通常是类别性、概念性或现象学层面的结果（Goldstein，2011b）。

棋盘游戏可以为态空间和吸引子态的含义提供一个说明性的类比。棋盘游戏的态空间是当前游戏中可能出现的所有潜在布置或配置。吸引子态游戏设置包括根据游戏规则在棋盘上移动棋子，从一种布局变化成另一种布局，而游戏的吸引子态就是棋子在棋盘上的典型摆放模式。对于某个特定系统，可能的吸引子态是有限的（De Wolf & Holvoet，2005），识别这些吸引子态可以大大减少复杂系统运行的不可预测性，让研究者能够明智地选择如何与涌现结果互动。显著的结果模式的另一个方面是特有的特征动态（Dörnyei，2014），或者说系统内部的发展机制，它让研究者能够简洁地解释导致系统产生这些结构的过程。棋盘游戏提供的一个例子是，分析玩家是如何一步步移动和策划，最终取得优势或者赢得游戏的。

吸引子态是系统在社会人文世界的景观或“棋盘”中，随着时间演变或接近的优选平衡状态。但是，这些状态实际上并不像磁铁那样施加引力（Haken，2006）。“吸引子”这一术语仅仅是一种便捷的描述方式，用于描述复杂系统接近某些临界值并远离其他临界值的行为（Holland，1995，2012）。吸引子态让我们能够描述系统当前所处的位置或状态，或者它当前的行为方式，以及系统通过自组织形成的结果或模式（Thelen & Bates，2003）。

在人文社会领域中，这种可观察到的模式化结果（即吸引子态）的数量是有限的。但正如我们所说，这些系统层次上新颖的涌现结果，不能仅从系统要素间离散的相互作用中推断或解释。以群体行为为例，个体的集合就是系统，我们可以观察到通过分布式互动产生的自组织现象，以及由此带来的群体情感强度的变化。当我们设想群体现象景观中的全部可能配置时，我们可以看到各种可能性，例如聚集、示威、社群、观众，甚至是暴民。这些都具备特定的涌现特征。在群体行为的例子中，个体要素设法获得超越个体部分的群体属性（Holland，2012）。在群体中，这会使系统在从众模式、孤立模式、思维趋同模式、行动主义模式或其他模式中完全稳定下来。

吸引子代表系统稳定于动态平衡的结果或状态。虽然结果解释了系统当前所为及其所处的状态，但适应性变化提供了与时间相关的叙述，描述了系统如何及为何达到当前状态的过程，以及系统在未来可能达到的状态。某些变化机制——或前面我们所说的特征动态——在态空间内产生特定的时间信号或随时间变化的轨迹，这对于理解系统发展或变化的因果复杂性十分重要（Mackenzie，2005）。而且，正如系统的涌现模式是有限的，达到这些结果的轨迹或多或少也是有限的。

吸引子态普遍被认为是由系统要素之间的相互作用所产生的（Banzhaf，2009）。如果系统参数超过某些临界值，那么吸引子态亦可自发产生。当系统参数的变化导致系统分裂成不同的行为路径（即系统出现分岔），并向全新的吸引子移动时，吸引子态亦可涌现。最后，如果来自系统参数本身的值足够一致，并且达到临界值而被“镌刻”在态空间中，那么这些值也可以成为吸引子态（Nowak et al.，2005：361）。

最简单的吸引子态类型是不动点吸引子态。这种状态的不动点是指系统随着时间趋于稳定的唯一平衡点（Haken，2006）。不动点吸引子的一个例子是未被推动的钟摆所处的底部中心位置，这是钟摆随着时间趋于稳定的位置。实际上，由于生命的巨大复杂性，仅趋于稳定在一个不动点吸引子态的系统比人们预期的更罕见（Byrne，1998，2002）。周期吸引子态较不动点吸引子态在复杂性上更进一步，因为它为系统行为的变化提供了比不动点吸引子态更多的可能性。周期吸引子态，也被称为极限环吸引子态，代表系统在一个周期回环中来回循环的两个或多个值。其中一个例子是被推动的钟摆，由上至下再向上地来回摆动。当事件或行为自身以恒定的间隔重复时，就会形成模式（Abraham & Shaw，1992）。奇异吸引子态，也叫作混沌吸引子态，是所有吸引子态中最复杂的。奇异吸引子态代表系统随着时间趋于接近但从未真正达到的值（Strogatz，2003）。奇异吸引子的一个例子是日复一日形成的天气模式。系统在奇异吸引子态下的运动被称为“混沌”——但仅在数学意义上，如此因为其动力学轨迹呈现出略微不稳定或不规则的模式，虽然这种模式从未完全重复，但这些系统实际上展示了可以事后理解的复杂组织形式（Gleick，2008）。

◎ 统合自组织与涌现：实践中的探索

让我们再来回顾一下，如果一个现象被称为涌现，那么它通常是无法从低层次的描述中预测的。这就是为什么关于复杂系统要素及其相互作用的详细了解，往往无法为研究者提供所需的理解，以预测这些相互作用所产生的模式（Johnson，2009）。在最低层次，这种现象通常根本不存在，或者仅以微量存在：它是不可还原的。但是，这并不意味着复杂动态系统理论研究者无法解释这种动态性。有一种自组织的描述性模型来自路易斯（Lewis）（2005）的心理动力学研究，它大致阐明了自组织过程在人类和社会系统中是如何展开的。在这个自组织的四阶段启发式模型中，前两个阶段关注的是系统要素在局部层次上的行为和相互作用，而后两个阶段则上升到整个系统，即全局层次（Jost et al.，2010）。

首先，自组织仅在存在诱因的条件下发生，例如剧烈的扰动使系统脱离当前所处的吸引子态（Kiel & Elliott，1996）。扰动起源于系统与其环境或与其他系统之间的相互作用，并引起系统紊乱，类似于向静止的水中投掷鹅卵石而使水面泛起涟漪。不稳定性是支撑大多数自组织模式形成的通用机制，这是因为系统中的个体元素会根据条件的变化而进行自我调节和重新排序（Kelso，1995）。此处的一个重要考虑因素是扰动的大小及其影响效果之间的非线性关系（Kra，2009）。如果系统处于深度吸引子态，那么较大的力量可能对系统的影响较小，而其他相对较小的扰动则可能会带来持久的影响（Straussfogel & Von Schilling，2009）。系统中的紊乱可能遵循两种可能路径：通过放大而增加破坏系统稳定的力量，或者在受到阻尼力时被抑制（Boschetti et al.，2011）。

在自组织过程中，我们可以观察到系统积极尝试将发生的事情转化为自身优势的行为（Manson，2001）。这是当系统要素以智能的发展方式相互作用时所发生的行为（Reitsma，2003）。元素之间相互作用联合的技术术语是耦合（Dooley，1997）。耦合涉及在当前反馈回环中的能量或信息交换。这些使整个系统层次的新行为模式得以涌现（Haken，2009）。正如我们在本章前面提到的，反馈回环是能量或信息的双向流动，是系统壮大和变化所必需的（Newman，2009）。正反馈增强局部扰动，直到这种扰动将整个系统推向某个新的吸引子态；而负反馈则抑制变化，并将系统恢复到原始吸引子态（O'Sullivan，2009）。虽然自组织看似是随机发生的，但实际上存在许多系统性变化引导着新出现的稳定性路径（Goldstein，2011a，2011b）。这些被称为控制参数（亦称驱动参数），它们提醒我们没有什么是毫无规律的，而且有一些预先存在的参数是系统必须遵循的，同时，也有一些规则是系统要素需要遵守的（Gorochowski et al.，2011）。关于系统中作为变化动力的控制参数，有一些常见的例子，包括物理系统中的温度、速度、压力或密度，以及人文社会系统中的接近度、稀缺性、频率或新颖性。

现在，我们转向自组织的更高系统层次，系统继续重新调整其内部结构的结果是，系统超过了一个阈值，在这个阈值中，系统获得足够的连贯性和结构使其开始向新的吸引子盆地进行重新配置——这是使系统向一个吸引子态演化的条件集合（van Geert，2009）。这种回归稳定的行为是通过新的高阶模式的涌现而产生的（Kiel & Elliot，1996）。因为系统的这些变化和新模式是自发产生的，因此被称为涌现（Kauffman，1995）。当系统通过重组产生的结果模式与其主要的初始性质不同时，这种新状态被称为主要相位转变（又称相变）（Boschetti et al.，2011）。这种系统层次的质变的例子包括物质状态的转变（固体、液体、气体）和马的自然步态（步行、小跑、慢跑和疾驰）。理解这类变化的关键是，它们是系统适应性自组织的涌现结果，并不依赖于任何一个要素或任何线性过程（Juarrero，1999）。

一旦新的涌现模式在整个系统中根深蒂固，即系统稳定于新的吸引子态，那么涌现结果就会开始影响并决定未来的自组织循环（Abraham & Shaw，1992）。换句话说，它会发展成一个秩序参数。秩序参数（又称约束参数）会扩散并限制系统的未来行为（Haken，2009），以此来协助保持新的吸引子态的稳健性。例如，尽管人们并未这么说，但事后我们可以看到，一旦未来的飞行员开始理解并利用飞行物理学中的秩序参数——升力、阻力、推力和重力，那么人类将可能实现飞行。这便是使互惠因果关系（即自上而下和自下而上同时发生）得以实现的方式：系统构成部分的自组织引起系统中新模式的涌现，而这种新模式又会影响系统构成部分的行为（Juarrero，1999）。正如拉森－弗里曼和卡梅伦（2008：60）所提出的，涌现现象会“带动最初促成它们产生的较低层次或活动尺度”。因此，涌现使系统能根据其过去的自组织经验来应对持续的干扰，从而保持稳定性和功能性（Kelso，1995）。

◎ 承上启下

撰写这一相当冗长，或许有些晦涩难懂的章节，我们旨在让读者理解我们所说的“复杂性”这一事物的本质。我们所采取的一个方式是定义并区分繁杂和复杂，这两个术语经常被混淆。正如我们的例子所示，以“复杂的”视角来看待语言及其相关问题是革新性的，但这还需要在思考许多本来熟悉的问题时，对概念进行重新校对。为了确定这一新的本体论领域，我们简要探讨了复杂性在社会科学中的起源。与其他社会复杂主义学家一致，我们认为最好将复杂性理解为一种元理论，附带一套强大的知识工具和概念，能够为各种理论（如语言理论和学习理论）提供信息。正如我们所述，复杂性思维研究的主要概念工具之一，是对应用语言学领域采用关系性的理解，而非基于对象的理解。这就需要把复杂系统思维作为基本分析单位。以此为出发点，我们回顾了复杂动态系统理论的一些特征和原则，这对于理解复杂系统的行为至关重要。这不仅为研究者思考社会科学领域及其现象提供了参考，而且也为如何在社会科学中进行研究提供了新的参数——这是我们随后在第三章中讨论的重点。

最后，在本章最后一节，我们转向了理解复杂动态行为实现的方式。在此，我们提出，自组织和涌现是理解和解释系统变化动态性的关键概念。基于这些复杂动态系统理论的观点，研究者可以像重视状态和结果一样重视变化和过程（Larsen-Freeman，2012，2013）。确定这种动态性如何产生、何处产生，及其产生的模式，是复杂动态系统理论的首要目标（Larsen-Freeman，1997）。我们在本书第二、三部分中介绍的许多方法，也是为了帮助研究者对系统中的自组织过程进行描述和建模（Holland，2006）。如此复杂的机制表明，通过自组织的观点将感兴趣的现象概念化，需要应用语言学家以一种相互关联的思维方式来思考结果及其过程（Larsen-Freeman & Cameron，2008）。这一核心概念工具很好地阐明了复杂动态系统理论研究涉及领域的扩张性视角，并凸显出与这种科学探究方式相兼容的适当研究方法的需求。

我们鼓励读者探索该领域现有的其他优秀学术资源（例如 Larsen-Freeman，2017；Larsen-Freeman & Cameron，2008）。其中有些资源也讨论了我们领域的某些话题（例如 Dörnyei et al.，2015；de Bot et al.，2005），同时还有一些也探讨了社会科学领域中更广泛的问题（例如 Byrne & Callaghan，2014；Morin，2008；Thelen & Smith，1994）。

◎ 参考文献

Abraham, R. (2011) The genesis of complexity. *World Futures* 67, 380–394.

Abraham, R. and Shaw, D. (1992) *Dynamics: The Geometry of Behavior* (2nd edn).

Redwood City, CA: Addison-Wesley.

Al-Hoorie, A. H. (2015) Human agency: Does the beach ball have freewill? In Z. Dörnyei, P. D. MacIntyre and A. Henry (eds) *Motivational Dynamics in Language Learning* (pp. 55–72). Bristol: Multilingual Matters.

Alhadeff-Jones, M. (2008) Three generations of complexity theories: Nuances and ambiguities. *Educational Philosophy and Theory* 40 (1), 66–82.

Baba, K. and Nitta, R. (2014) Phase transitions in development of writing fluency from a complex dynamic systems perspective. *Language Learning* 64, 1–35.

Bak, P. (1996) *How Nature Works: The Science of Self-Organized Criticality*. New York: Springer.

Banzhaf, W. (2009) Self-organizing systems. In R. Meyers (ed.) *Encyclopedia of Complexityand Systems Science* (pp. 8040–8050). New York: Springer.

Beckner, C., Blythe, R., Bybee, J., Christiansen, M.H., Croft, W., Ellis, N.C., Holland, J., Ke, J., Larsen-Freeman, D. and Schonemann, T. (2009) Language is a complex adaptive system: Position paper. *Language Learning* 59 (s1), 1–27.

Boschetti, F., Hardy, P. Y., Grigg, N. and Horowitz, P. (2011) Can we learn how complex systems work? *Emergence: Complexity & Organization* 13 (4), 47–62.

Byrne, D. (1998) *Complexity Theory and the Social Sciences: An Introduction*. New York: Routledge.

Byrne, D. (2002) *Interpreting Quantitative Data*. Thousand Oaks, CA: SAGE.

Byrne, D. (2005) Complexity, configurations and cases. *Theory, Culture and Society* 22 (5), 95–111.

Byrne, D. (2009) Case-based methods: Why we need them; What they are; how to do them. In D. Byrne and C.C. Ragin (eds) *The SAGE Handbook of Case-Based Methods* (pp. 1–13). Thousand Oaks, CA: SAGE.

Byrne, D. (2011) *Applying Social Science*. Bristol: Policy Press.

Byrne, D. and Ragin, C. (eds) (2009) *The SAGE Handbook of Case-Based Methods*. Thousand Oaks, CA: SAGE.

Byrne, D. and Callaghan, G. (2014) *Complexity Theory and the Social Sciences: The State of the Art*. New York: Routledge.

Capra, F. and Luisi, P. L. (2014) *The Systems View of Life*. Cambridge: Cambridge University Press.

Castellani, B. and Hafferty, F. (2009) *Sociology and Complexity Science: A New Field of Inquiry*. Berlin: Springer.

Cilliers, P. (2000) Knowledge, complexity, and understanding. *Emergence* 2 (4), 7–13.

Cilliers, P. (2005) Complexity, deconstruction andrelativism. *Theory, Culture and Society* 22, 255–267.

Cuban, L. (2010) The difference between 'complicated' and 'complex' matters. See https:// larrycuban.wordpress.com/2010/06/08/the-difference-between-complicated-and-complex-matters/ (accessed 30 June 2019).

Davis, B. and Sumara, D. (2006) *Complexity and Education: Inquiries into Learning, Teaching and Research*. Mahwah, NJ: Lawrence Erlbaum.

de Bot, K. (2015) Rates of change: Timescales in second language development. In Z. Dörnyei, P. D. MacIntyre and A. Henry (eds) *Motivational Dynamics in Language Learning* (pp. 29–37). Bristol: Multilingual Matters.

de Bot, K., Lowie, W. and Verspoor, M. (2005) *Second Language Acquisition: An Advanced Resource Book*. London: Routledge.

Deacon, T. (2012) *Incomplete Nature: How Mind Emerged from Matter.* New York: W.W. Norton & Company.

De Villiers-Botha, T. and Cilliers, P. (2010) The complex 'I': The formation of identity in complex systems. In P. Cilliers and R. Preiser (eds) *Complexity, Difference, and Identity* (pp. 19–38). Dordrecht: Springer.

De Wolf, T. and Holvoet, T. (2005) Emergence versus self-organisation: Different concepts but promising when combined. In S. Brueckner, G. Di Marzo Serugendo, A. Karageorgos and R. Nagpal (eds) *Engineering Self-Organising Systems: Methodologies and Applications* (pp. 1–15). Berlin: Springer.

Dekker, S., Cilliers, P. and Hofmeyr, J. H. (2011) The complexity of failure: Implications of complexity theory for safety investigations. *Safety Science* 49, 939–945.

Dooley, K. (1997) A complex adaptive systems model of organization change. *Nonlinear Dynamics, Psychology, and Life Sciences* 1, 69–97.

Dörnyei, Z. (2014) Researching complex dynamic systems: 'Retrodictive qualitative modelling' in the language classroom. *Language Teaching* 47, 80–91.

Dörnyei, Z., MacIntyre, P.D. and Henry, A. (eds) (2015) *Motivational Dynamics in Language Learning*. Bristol: Multilingual Matters.

Douglas Fir Group (2016) A transdisciplinary framework for SLA in a multilingual world. *The Modern Language Journal* 100 (s), 19–47.

Ellis, N. C. and Larsen-Freeman, D. (eds) (2009) Language as a complex adaptive system [Special issue]. *Language Learning* 59 (s1).

Elman, J. (2003) It's about time. *Developmental Science* 6, 430–433.

Eoyang, G. (2003) Conditions for self-organizing in human systems. Unpublished doctoral dissertation, The Union Institute and University, Ohio.

Eoyang, G. (2004) The practitioner's landscape. *Emergence*: *Complexity & Organization* 6 (1/2), 55–60.

Eve, R., Horsfall, S. and Lee, M. (eds) (1997) *Chaos, Complexity, and Sociology: Myths, Models,and Theories*. Thousand Oaks, CA: SAGE.

Fogal, G. G. (2019a) Tracking microgenetic changes in authorial voice development from a complexity theory perspective. *Applied Linguistics* 40, 432–455. doi:10.1093/applin/ amx031

Fogal, G. G. (2019b) Investigating variability in L2 development: Extending a complexity theory perspective on L2 writing studies and authorial voice. *Applied Linguistics*, Advance Online Access. doi:10.1093/applin/amz005

Gell-Mann, M. (1994) Complex adaptive systems. In G. Cowan, D. Pines and D. Meltzer (eds) *Complexity: Metaphors, Models and Reality* (pp. 17–45).

Reading, MA: Addison-Wesley.

Gershenson, C. (2007) *Design and Control of Self-Organizing Systems*. Publisher: Author. Gleick,J. (2008) *Chaos: Making a New Science*. New York: Penguin Books.

Goldstein, J. (1999) Emergence as a construct: History and issues. *Emergence: A Journal of Complexity Issues in Organizations and Management* 1 (1), 49–72.

Goldstein, J. (2000) Conceptual snares emergence: A construct amid a thicket of conceptual snares. *Emergence: A Journal of Complexity Issues in Organizations and Management* 2 (1), 5–22.

Goldstein, J. (2011a) Emergence in complex systems. In P. Allen, S. Maguire and B. McKelvey (eds) *The SAGE Handbook of Complexity and Management* (pp. 65–78). New York: SAGE.

Goldstein, J. (2011b) Probing the nature of complex systems: Parameters, modeling, interventions. *Emergence: Complexity & Organization* 13, 94–121.

Gorochowski, T., di Bernardo, M. and Grierson, C. (2011) Evolving dynamical networks: A formalism for describing complex systems. *Complexity* 17 (4), 18–25.

Haken, H. (2006) *Information and Self-Organization: A Macroscopic Approach to Complex Systems* (3rdedn). Berlin: Springer.

Haken, H. (2009) Synergetics: Basic concepts. In R. Meyers (ed.) *Encyclopedia of Complexity and Systems Science* (pp. 8926–8946). New York: Springer.

Harvey, D. (2009) Complexity and case. In D. Byrne and C. C. Ragin (eds) *The SAGE Handbook of Case-Based Methods* (pp. 15–38). Thousand Oaks, CA: SAGE.

Hilpert, J. and Marchand, G. (2018) Complex systems research in educational psychology: Aligning theory and method. *Educational Psychologist* 53, 185–202.

Hiver, P. (2015) Attractor states. In Z. Dörnyei, P. D. MacIntyre and A. Henry (eds) *Motivational Dynamics in Language Learning* (pp. 20–28). Bristol: Multilingual Matters.

Hiver, P. and Al-Hoorie, A.H. (2016) A 'dynamic ensemble' for second language research: Putting complexity theory into practice. *The Modern Language Journal* 100, 741–756.

Hiver, P. and Larsen-Freeman, D. (2020) Motivation: It *is* a relational system. In A. H. Al-Hoorie and P.D. MacIntyre (eds) *Contemporary Language Motivation Theory: 60 Years Since Gardner and Lambert (1959)*. Bristol: Multilingual Matters.

Holland, J. H. (1992) Complex adaptive systems. *Daedalus* 121, 17–30.

Holland, J. H. (1995) *Hidden Order: How Adaptation Builds Complexity*. Cambridge, MA: MIT Press.

Holland, J. H. (2006) Studying complex adaptive systems. *Journal of Systems Science and Complexity* 19, 1–8.

Holland, J. H. (2012) *Signals and Boundaries: Building Blocks for Complex Adaptive Systems*. Cambridge, MA: MIT Press.

Horn, J. (2008) Human research and complexity theory. *Educational Philosophy and Theory* 40, 130–143.

Howe, M. L. and Lewis, M.D. (2005) The importance of dynamic systems approaches for understanding development. *Developmental Review* 25, 247–251.

Human, O. (2015) Complexity: E-special introduction. *Theory, Culture & Society* 3, 1–20. Johnson, N. (2009) *Simply Complexity: A Clear Guide to Complexity Theory*. Oxford: Oneworld Publications.

Jost, J., Bertschinger, N. and Olbrich, E. (2010) Emergence. *New Ideas in Psychology* 28, 265–273.

Juarrero, A. (1999) *Dynamics in Action: Intentional Behavior as a Complex System*. Cambridge, MA: MIT Press.

Kauffman, S. (1995) *At Home in the Universe: The Search for the Laws of Self-Organization and Complexity*. New York: Oxford University Press.

Kelso, J. A. S. (1995) *Dynamic Patterns: The Self-Organization of Brain and*

Behavior. Cambridge, MA: MIT Press.

Kelso, J. A. S. (2002) Self-organizing dynamical systems. In N. Smelser and P. Baltes (eds) *International Encyclopedia of the Social and Behavioral Sciences* (pp. 13844–13850). Oxford: Elsevier.

Kelso, J. A. S. (2016) On the self-organizing origins of agency. *Trends in Cognitive Science* 20, 490–499.

Kiel, L. and Elliot, E. (eds) (1996) *Chaos Theory in the Social Sciences: Foundations and Applications*. Ann Arbor, MI: University of Michigan Press.

Klein, J. (2004) Interdisciplinarity and complexity: An evolving relationship. *Emergence: Complexity & Organization* 6 (1/2), 2–10.

Kloos, H. and Van Orden, G. (2009) Soft-assembled mechanisms for the grand theory. In J.P. Spencer, M. Thomas and J. McClelland (eds) *Toward a New Grand Theory of Development? Connectionism and Dynamics Systems Theory Reconsidered* (pp. 253–267). Oxford: Oxford University Press.

Koopmans, M. (2019) Education is a complex dynamical system: Challenges for research. *The Journal of Experimental Education*. Advance Online Access. doi:10.1080/00220 973.2019.1566199

Kra, B. (2009) Introduction to ergodic theory. In R. Meyers (ed.) *Encyclopedia of Complexity and Systems Science* (pp. 3053–3055). New York: Springer.

Kretzschmar, W. (2015) *Language and Complex Systems*. Cambridge: Cambridge University Press.

Kuhn, L. (2008) Complexity and educational research: A critical reflection. In M. Mason (ed.) *Complexity Theory and the Philosophy of Education* (pp. 169–180). Chichester: Wiley-Blackwell.

Lantolf, J. (2016, March) On the (in)commensurability of sociocultural theory and dynamic systems theory. Distinguished scholarship and service plenary given at the meeting of the American Association for Applied Linguistics, Orlando, FL.

Larsen-Freeman, D. (1997) Chaos/complexity science and second language acquisition. *Applied Linguistics* 18, 141–165.

Larsen-Freeman, D. (2010) The dynamic co-adaption of cognitive and social views: A chaos/complexity theory perspective. In R. Batstone (ed.) *Sociocognitive Perspectives on Second Language Use/Learning* (pp. 40–53). Oxford: Oxford University Press.

Larsen-Freeman, D. (2012) Complex, dynamic systems: A new transdisciplinary theme for applied linguistics? *Language Teaching* 45, 202–214.

Larsen-Freeman, D. (2013) Complexity theory: A new way to think. *Revista Brasileira de LinguisticaAplicada* 13, 369–373.

Larsen-Freeman, D. (2015) Ten 'lessons' from complex dynamic systems theory: What is on offer. In Z. Dörnyei, P.D. MacIntyre and A. Henry (eds) *Motivational Dynamics in Language Learning* (pp. 11–19). Bristol: Multilingual Matters.

Larsen-Freeman, D. (2016a) Classroom-oriented research from a complex systems perspective. *Studies in Second Language Learning and Teaching* 6, 377–393.

Larsen-Freeman, D. (2016b) The psychology of language learning and 'the science of the individual'. Paper presented at the Individuals in Contexts. Psychology of Language Learning 2 Conference, University of Jyväskylä, Finland.

Larsen-Freeman, D. (2017) Complexity theory: The lessons continue. In L. Ortega and Z. Han (eds) *Complexity Theory and Language Development: In Celebration of Diane Larsen-Freeman* (pp. 11–50). Amsterdam/Philadelphia, PA: John Benjamins.

Larsen-Freeman, D. (2019) On language learner agency: A complex dynamic systems theory perspective. *The Modern Language Journal* 103 (s), 61–79.

Larsen-Freeman, D. and Cameron, L. (2008) *Complex Systems and Applied Linguistics*. Oxford: Oxford University Press.

Larsen-Freeman, D. and Tedick, D.J. (2016) Teaching world languages: Thinking differently. In D. Gitomer and C. Bell (eds) *Handbook of Research on Teaching*

(5th edn; pp. 1335–1388). Washington, DC: American Educational Research Association.

Lemke, J. (2000) Across the scales of time: Artifacts, activities, and meanings in ecosocial systems. *Mind, Culture, and Activity* 7, 273–290.

Lenzing, A. (2015) Relating regularities and dynamical systems in L2 development. *Language Learning* 65 (1), 89–112.

Lerner, R. M. and Overton, W. F. (2008) Exemplifying the integrations of the relational developmental system: Synthesizing theory, research, and application to promote positive development and social justice. *Journal of Adolescent Research* 23, 245–255.

Lewis, M. (2005) Bridging emotion theory and neurobiology through dynamic systems modeling. *Behavioral and Brain Sciences* 28, 169–245.

Lewontin, R. (1998) The evolution of cognition: Questions we will never answer. In D. Scarborough and S. Sternberg (eds) *An Invitation to Cognitive Science*, Volume 4: Methods, models and conceptual issues (pp. 107–132). Cambridge, MA: The MIT Press.

Lowie, W. and Verspoor, M. (2011) The dynamics of multilingualism: Levelt's speaking model revisited. In M.S. Schmid and W. Lowie (eds) *Modeling Bilingualism: From Structure to Chaos* (pp. 267–288). Philadelphia, PA: Benjamins.

Lowie, W. and Verspoor, M. (2015) Variability and variation in second language acquisition orders: A dynamic reevaluation. *Language Learning* 65, 63–88.

Lowie, W. and Verspoor, M. (2019) Individual differences and the ergodicity problem. *Language Learning* 69 (s1), 184–206. doi:10.1111/lang.12324.

Lowie, W., Plat, R. and de Bot, K. (2014) Pink noise in language production: A nonlinear approach to the multilingual lexicon. *Ecological Psychology* 26 (3), 216–228.

Mackenzie, A. (2005) The problem of the attractor: A singular generality between sciences and social theory. *Theory, Culture & Society* 22, 45–65.

Manson, S. (2001) Simplifying complexity: A review of complexity theory. *Geoforum* 32, 405–414.

Marchand, G. and Hilpert, J. (2018) Design considerations for education scholars interested in complex systems research. *Complicity: An International Journal of Complexity and Education* 15, 31–44.

Mason, M. (ed.) (2008) *Complexity Theory and the Philosophy of Education*. Chichester: Wiley-Blackwell.

Mercer, S. (2013) Towards a complexity-informed pedagogy for language learning. *Revista Brasileira de LinguisticaAplicada* 13 (2), 375–398.

Mercer, S. (2016) Complexity, language learning and the language classroom. In G. Hall (ed.) *The Routledge Handbook of English Language Teaching* (pp. 473–485). New York: Routledge.

Montuori, A. (2013) Complexity and transdisciplinarity: Reflections on theory and practice. *World Futures: The Journal of Global Education* 69, 200–230.

Morin, E. (1992) From the concept of system to the paradigm of complexity. *Journal of Social and Evolutionary Systems* 15, 371–385.

Morin, E. (2008) *On Complexity*. Cresskill, NJ: Hampton Press. Morowitz, H. (1996) What's in aname? *Complexity* 1 (4), 7–8.

Newman, L. (2009) Human–environment interactions: Complex systems approaches for dynamic sustainable development. In R. Meyers (ed.) *Encyclopedia of Complexity and Systems Science* (pp. 4631–4643). New York: Springer.

Nowak, A., Vallacher, R. and Zochowski, M. (2005) The emergence of personality: Dynamic foundations of individual variation. *Developmental Review* 25, 351–385.

Nowak, A., Bui-Wrzosinska, L., Coleman, P., Vallacher, R., Jochemczyk, L. and Bart- kowski, W. (2010) Seeking sustainable solutions: Using an attractor simulation platform for teaching multi-stakeholder negotiation in complex cases. *Negotiation Journal* 26, 49–68.

Nowotny, H. (2005) The increase of complexity and its reduction: Emergent interfaces between the natural sciences, humanities and social sciences. *Theory, Culture and Society* 22 (5), 15–31.

O'Sullivan, D. (2009) Complexity theory, nonlinear dynamic spatial systems, In R. Kitchin and N. Thrift (eds) *International Encyclopedia of Human Geography* (pp. 239–244). Oxford: Elsevier.

Osberg, D. and Biesta, G. (2010) The end/sof education: Complexity and the conundrum of the inclusive educational curriculum. *International Journal of Inclusive Education* 14, 593–607.

Overton, W. F. (2007) A coherent metatheory for dynamic systems: Relational organicism-contextualism. *Human Development* 50, 154–159.

Overton, W.F. (2013) A new paradigm for developmental science: Relationism and relational-developmental systems. *Applied Developmental Science* 17, 94–107.

Overton, W. F. (2015) Taking conceptual analyses seriously. *Research in Human Development* 12 (3/4), 163–171.

Overton, W. F. and Lerner, R.M. (2014) Fundamental concepts and methods in developmental science: A relational perspective. *Research in Human Development* 11, 63–73.

Peck, M. S. (1993) *Further Along the Road Less Travelled: The Unending Journey toward Spiritual Growth*. New York: Simon & Schuster.

Polat, B. and Kim, Y. (2014) Dynamics of complexity and accuracy: A longitudinal case study of advanced untutored development. *Applied Linguistics* 35 (2), 184–207.

Prigogine,I. and Stengers,I. (1984) *Order Out of Chaos*. New York: Bantam New Age.

Ragin, C. C. (2009) Reflections on casing and case-oriented research. In D. Byrne and C.C. Ragin (eds) *The SAGE Handbook of Case-Based Methods* (pp. 523–534). London: SAGE.

Reitsma, F. (2003) A response to simplifying complexity. *Geoforum* 34, 13–16.

Ridley, M. (2015) *The Evolution of Everything: How New Ideas Emerge*. New York: Harper Collins.

Rose, L., Rouhani, P. and Fischer, K. (2013) The science of the individual. *Mind, Brain, and Education* 7, 152–158.

Sawyer, K. (2005) *Social Emergence: Societies as Complex Systems*. New York: Cambridge University Press.

Schmid, M. S., Köpke, B. and de Bot, K. (2013) Language attrition as complex, non-linear development. *International Journal of Bilingualism* 17 (6), 675–683.

Seedhouse, P. (2010) Locusts, snowflakes, and recasts: Complexity theory and spoken interaction. *Classroom Discourse* 1, 4–24.

Strogatz, S. (2003) *Sync*. New York: Hyperion Books.

Straussfogel, D. and Von Schilling, C. (2009) Systems theory. In R. Kitchin and N. Thrift (eds) *International Encyclopedia of Human Geography* (pp. 151–158). Oxford: Elsevier.

Thelen, E. (2005) Dynamic systems theory and the complexity of change. *Psychoanalytic Dialogues* 15, 255–283.

Thelen, E. and Smith, L. (1994) *A Dynamic Systems Approach to Development of Cognition and Action*. Cambridge, MA: MIT Press.

Thelen, E. and Bates, E. (2003) Connectionism and dynamic systems: Are they really different? *Developmental Science* 6, 378–391.

Uprichard, E. (2013) Sampling: Bridging probability and nonprobability designs. *International Journal of Social Research Methodology* 16, 1–11. Urry, J. (2003) *Global Complexity*. Cambridge: Polity Press.

Urry, J. (2005) The complexity turn. *Theory, Culture and Society* 22 (5), 1–14.

Ushioda, E. (2015) Context and complex dynamic systems theory. In Z. Dörnyei, P.D. MacIntyre and A. Henry (eds) *Motivational Dynamics in Language Learning* (pp. 47–54). Bristol: Multilingual Matters.

van Geert, P. (1998) We almost had a great future behind us: The contribution of nonlinear dynamics to developmental-science-in-the-making. *Developmental Science* 1, 143–159.

van Geert, P. (2008) The dynamic systems approach in the study of L1 and L2 acquisition: An introduction. *The Modern Language Journal* 92, 179–199.

van Geert, P. (2009) Complex dynamic systems of development. In R. Meyers (ed.) *Encyclopedia of Complexity and Systems Science* (pp. 1872–1916). New York: Springer.

Verspoor, M., Lowie, W. and van Dijk, M. (2008) Variability in L2 development from a dynamic systems perspective. *The Modern Language Journal* 92, 214–231.

Verspoor, M., Schmid, M.S. and Xu, X. (2012) A dynamic usage based perspective on L2 writing. *Journal of Second Language Writing* 21 (3), 239–263.

Walby, S. (2007) Complexity theory, systems theory, and multiple intersecting social inequalities. *Philosophy of the Social Sciences* 37, 449–470.

Weber, A. and Varela, F. (2002) Life after Kant: Natural purposes and the autopoietic foundations of biological individuality. *Phenomenology and the Cognitive Sciences* 1, 97–125.

第三章　复杂性理论在研究中的应用

正如爱因斯坦等人所强调的那样，研究的起点是惊奇。只要问题尚未解决，我们就会想出更多解决方案……但未来不是既定的，因此，我们只有概率性描述，而没有确定性……不确定性和意外是人类命运的一部分。

——普里高津（2005：16）

◎ 复杂动态系统理论与科学哲学

在社会科学的众多研究领域中，复杂性理论已成为不可或缺的一部分（Castellani & Hafferty，2009）。但这并不仅仅是因为许多学者将其视作思考和理论化社会现象的一组有用隐喻。就像应用语言学一样，复杂性是一种实证现实（Morin，2007，2008），为许多人文社会学科中的复杂现象提供了重要的洞见。因此，将复杂动态系统理论应用于研究实践，首先需要认识到复杂性是真实存在的，然后再对这一现实进行研究。总之，复杂动态系统理论研究关注的是现实的内在复杂性。

若是仅仅如此，那么复杂动态系统理论研究将会相当简单（Byrne & Uprichard，2012）。应用语言学家只需要很小幅度地调适，即可将复杂动态系统理论纳入各自的研究领域。然而，关于复杂动态系统理论的核心思想、研究意义及其在研究事业中能产生什么有意义的结果，仍然存在不同的观点（Verspoor et al.，2011）。在本章中，我们将探讨一系列观点，并尝试通过这些观点来确定在类似于应用语言学的社会科学中，开展复杂动态系统理论研究的一些参数。我们将探讨在研究复杂动态的社会世界时会遇到的哲学和方法论问题，并讨论在复杂动态系统理论的参考框架下规划和开展研究时的注意事项。我们首先回顾了之前提出的问题“什么是复杂性”（见第二章），并在某种意义上通过研究多重复杂性拓宽了研究领域，即区分了以实证方式处理复杂性和以更具范式性质的方式处理复杂性。

在本书的前面部分，我们指出，尽管复杂性的定义相当简单直接，但在技术层面，它还涉及许多内容。一些复杂性学者的研究（Manson，2001；Mitchell，2009；Reitsma，2003）强调了复杂性作为参考对象的多种概念，例如复杂性作为维度或层级、作为计算能力或作为创造性信息资源的程度。显然，这些领域认为复杂性研究远不止于复杂性作为隐喻的运用，这也是我们的共同信念。这些不同领域的学者根据各自领域所关注的现象（例如信息、组织、计算、发展），专注于其中一个或多个参考对象。但是，由于本章关注的是复杂动态系统理论的科学哲学，我们将想象一个知识思维的连续体，以帮助我们探索社会科学中复杂性学者所做的关键区别——狭义复杂性和广义复杂性的差异（Morin，2007）。

◎ 狭义复杂性

在这个连续体的一端，是非复杂动态系统理论的科学探究视角。这种非复杂动态系统理论范式使无序、变化、变异性与秩序、一致性、稳定性不相兼容（Cilliers，1998）。伴随这一观点的是一种重要的科学工具：分析的方法。在这一学术思想传统中，过于复杂而无法作为一个整体来把握的事物，被划分为可管理的单位，这样我们可以对它们分别进行分析，然后再集合在一起。支撑这种操作方式的底层观点为：了解任何整体都必须先了解其基本构成元素，而且这些元素必须以有序和累加的方式进行分解以供研究。但是，从第二章的讨论和举例中我们可以看到，复杂性既不是简单地由各要素的总和构成，也不是位于系统中某个特定的、可识别的位置。复杂性表现在系统本身层面，并源于系统各组成部分之间的相互作用。

从知识思维连续体进一步深入到复杂动态系统理论的视角时，我们发现埃德加·莫兰（Edgar Morin）（2007）对复杂性思维的两种形式——狭义复杂性和广义复杂性（又称一般复杂性）——进行了有趣且重要的区分。伯恩（Byrne）（2005）曾用“简单的”与“复杂的”复杂性来描述同样的区分。这两个术语虽然不那么朗朗上口，但从根本上来说，符合莫兰在对比这两种不同的复杂动态系统理论研究设计与方法时所考虑的方方面面。

第一种，狭义复杂性，以实证而非认识论的方式处理复杂性。也就是通过采纳适用于更多传统科学观点的思维模式和解释模式来看待复杂性（Byrne & Callaghan，2014）。将这一讨论引申回我们之前对复杂性定义的探讨中，狭义复杂性观点可能依赖于事物存在于世界中所表现出来的属性或度量数据，如复杂系统中存在的关联或相互作用的数量、时空变异性或模式化结构。以实证方式处理复杂性的一个例子是，在解释群体或系统属性时，首先“模拟参与的个体，然后模拟其相互作用，之后再模拟从微观模拟中产生集体属性的过程”（Sawyer，2005：148）。

作为一种研究模式，狭义复杂性是传统科学方法的原则与解释复杂现实之间的混合体。从这个意义上来说，它承认复杂性是人文社会领域中固有的，但其目的是通过利用更多主流科学中诸如目的（例如证伪假设）和工具（例如测量的效度与信度）等的传统方式，实现“去复杂化”。虽然，复杂动态系统理论并不建议全盘摒弃这些概念，而是根据复杂动态的现实来重新调整这些任务，但是，一些复杂性学者指出，狭义复杂性回避了根本的认识论和本体论问题，而这些问题正是广义复杂性所积极努力解决的（Morin，2007）。这些问题包括社会现实的本质、对该现实认知的构成、该现实是否可描述以及如何被描述等。

霍兰德（Holland）（2005）、约翰逊（Joenson）（2009）和米歇尔（Mitchell）（2009）等复杂性学者奉行的是一种狭义复杂性，他们都希望对复杂性提供一种由多重性到简单性和简明性的巧妙解释。我们从金融市场、交通系统、组织结构以及健康和流行病学等的社会科学研究和建模方式中，可以发现狭义复杂性的应用实例。这些领域的研究者将狭义复杂性应用于基于规则的模型，该模型由许多简单的部分构成，它们在微观层面以简单的方式相互作用，从而产生复杂的适应性行为，如宏观层面上的自组织模式和涌现现象。针对这种复杂性模式，霍兰德（1998：188，附加强调）指出：“在由少数优选规则定义的系统中，可以产生许多复杂性。因此，当我们观察涌现现象时，我们应该尝试找出产生这些现象的规则……这样，我们就能把对涌现现象的复杂观察简化为简单机制的相互作用。”

这种将复杂性主要视为一种系统属性的研究模式存在几个潜在问题。其一，并非所有复杂系统都是由简单元素、简单规则和随着时间的简单相互作用构成的（Juarrero，1999），尤其是那些其构成要素可被视为子系统的系统。个体本身即复杂系统，嵌套在其他上级系统中，这些系统中的任何一个子系统都可能比预期复杂得多。另一个难题是，这种复杂性的研究模式无法解释个体或集体作为系统中因果行动者的人类能动性和意志［关于这一点的详细评论，请参阅埃尔 - 胡里（Al-Hoorie）（2015）和拉森 – 弗里曼（Larsen-Freeman）（2019）］。其他复杂性学者也对“复杂性即属性”的研究持谨慎态度，尤其是在对这种方法被应用于对产生这些属性的过程缺乏理解和兴趣时，或者是忽略了其对人文社会研究的更广泛研究可能产生的影响时（例如 Byrne & Callaghan，2014）。

由于种种原因，狭义复杂性与广义复杂性的发展路径是不同的。在狭义复杂性相关研究设计中，复杂动态系统理论为学者提供从事科学研究的方法，使他们的设计更具动态性、对情境更敏感，但这并不一定会使其实践发生任何改变，因为他们仍然在从事传统的研究项目。伯恩和卡拉汉（Callaghan）（2014）对如何在研究设计中应用狭义复杂性提出了自己的看法：

（狭义复杂性的）机制方法背后的核心思想是，我们通过参考内部控制参数和与相关系统相交的系统状态这二者的布局，来解释社会系统在某一时间点的状态，并解释该系统在过去一段时间的轨迹。考虑到对于与我们感兴趣的系统足够相似的系统，相似的布局可能会引起或带来相同的状态 / 轨迹，我们在一定范围内可以对该类系统轨迹进行推广应用。（Byrne & Callaghan，2014：48）

以上准确地描述了狭义复杂性的含义，即以实证而非认知论的方式处理复杂性。

◎ 广义复杂性

现在我们来看看复杂性区分的另一部分，让我们回到莫兰（2007：23）对此的看法：“狭义复杂性排斥广义复杂性……因为狭义复杂性没有做出所需的认知论和范式化承诺。”而且，由于狭义复杂性的某些形式没有“考虑到‘涌现’、历史和情境”，所以这些形式“往往不是错误的就是微不足道的”（Mouzelis，1995：5–6）。让我们更仔细地看看这些被批评的对象。

狭义复杂性侧重于复杂系统并对复杂现象给予准确的实证描述，而广义复杂性则更加深入：它需要对科学哲学进行更广泛的重新定位（Capra & Luisi，2014），强调万事万物和人之间普遍存在的相互依存关系。如果我们将复杂性视作一种元理论，那么它就不仅仅是一种方法（Morin，2008）。这种重新定位会影响我们如何看待世界，以及我们如何在各个领域进行科学探索（Cilliers，2005）。莫兰（2007：24）清楚地表明了他所秉持的观点，他说：“人们认为可以在复杂性中找到一种能自动应用于世界的方法，这种想法是错误的。”

如果正如莫兰所言，复杂性不仅仅是一种方法，那么我们就必须关注伴随广义复杂性而来的这种根本性重新定位，并探究它在研究工作中能实现什么。应用语言学家如何从采用这种方法中受益呢？我们发现，与库恩（Kuhn）（1962/2012）的概述相似，广义复杂性能够为应用语言学研究团体提供一系列周到审慎、达成共识、转变范式的考量，这些考量涉及：

- 科学团体重视并选择哪些学科或现象进行研究；
- 适合就这些主题进行研究的问题类型；
- 应如何组织开展系统调查（即学术研究）（例如在收集证据方面）；
- 应如何分析解释此类科学研究的结果（Harvey，2009）。

莫兰和西利亚斯进一步探讨了这些更为概念性的含义，它们关乎了解和学习社会世界，并强调了广义复杂性必须努力解决的若干未解决的难题。第一个是时间问题。正如我们之前所说，所有复杂系统都有其历史，对任何系统的考量都不能不考虑这一历史。非终极性是这一历史的一个重要方面，这意味着由于系统发展不存在终极状态，所以复杂系统并不是通过向终点发展来定义的（Rose et al.，2013）。非终极性的实际意义在于，在某一时间窗口中，看似终点的事物可能只是当前的迭代过程中许多稳定点之一。换句话说，动态变化是非确定性的，因为复杂的动态过程是在没有预设固定目标的情况下推进的（Howe & Lewis，2005）。最显著的目的是一种自我再生的自创生能力（Maturana & Varela，1980）。

西利亚斯（2000）提出的另一个难题是表征问题，即学者应该如何以最佳方式理解一个主题——例如语言、语言使用或语言发展——因为现实中这些并非独立存在、绝对静止和离线的实物，而是通过动态交互而存在的。莫兰（2007：6）对这一概念进行了阐述，提出广义复杂性要求研究者“领会整体与部分之间的关系。如果忽略了整体中的部分，那么对部分的了解是不够的，对整体的了解也是不够的。因此，人们必须深入回环，循环往复，以收集整体及其部分的知识”。例如，克雷奇玛尔（Kretzschmar）（2015）提出了一个令人信服的理由，即言语、方言和语言变化等语言学现象，在每次被研究时都会以新的方式构成，因此必然需要更丰富、更多维、更多时间尺度的方式，来描述并展示这些模式及其相关过程。现象学上有形的系统是分析单元，在时间和空间上具有具体有效性和连贯性，这是我们之前提出的观点（见第二章）。因此，表征必须以复杂系统是由不断变化的丰富互动作用构成为前提。广义复杂性，用西利亚斯（2000：9）的话来说，是“不可压缩的”，而且任何对复杂性的简化都将引起畸变。然而，由于研究者无法获得比系统本身更简单的完美表征，因此不可避免地会遗漏一些内容。这对广义复杂性有着实际影响，因此我们应该承认研究者所使用的表征方式具有不可避免的局限性。

在讨论了这些哲学思想对研究项目的影响后，我们需要明确这一切对我们作为应用语言学研究者来说有什么作用。从某种意义上说，我们已经将狭义复杂性看作是通向广义复杂性的“药引子”，而且我们已经亲眼目睹，通过对复杂性进行实证研究（即狭义复杂性），个体研究者也可以进行这样的重新定位。但是，对于一些人来说，这种范式的转变可能太过雄心勃勃，难以实现。首先，正如伯恩和卡拉汉（2014：56）所承认的那样，“任何普遍复杂性社会科学都必须超越微观决定的涌现。它必须允许具有因果影响的结构存在，也必须解决人类能动性能够超越狭隘行为规则的问题”。然而，如何在非还原论框架中构想并表述因果关系，是一项重大的智力挑战，仅有少数复杂性学者［例如凯尔索（Kelso），2016；拉森 – 弗里曼，2019］似乎愿意接受在人和社会系统中考虑明确的自主思维和行动。现在，我们将转向如何在不同的知识传统中实现这种研究考量，并探索这种本体论框架对复杂性研究的效用。

◎ 复杂现实主义：复杂动态系统理论研究的本体论

罗伊·巴斯卡尔（Roy Bhaskar）（2007：192）在批评社会科学中逻辑经验主义者和激进诠释学家之间的方法论立场之争时（两者均对研究事业采取了同样幼稚的方式）指出，“当事情进展顺利时……你只是拥有知识，并认为这些知识就是世界。只有当你对知识不满意时，当被传承下来的知识显然是错误或荒谬时，本体论才真正变得有意义”。巴斯卡尔提出，要取代这些派别林立的科学哲学，对人文社会领域进行有用的说明，就必须以这样一个事实为出发点：人文社会现实的基础是内在的复杂性——在此意义上，复杂性表现出无法从其要素行为中预测的涌现行为。这一观点得到了复杂性学者的赞同，他们也坚信，方法论必须反映人文社会现象的独特性（即复杂性和动态性）（Byrne & Callaghan，2014）。

从本质上讲，本体论代表了一种对世界、对世界的类别和属性以及对世界特性下可能与不可能发生事件的理解（Harvey，2002）。科学界已经脱离对科学探究背后必要的本体论思维，为了回应这一担忧，巴斯卡尔的研究（1975/1997，1989，2007）试图塑造一种新的世界观，它将更符合人们对全部社会人文现象与日俱增的复杂性和情境性的理解。这种全新的世界观被命名为批判现实主义，伯恩和卡拉汉（2014：33）将它与其他世界观进行了对比：“与实证主义相比，批判现实主义承认我们对现实世界的科学描述（在该术语的最广泛意义上）是社会构建。（但）与相对主义相比，批判现实主义承认这些科学描述是从现实中构建出来的，因此也是由现实所塑造的。”

现实主义作为一种本体论，与我们更为熟悉的领域之间确实存在联系（参见 Bastardas-Boada，2014；Bouchard，2018；Cochran-Smith et al.，2014）。正如丹纳马克（Danermark）等人（2002：10）所言，这种批判现实主义的特征是：（1）存在着一个分层、差异化、结构化和不断变化的人类和社会现实；（2）我们对这一现实的认识总是有缺陷的；但是（3）我们可以使用一些理论和方法工具来了解这一现实。这与相对主义和还原论立场所体现的“解释性神话”形成了鲜明对比（Archer，1998：193）。作为首个以复杂性思维为特点的本体论，批判现实主义对我们这些复杂社会现实研究者应如何推进研究方式提出了主张。首先，其立场是“如果（社会）科学要保持一致性，那么其解释方案就必须包含……承认客观经验的存在，它的某些部分凌驾于我们理解和操纵世界的尝试”（Harvey，2009：24）。

重要的是，作为研究者，批判现实主义并不意味着这种现实是固定不变的，或者在实证上是难以企及的（Danermark et al.，2002）。这一概念，我们将在本章后面讨论——涉及复杂因果关系和超越单一的实例的解释——完全符合复杂动态系统理论的原则，该理论并不排斥实证研究（黛安·拉森－弗里曼，私人对话，2018 年 12 月 16 日）。正如伯恩和卡拉汉（2014：74–75）所提出的，采用这种批判现实主义本体论，会引导研究者通过“尝试探索何为事物（复杂系统）以及它们何以至此”来设计开展研究，由于这种方法“允许有效的人类活动，并有可能为人类活动提供基础”，因此可以被视为“复杂性科学作为实证项目的所有研究方法中最有价值的一种”。鉴于本领域再次呼吁将应用语言学研究作为社会活动的场所和载体，这一点尤为重要（例如 Ortega，2012，2019）。

通过大卫·L. 哈维（David L. Harvey）（2001，2002）和迈克尔·里德（Reed & Harvey，1992，1997）的研究，这种本体论被称为复杂现实主义。各路学者提出的复杂现实主义为复杂动态系统理论的研究提供了最具兼容性的科学哲学。复杂现实主义认为，现实是“真实”的。然而，鉴于现实世界是动态的，受内力和外力影响，并随着时间涌现，所以尝试孤立后再理解它的所有方面是没有意义的。由于现实世界的本质，我们对它的理解只能是不完善且随机的。同时，这一现实也必须被适当限定，以使能动性发挥积极作用。复杂现实主义处于现实主义和相对主义之间，它采用问题驱动的方法，根据研究对象来决定各种方法之间的务实平衡。但是，其他非实证主义的观点又如何呢？后现代主义是否像某些人所建议的那样，是一种可行的替代方法？

◎ 复杂动态系统理论与后现代主义、后结构主义思想

拉森－弗里曼（2017）在其关于近年来复杂动态系统理论影响应用语言学领

域的诸多方面的详尽概述中，提出了一个令人信服的论点，即复杂动态系统理论根植于旨在改革科学而非否定科学的原则。我们对此深表赞同，而且我们认为她的观点让人耳目一新，值得欣然接受。例如，受保罗·西利亚斯（1998）的启发，拉森－弗里曼（2017）展示了复杂动态系统理论世界观（排斥以还原性目标作为理解科学的途径）与后结构主义、后现代主义思想之间的共鸣——两者皆承认经验性的描述和理解只能是片面的、暂时的。后结构、后现代以及建构主义范式强调分布性和多重性概念，并质疑对简单真理、客观性和绝对确定性的探寻。然而，正如拉森－弗里曼（2017）所澄清的，由于其本体论截然不同，复杂动态系统理论与后结构主义、后现代主义思想关于如何在一个以偶然性、涌现性和复杂性为标志的世界中继续前进的观点截然不同。

后结构主义者/后现代主义倾向于将科学事业的手段和目的都视为存在根本性缺陷且值得解构的东西。而复杂性学者并不认同此观点，他们反而寻求重构科学（Price，1997）。复杂动态系统理论既不认为知识是任意的，也不认为世界本质上是由语言/思辨构建的，更不寻求完全“摒弃事物”（Foucault，1972：48，我们的重点）。在观察到这些观点轻易地采用了诸如非线性、相互关联性、语境依赖性和非终极性等概念时，复杂性学者提醒道，复杂动态系统理论项目始终根植于科学传统（Byrne & Callaghan，2014），有些人甚至将后现代主义描述为“对合法科学思想的战略性误读”（Turner，1997）。即使是被某些人称为借鉴了后现代主义思想的社会复杂主义者（例如保罗·西利亚斯），其思想实际上也更接近批判现实主义观点：“如果始终坚持相对主义，那么它就能成为一种绝对立场。由此可见，相对主义者不过是失望的原教旨主义者”（Cilliers，2000：12）。

后现代主义者认为一切信仰和行动都是建构的，对任何人文或社会现象都不存在中立、事实性、确定的描述，因此他们拒绝考虑话语对象之外的领域（Byrne，2011）。阿彻（Archer）（2000：22）认为，这是一种“反人本主义立场”，讽刺的是它将“无创造者的过程、无发言者的话语和无作者的文本”具体化（Archer，2000：20）。韦斯特加德（Westergaard）（2003）对社会科学研究中的此类观点进行了猛烈抨击，他写道：

“我认为，后现代主义中最让我感到遗憾的还是认识论上的相对主义，如果把它推向逻辑的极端，会让你产生：‘我们到底在做什么？’的想法。如果我们只能看到自己的感知，而且只能通过我们自己的感知偏见来看待他人的感知，那么我们从事这项工作到底有什么意义？”（Westergaard，2003：2）

由于近期后位论（即后现代主义、后结构主义和后殖民主义）思潮的崛起，在我们的领域中也活跃着类似的批判（例如 Block，2014：17；Gregg，2000；Kubota，2016：487）。在不忽视目前被各派应用语言学家广泛认可的合理批判观点（例如 Douglas Fir Group，2016；Ortega，2019）的前提下，这些批判恰当地质疑了这些应用语言学的方法，认为它们默认拒绝科学探究的大多数假设，并主张以“跨—思想”（例如跨语言、跨人类、跨文化）作为应对这种“空洞多元主义”的解药（Pennycook，2018：34）。

后现代主义“已经被一种新的感观和配置所取代”（Peters et al.，2018：1299），虽然后现代、后结构特征可能与复杂动态系统理论拒绝普遍性和还原论的考量及其强调局部的理解产生共鸣，但大多数复杂性理论学者确实接受存在一种“外面的”现实世界，尽管这个现实的特征是发生在时空背景下的复杂人文社会相互作用，而传统科学无法解释这些互动（Price，1997）。我们必须承认，这也是我们的观点，而且我们怀疑，很多其他致力于复杂动态系统理论范式研究的应用语言学家也持相同观点［参见例如拉森－弗里曼（2017）］。

冒着过度讽刺这种后位论思想的风险，反理性主义和绝对相对主义的科学探究方法令我们深感震撼，尽管不仅仅是我们感到如此（参见例如 Archer，2000；Bhaskar，1975/1997；Byrne，1998，2011），这种方法消弱了研究的功能——尤其是在应用语言学领域这一应用社会科学领域中——并且对理解复杂动态的世界和复杂动态系统理论的实际应用皆是百无一用。因此，我们不认同将回归后现代思想作为推进应用语言学跨学科发展的手段（例如 Atkinson，2019：114；McNamara，2015：474–475）。相反，我们的观点与伯恩和卡拉汉（2014）类似，认为复杂动态系统理论对研究的贡献在其如何超越实证主义与相对主义、思想与行动、内在与外在，先天存在与后天构建等两极化的争论。相反，复杂动态系统理论提供了一种知识观，该知识是真实的，但又受到社会领域复杂和动态偶然性的约束。

◎ 复杂动态系统理论研究的主要任务

亨利·路易斯·门肯（Henry Louis Mencken）是20世纪美国著名的散文家和社会评论家，他曾指出："每个问题都有一个简单的解决方法——整洁、合理而又错误。"（引自 Norman，2011：41）在本节中，我们反思了我们从复杂性研究的挑战中，以及从寻找简单解决方法的过程中汲取的经验教训，并发现它们正如门肯所述的那样，整洁、合理但错误。介绍这些经验教训的目的是系统地提升对复杂动态系统理论研究中"良好"应用的认识，并强调一些关键任务，这些任务将有助于确保整体复杂动态系统理论研究的质量。在此，我们再次向读者保证，我们没有强行灌输之意，只是想让其他人分享我们来之不易的经验教训。

我们获得的第一条经验是采用复杂动态系统理论框架进行研究的透明性。好的复杂动态系统理论研究应该清晰地说明选择采用复杂性框架的原因，并具体解释为何在该视角下进行研究是一个合理的理论和实证选择（另见 Hiver & Papi，2020；Larsen-Freeman & Cameron，2008b）。我们提倡这一点的原因是，在应用语言学领域，与其他学科一样，没有任何主题或专题领域是本质上在复杂动态系统理论范式内运作的，相反，采用某一视角的选择才决定了是揭示还是掩盖了所研究现象的某些方面。阐明复杂动态系统理论如何明确影响研究者的研究观点或研究方法，有助于研究者将其研究设计、研究问题、数据分析以及结果和讨论更广泛地置于该视角之下（Lowie，2017）。这也可以防止过于宽泛地使用复杂动态系统理论（从一定意义上来说，任何具有多个交互部分的事物都可以被理解为复杂动态系统理论研究）以及以一种机会主义的或者在完成研究设计、数据分析之后再反过来套用理论的方式来使用复杂动态系统理论。

与透明性相关的是最近在社会科学领域，特别是在应用语言学领域出现的方法论改革运动。这场运动最初是由生物学、遗传学、医学和心理学等多个领域的复制危机所引发的（Schooler，2014）。因此，人们转而对复制研究产生了更多兴趣，这种做法在过去往往是事后诸葛之举，自然不会被主要期刊所接受（Schooler，2014）。这场运动还强调了开放科学实践的价值，比如开放材料、开放数据和预注册（Marsden et al.，2018a）。预注册是指提前明确研究计划的细节

（例如，要检验的假设、样本量、使用工具、应用的统计检验以及排除数据和处理缺失数据的标准），无论结果是否有利于所研究的理论，研究者都承诺遵守这些细节。标准做法是，将所有这些决定清楚地记录在专用网站上（例如 https：//osf.io/），然后该网站会生成一个带有时间戳的预注册协议。一些期刊也为研究者提供机会，让他们在期刊自己的网站上对其研究进行预注册，并申明研究依据（例如 *Language Learning*；Marsden et al.，2018b）。然后，期刊编辑会将研究计划发送给同行进行评审。获得好评的研究计划将被原则性接收，即无论研究者最终得到的结果如何，他的研究都能保证发表。另一项前景广阔的开放科学措施是多站点注册复制（Morgan-Short et al.，2018），即研究者团队在遵循相同的预注册协议的同时，独立尝试复制某一研究结果。所有这些措施都旨在使发表的文献更加严谨、更加精确。尽管复杂动态系统理论当然赞同这些措施，但迄今为止，复杂动态系统理论的实际研究却很少遵循这些开放科学原则。

我们从成功的复杂动态系统理论研究应用中学到的另一条最佳实践是，既要研究系统的复杂（即互联）结构，也要研究其动态行为。毕竟，正如斯特鲁普（Stroup）（1997）提醒我们的那样，结构实际上就是系统的长期行为。迄今为止，应用语言学研究更多关注的是传统的产出或结果，而复杂动态系统理论视角研究的一个特定附加值在于探索过程如何随时间推移而演变（Verspoor et al.，2011）。以这种方式进行构建，我们便不局限于只能在考察变化过程和揭示结果和存在模式之间进行选择。相反，应用复杂动态系统理论观点的应用语言学研究要求研究者将结果与实现该结果的过程相互关联，并承认这二者关联密切、不可分割。为了达成这项任务，复杂动态系统理论研究必须“描述系统、其构成要素、要素的偶然性及要素之间的相互作用”（de Bot & Larsen-Freeman，2011：23）。

借鉴以往的研究成果（Hiver & Al-Hoorie，2016；Koopmans，2019；Larsen-Freeman & Cameron，2008a；Moss & Haertel，2016），我们在此分享一份实用的参考目录，以为复杂动态系统理论研究的良好应用提供灵活参考。这份动态的合集是规划设计复杂动态系统理论研究的用户指南。它与我们在本书第二、三部分中介绍的研究方法兼容，并提出了在研究过程中的多个重要环节可以参考的问题，为选择研究问题、提出假设、抽取样本、选择数据类型，以及分析和解读结果提供依据。这些考量事项从操作和情境方面开始，进而逐步扩展到宏观系统和微观结构等方面。

◎ 操作决策

在设计一项研究时，一个有用的切入点是，有意识地决定将什么作为复杂系统、分析单位和研究、分析该系统的层次（例如，处于整个系统层次、微观要素层次），以及研究分析该系统及所研究现象的时间尺度、时间窗口或持续时间。这些决策将影响适合探索的问题类型、可收集的证据类型，并最终影响所取得的理论和实证进展（Uprichard，2013）。关于系统的可操作化，我们关注的问题如下：

- 正在研究的复杂系统是什么？
- 是什么赋予这个案例现象学的有效性？
- 系统中的主体是谁？

复杂动态系统理论研究中的目标很少会代表所研究的整个复杂系统。在务实地决定一项研究应采用的粒度层次时，研究者可能无法保证某一现象所有维度的全面性（Cilliers，2001）。但是，在数据收集和分析过程中确定精确的细节层次，可以将研究的分析重点或视角广度缩小，使其仅能同时探索系统中最显著的部分、方面或相互作用。关于粒度层次的选择，研究者关注的问题如下：

- 系统结果、系统行为或感兴趣的复杂现象将在哪个时间尺度上进行研究？
- 研究该系统或感兴趣的现象需要什么类型和什么层次的数据？
- 选定的粒度层次能够让研究者调查哪些在其他层次无法调查的内容？

在选择适当的粒度层次时，更清晰、更精确的决定可能会缩小关注的焦点，从而在数据收集和分析中产生相对随机的界限。然而，预先确定研究的粒度层次可以在数据中产生结构性定义，并在不削减或过度简化系统关键要素的前提下，依然捕捉系统的复杂因果动态。

◎ 情境决策

正如我们在第二章中试图表述的那样，情境的功能是将一个系统括入某个环境中，并使该系统、其行动和状态具有生态连贯性（Byrne & Ragin，2009）。这是研究设计的关键。情境包括初始的情景条件，这些条件可以限制或促进某些过程和结果。这些条件包括可直接观察到的特征（即可记录或测量的特征）或与系统构成和位置相关的实证特征（即数据集中的显著特征），以及与系统共同适应的特征。与情境相关的指导性考量包括：

- 对于系统、其动态行动及其模式化结果来说，环境参考框架部分的情境因素有哪些？
- 这些情境因素如何渗透到作为情境部分的系统中并影响系统行为？
- 系统如何适应其嵌入的情境，其情境又如何反过来适应系统？

在第二章中，我们阐述了将系统视作复杂社会领域的基本结构构建模块的依据。我们还可以补充一点，即情境在实际操作上被限定为包括构成系统生态直接环境的认知、心理和社会方面。更进一步地说，网络就是这些系统所嵌入的上层结构（Kadushin，2012）。一个多节点枢纽由相互关联的系统及其关系和流程组成，共同构成了复杂社会世界的基础网络。这种考量为开展和设计具有关联和嵌套系统的研究提供了一系列可能性。研究者可能考虑的与系统网络相关的问题包括：

- 所感兴趣的系统与哪些其他系统（即节点）相连？
- 这些互联关系（如共同适应、竞争）的本质是什么？
- 就所研究的系统而言，与其他系统的协同过程是怎样的？

因为任何单一系统都只是嵌入在这个动态交织系统网络中的众多节点之一，

所以逐步揭示互联的系统以及它们往复运动的精确维度，就构成了复杂动态系统理论特定研究领域的一项复杂议程。另一方面，这并不意味着仅仅因为系统被一起抽样，就将它们视为相连的或互联的。只有当系统以某种有现象学意义的方式结合在一起时，它们才能被认为是相连的或互联的（详见第二章）。

◎ 宏观系统决策

有人可能会问："系统是做什么的?"对此，许多复杂性学者认为复杂系统的关键特征是动态的变化和适应性（Verspoor et al.，2011）。涌现的结果说明了系统趋于稳定的动态状态，而适应性变化则从时间上说明了系统是如何、为何会达到目前状态以及将来可能达到的状态。这些都是我们在第二章中详细阐述的要点。由于这种变化是恒定的，因此，有兴趣通过研究设计对这种移动目标进行精确记录的研究者（另见 Lowie，2017）可能会考虑以下与动态过程相关的问题：

- 该系统存在哪些一般变化原则（例如协调性结构）和具体变化机制（例如分岔）?
- 系统在态空间中的运行轨迹是什么样的? 它如何达到当前所处的态?
- 哪些特征动态（例如自组织）产生了系统结果? 为什么?

随着时间变化的模式或轨迹，对于理解系统发展的复杂性至关重要。正如我们之前解释过的那样，对于一个系统来说，涌现的结果不是无限的，尽管系统的动态行为可能包括丰富的异步不对称变异，但实现这些结果的轨迹也是有限的（Elman，2003；Koopmans，2014）。

我们在本章开头提到过，复杂动态系统理论研究以一种相互关联的方式处理涌现的结果及其实现过程，承认它们密切相关、不可分割。对于研究者来说，系统层次的涌现结果在较低的要素层次没有直接对应物，这似乎有违直觉（Holland，2012）。然而，系统的高阶动态平衡模式是涌现的，这一事实使我们可以做出比聚合个体要素及其相互作用更准确精简的解释（Jörg，2011）。在设计和进行复杂动态系统理论研究时，研究者可能关注的有关涌现结果的问题包括：

- 该系统出现了哪些动态结果配置，以及如何 / 为何如此？
- 该系统随着时间趋向于哪些稳定区（即吸引子态）？为什么？
- 在态景观中，这些系统稳定模式有什么特征？
- 围绕这些稳定模式存在哪些变异性？

重申之前的观点，在社会领域可观测的新涌现结果的数量是有限的（见第二章）（De Wolf & Holvoet，2005）。所以，识别这些涌现结果可以降低复杂系统运行的不可预测性，使研究者能够就如何与相关结果进行交互做出明智的选择（Vallacher et al.，2015）。

◎ 微观结构问题

其他复杂动态系统理论学者同样强调，描述和解释系统行为的任务是复杂动态系统理论研究的关键，必须考虑复杂系统的构成（参见例如 de Bot & Larsen-Freeman，2011：23）。复杂动态系统理论研究者在描述系统及其要素时可能考虑的问题包括：

- 哪些构成部分组成了正在研究的系统？
- 在特定变化过程中，或对于某一涌现结果，最突出的系统要素有哪些？为什么？

这就带来了一个难题，即无论应用于其分析的复杂程度如何，将单个系统要素分离出来进行研究，都无法真正衡量它们的影响。社会复杂主义者对这类研究设计产生了疑虑（Byrne & Callaghan，2014；Ragin，2004）。最终，复杂动态系统理论排除了通过仅研究一个系统层次或表现形式就能充分理解复杂系统及其行为的可能性。因此，在复杂动态系统理论研究中，与其将整个系统及其部分视为紧张或对立状态，不如在数据收集和分析过程中频繁进行“层级跳跃”（Davis & Sumara，2006：26）。

系统的结果不是各要素结果的总和，而是动态交互作用的结果。这意味着，系统要素之间及其与环境的交互作用是系统的命脉。如果没有要素的潜在交互作用，就没有复杂性（Vallacher et al.，2015）。在设计和进行复杂动态系统理论研究时，探索这些内部动态性可以遵循以下考量：

- 系统要素之间存在哪些类型的关系和交互作用？其特点是什么？
- 这些交互作用如何体现并影响系统行为？
- 随着时间的推移，这些关系会如何变化？

我们发现，从其表现形式和潜在特征的角度出发对探讨这些内部动态是很有帮助的。交互作用的表现形式是要素之间、多个系统之间以及与环境之间可观察到的具体行为。潜在特征则赋予交互作用以因果和功能上的一致性，包括交互作用的目标、目的或意图；它的方向性、强度、频率和持续时间；它的效用以及由此产生的回报或成本。

这些交互作用本身就是动态的，而且由于系统变化在很大程度上取决于这些交互作用，所以它们对于理解系统的自组织过程和涌现结果至关重要（Overton，2013）。

参数揭示了设计和开展复杂动态系统理论研究的另一层含义。一些参数（即秩序参数/约束参数）降低了各要素能够进行交互作用的自由度（Gaustello & Liebovitch，2009），并指定了系统内可能发生的变化和交互作用（Haken，2009）。这些系统元素之间交互作用的准则是解读系统行为的运行规则。此处指导研究设计的问题可能是：

- 哪些准则和约束规定了系统内可能发生的变化和交互作用？它们又是如何影响系统行为的？

我们这个复杂世界之所以没有展现出无限的排列组合，部分原因在于秩序参数。一旦这些规则被掌握，就有可能进行更可靠的观察，并有可能影响趋向预期结果的变化（Morrison，2012）。

其他参数（即控制参数/驱动参数）是系统的关键维度或数值（例如温度、利率、压力、税收），这些参数会发生波动，因此可能会影响系统行为和结果的变化（Haken，2009）。控制参数对于刻意诱导系统发生变化尤为有用。确定系统对哪些控制参数具有高度敏感性是复杂动态系统理论研究的一项关键任务，也是找到“变革动力”（Larsen-Freeman & Cameron，2008a：70）从而进行干预研究的一种有效方式。此处对研究设计的考量包括：

- 系统的关键维度或数值（如变革动力）是什么？换言之哪些维度或数值发生波动时可能导致结果发生变化？

因此，复杂动态系统理论研究中的系统干预，可能需要设定条件，并通过对相关控制参数进行足够优秀的设计，从而影响涌现结果的发展路径（Byrne & Uprichard，2012）。

我们概述了从复杂性研究的挑战中学到的一些第一手经验，并将其归纳为复杂动态系统理论研究的关键任务。德博特（de Bot）和拉森－弗里曼（2011：23）写道：“从（复杂）动态系统理论视角出发，研究者的主要任务是梳理出不同规模系统的关系并描述其动态性。”我们从中得到了启发。以此为指导，应用语言学中“优秀”复杂动态系统理论研究的核心目标是：（a）在不同的描述尺度上描绘并理解特定的复杂系统；（b）识别并理解所处环境中的动态变化模式、涌现的系统结果及行为；（c）追踪、理解并在可能的情况下模拟产生这些模式的复杂机制和过程；以及（d）捕捉、理解并应用影响系统行为的相关参数（Hiver & Al-Hoorie，2016）。

一旦我们完成了这些已经极具挑战性的任务，作为研究者，我们就会开始思考，我们还能走多远，还应该走多远。毕竟，德博特和拉森－弗里曼（2011：23）也认为，复杂动态系统理论“推翻了一个传统期望，即优秀的理论可以进行描述、解释和预测。进行描述和解释是可能的，并且仅进行描述和解释可能也已经足够优秀了”。多数复杂性学者都同意，复杂动态系统理论研究应该像所有优秀的研究一样有用（Byrne，1998；Byrne & Uprichard，2012；Gershenson，

2008）。正如伯恩和卡拉汉（2014：12）在谈到应用社会科学领域的学者（我们应用语言学家也包括在内）时所写的那样："我们不仅是描述者，我们还是创造者，而我们创造的最重要的模式就是应用。"但是，传统研究事业是否违背了研究复杂动态的现实世界所需的假设？复杂动态系统理论研究是否与检验假设、解释因果和普适性兼容？复杂动态系统理论研究是否适合干预研究和实际应用？现在我们就来探讨这些重要问题。

◎ 复杂动态系统理论研究中的方法论问题

1986 年 4 月 18 日，詹姆斯 · 莱特希尔爵士（Sir James Lighthill）（1986）在伦敦皇家学会纪念牛顿《原理》发表 300 周年的演讲中作了如下阐述：

"我……再次代表全球广大力学从业者发言。今天，我们都深切地意识到，我们的先辈对牛顿力学的非凡成就充满热情，这让他们在可预测性领域中提出了一些概括性的观点……而在 1960 年之前，我们可能倾向于相信这些观点，但现在我们认识到这些概括的观点是错误的。我们希望集体向大家道歉，因为我们传播了关于满足牛顿运动定律的系统决定论观点，误导了广大受过教育的公众，而这些观点在 1960 年之后被证明是不正确的。我试图通过解释我们现在所看到的截然不同的画面，以及这么晚才发现它的原因，来弥补迟到的过错。"（Lighthill, 1986：38）

莱特希尔在他的演讲中继续解释道，随着复杂性原理和复杂系统的发现，可推及性和可预测性的局限性变得明显，科学家们必须竭诚努力，来应对这些局限性，并在研究方法中解决它们。

在本节中，我们将探讨当这些问题成为复杂动态系统理论研究项目的一部分时，它们会是什么样子。

◎ 普适性（亦称可推及性）

变异性是复杂动态系统理论的核心（Lowie，2017）。情境中的系统具有多个要素，每个要素以其独特的方式与其他要素相互作用。复杂动态系统理论的优势在于其研究这种内在变异性的方法，以及探讨新质模式和功能是如何形成的

（Larsen-Freeman，2012，2013）。但是这也意味着，我们可能需要重新考虑普适性的传统概念。从复杂动态系统理论视角研究相关现象的一个固有性质是，有意识地关注达成结果的复杂机制或过程（Thelen，2005；Verspoor et al.，2011）。研究这类涌现现象的研究者或许希望能够提出超越特例的主张。幸运的是，在社会世界中可观察到的新涌现结果的数量似乎是有限的（De Wolf & Holvoet，2005），而复杂的社会世界呈现出一系列现象学结果和自组织过程，这些结果和过程以反复出现的形式和方式展现（Jost et al.，2010）。由于这些吸引子态（参见第二章）在相似的系统中如此显著，因此研究它们可以提供具有普遍意义的见解。

由于在一个重视环境开放性、初始条件重要性、相互关联性、软组织、非线性变化和自组织的范式内进行普适化是复杂的，因此普适性项目是否有效，以及研究者如何处理它，是值得考虑的。例如，一些学者发现了普适性的易变逻辑［深入讨论参见例如 Moss & Haertel（2016）］。我们必须承认，并非所有复杂性学者都同意跨情境、跨时间、跨系统的普适化事业是必要的，或者说是可以实现的。例如，一些人告诫说，仅在高度可预测性和普遍性存在时才认为理解了人类和社会现象是值得怀疑的，因为这种观点依赖于简单化、确定性的“固定性”原则（Allen & Boulton，2011：164）。对于那些在强大的一般复杂性参考框架内开展工作的人来说，情况尤其如此（Allen & Boulton，2011：164）。

我们还必须强调，复杂性不仅仅是信息匮乏或测量不精确的结果。在一个复杂动态的世界中，研究者在理解所关注现象时面临着能力限制。之所以如此，是因为在解读系统内部个体元素的行为和系统的集体行为时，复杂性假定了一定程度的不确定性。这种不确定性还延伸到系统与所处环境中其他系统相互作用的方式，以及这些系统如何对环境变化作出反应（McDaniel & Driebe，2005）。这些学者认为，拥抱不确定性，而不是宏大的确定性，是复杂性科学的基础，因为它让研究者将变异性视为存在的默认功能来检验，而不是把它当成噪声（Allen & Boulton，2011）。德博特和拉森 – 弗里曼（2011：23）提醒我们，“我们满足于指出趋势、模式和偶然性，而不是普适化的预测。我们拥有的不是单一的因果变量，而是互联的部分和子系统，它们相互适应，并且可能会突然涌现出新的行为模式”。

这些观点无可争议，而且复杂动态系统理论研究者必须接受现实的复杂动态本质，并在其中开展工作。例如，胡阿雷罗（Juarrero）（1999：258）同样提醒我们，“我们为真正的新颖性和创造性潜力付出的代价是不确定性”。虽然我们在第二、三部分中通过举例说明每种方法的可能性与不可能性，来具体地讨论这些概念，但在此，我们也以复杂性方法论学者大卫·伯恩和查尔斯·拉金（Charles Ragin）（2009：1）的思想为指导，他们提出“任何科学的核心任务都是阐明超越单一具体实例的因果关系”（另见 Byrne & Callaghan，2014）。

复杂动态系统理论研究持有一套核心操作性假设，即复杂结果及其变化的动态性“取决于所有整体、部分、整体与部分之间的交互作用，以及任何系统与其他复杂系统的交互作用，这些复杂系统嵌套在这些系统中，并与这些系统相交”（Byrne & Ragin，2009：1）。对于这些复杂性学者来说，科学探究应具有普适性主张，但他们同样明确指出“普适化不等同于普遍化”（Byrne & Ragin，2009：1）。因此，在复杂动态系统理论研究中，普适化最好被理解为对现象的理解超越了特例，并需要“密切关注我们提出的主张在时间和空间上的局限性”（Byrne & Ragin，2009：9）。

其他方法学家探讨了在实践中如何应用这些与基于变量的共时性解释模式不同的替代方法，这些方法能够在不同时间和情境下保持不变（Velicer et al.，2014）。这些方法的动机源于对后现代主义方法在这一领域不足之处的认识——一切都是相对的，本质上是不可知的（Lee，1997；Price，1997）。相反，它们广泛地基于一种复杂的现实主义观点，即我们在现实世界中观察到的现象是真实的，它是复杂而偶然的因果机制的产物，尽管这些机制可能并不直接为我们所知（Byrne，1998）。穆泽利斯（Mouzelis）（1995：152）在论述这一问题时提出了一个令人信服的论点：“唯一有趣的实质普适化……是那些充分考虑到时间和空间情境的普适化。”正如我们在第二章中提出的，只有阐明在什么环境中、什么条件下，以及什么时间对什么人有效，才有可能在复杂动态系统理论研究范式中发现“什么是有效的”。其他人则呼吁对于普适化主张应该更加谨慎（例如 Biesta，2007），他们提出“研究能告诉我们什么曾经是有效的，但不一定告诉我们什么总是有效”（黛安·拉森–弗里曼，私人对话，2018 年 12 月 16 日）

复杂动态系统理论的一个潜在方法是在系统内进行跨情境的普适化。此处的问题是，在一个特定情境中被确立为有效且可靠的现象解释，是否可以推广到其他条件不同的情境中。例如，如果某些系统行为或自组织发展被理解为导致某种涌现结果，那么这种普适化方法就需要以相当系统化的方式，找出系统完全处于另一环境时的解释在多大程度上是成立的。举一个更接近生活的例子，如果语言使用模式和语言学习模式可以在某一环境或某一教室中成功地得到解释，那么就有必要问一下这些模式在其他环境或教室中是否也能得到解释。在系统内部和跨情境之间进行的普适化，有时被称为"普适化梯度"（Velicer et al.，2014：429），它是指超越特例的理解在适用性连续体上发生变化的相对强度或程度。不过，还有一点需要注意的是，"鉴于复制实验失败的种种情况，我们不禁怀疑在以实证主义为基础的情况下，这在人类世界中是否可能实现"（黛安·拉森–弗里曼，私人对话，2018 年 12 月 16 日）。

另一种方法是在系统内进行跨时间、跨实例或跨场合的普适化。由于复杂动态系统理论研究的焦点通常与系统随时间的变异性相关（Lowie，2017），所以还应从对这种随时间变异性的解释力度来考虑普适性（Velicer et al.，2014）。例如，为了评估政策举措对多语社区内语言使用趋势变化的影响，重点应放在这些语言社区中变化模式随时间的"可复制性"，而不是试图从一个社区推广到另一个社区进行普适化，或关注这种政策如何影响其他社区［关于政策研究的其他观点请参考 van Geert & Steenbeek（2014）］。在第二、三部分中介绍的一些时间序列设计是低样本量（low–*N*）但高时间点（high–*T*）的研究，它们建议在多个场合进行这种重复研究——有时被称为比分表格法。也就是说，为了使对系统的变异性描述被认为是有效且可靠的——即使这种变化是非线性且不连续的——理解应该在时间上保持一致。

还有一种方法是，当不需要对异质群体进行普适化时，可以对同质系统、案例或子群进行普适化。这类似于遍历系统的概念，即在这些系统中，整体随着时间的推移表现出与其部分相同的行为和属性，反之亦然。当时间序列或空间样本能够代表整个实体或发展轨迹时，系统和过程就会表现出这种遍历性。在使用大型样本的基于群体的设计中研究个体间的差异时，通常会违背遍历原则

（Hamaker，2012；Koopmans，2014，2019）。但实际上，这正是我们在本书第二、三部分介绍的许多基于案例的方法的默认选项。深入了解所研究的系统可以让研究者捕捉到其复杂性的方方面面。以这种方式将系统作为分析单位，也能够让研究者在同一时间研究更多的系统，这为跨案例和跨数据集进行普适化提供了可能。一些基于案例的方法，如质性比较分析（见第四章），甚至可以将整个系统或子系统纳入样本。

最后一种方法是利用复杂系统内在的变异性，正如拉森－弗里曼和卡梅伦（2008a）所建议的那样，得出关于系统动态的普适化结论。这与凡·海尔特（van Geert）和斯汀比克（Steenbeek）（2014）倡导的几条研究方向类似：

“目前日益重要的一个研究方向是，关注个体内变异性模式的统计结构，并利用这种模式来发现（这种）变异性来源的潜在复杂动态系统的一般属性……而另一个研究方向则是将基于一般系统描述的预测……应用于例如教育系统中的观察。”（van Geert & Steenbeek，2014：35）

事实上，可能会有一些研究课题或问题“尤其是在效应高度聚合的情况下，（其中）重要的部分主要是个体间的变异性”（van Geert & Steenbeek，2014：34），但情况并非总是如此。需要澄清的一点是，正如凡·海尔特和斯汀比克（2014：33，我们强调）提出的，“这种推理是基于一个默认的假设，即主导个体间（共同）变异的原因与主导个体内（共同）变异的原因性质相同。”对于关注系统内部动态性的研究，凡·海尔特（2011：276）强调，复杂动态系统理论通过“基于理论的方式，以非简单的意义生成个体轨迹的描述”，帮助学者超越单一具体实例。

◎ 因果关系

伯恩和卡拉汉（2014：11）提出，因果关系是“任何科学的基本任务，要兼具解释性和功能性”。它是对现实世界和生活观察进行概念化的一种方式。社会科学领域的学者思考因果关系的方式深受一些思想的影响，这些思想源于自然科学中盛行的新实证主义范式，且经常被转移到社会科学领域中（Byrne，1998）。这种看待因果关系的方式的核心是，人们对生活有着确定性秩序的期望，认为生活受绝对法则的支配，这种秩序和规律性使得我们能够从特例推断出普遍存在的条件（Groff，2008）。它依赖于将一个系统分解成离散的元素或变量，通过随机对照试验来改变这些元素或变量，从而了解一个系统的结果或行为及其成因，并预测其未来的行为（Gershenson，2008）。

与其他在复杂动态系统理论范式中开展研究的人一样，我们认为这种简单的单一因果关系——即结果由单一的线性因果行动者驱动——的意识形态是有缺陷和误导性的（Mainzer，2007）。医学是一门建立在随机对照试验基础之上的硬科学，即使在医学领域，关于病因与因果关系的概念如今也已经发展出优先考虑多因素、相关性和互序的因果解释方式（例如 Kleinberg & Hripcsak，2011；Koopman，1977；Rizzi & Pedersen，1992；Ward，2009）。特纳（Turner）（1997）认为，面对社会人文领域的复杂性，对原因及其影响采取简单化观点，就如同“试图推动一根柔软的细绳”。由因至果的牛顿式假设取决于对因果关系的密集、单因素解释，而不是弥散、系统层次的解释（Radford，2008）。这对于关注开放系统及其嵌套性、网络化联结和敏感性反馈的复杂动态系统理论范式来说，显然是不够充分的（Hedström & Ylikoski，2010；Morrison，2012）。这也是为什么发展一种不同的解释逻辑对于推进伯恩和拉金（2009：1）所说的研究“中心项目”至关重要：超越纯粹的具体事物，而不诉诸彻底的普遍法则，同时仍然阐明因果关系。

那么，因果关系的概念如何才能与我们先前说到的复杂动态系统相协调呢？为了在解决这一问题上取得进展，一些复杂性学者提出，“我们首先要思考的不是复杂系统中的因，而是果的本质。我们应该先探讨什么是果这一问题”（Byrne & Callaghan，2014：174）。我们在第二章中用了很长的篇幅探讨这类问题，阐述了复杂动态系统理论视角下关于系统及其运行的关键见解。其他专家认为，要更全面地回答这个问题，就必须对复杂动态的因果关系提出更细致的概念（Larsen-Freeman & Cameron，2008a）。例如，艾丽西娅·胡阿雷罗（Alicia Juarrero）（2011：162）称之为“对因果关系的台球式理解”。

复杂动态系统理论对复杂社会和人类世界中的因果关系所持立场是，在大多数情况下，（a）影响和结果是通过复杂条件的组合产生的，（b）几种不同的条件组合可以产生相同的现象，（c）某些条件可以在不同时间对某一结果产生不同影响，这取决于具体情境（Jörg，2011）。这种复杂的、网络化的因果关系是跨学科科学探究方法的核心（另见 Kleinberg，2013），关于这一点，我们在下文中会有更多论述。

没有任何单一的规则或原则可以支配或决定复杂系统的构成、发展或行为（Holland，1995）。正如布沙尔（Bouchard）（2018：270）在谈到批判现实主义的因果关系立场时提到的，“因为社会和文化的变化也是多层次的，所以现实主义研究者……更加关注多重决定因素——也就是多重因素以复杂的方式相互作用的因果潜在可能性，其中每个因素对其他因素都有特定的影响”。这种修正后的因果关系概念是复杂的，因为它可能是多变量、多层次以及路径依赖的；这种修正后的因果关系概念是动态的，因为它可能涉及非线性和非比例的或然以及协同适应过程。因此，最艰巨的任务可能是承认“一切都很重要”，即影响的成因是什么（Thelen，2005：261）。

人类社会世界中另一个耐人寻味的方面是复杂社会因果关系的独特性，因为任何关于原因和结果的描述都必须面对并解释有意识的人类能动性（Byrne & Callaghan，2014）。关于这一点，赫斯特洛姆（2005：72）赞同道：“我们大多数人都同意个体是存在的，且个体具有能够引发变化和超越社会期望的因果能力。”因此，人类行为本身就是一种复杂的偶然力量，因为人类会寻求原因（即确定可能导致系统未来状态发生变化的事物）并利用原因（即实施选择行动，从而导致某种特定的未来，而非另一种未来）（Hedström & Ylikoski，2010）。伯恩和卡拉汉（2014：176）令人信服地论述了人类行动如何促成进一步的因果复杂性：“在一个充满社会冲突的世界里，无论在哪个层面，总有多个施动者为利益和目标相互竞争。所以这不仅仅是一个确立因果参数的问题，也不仅仅是根据建立的因果参数采取行动以实现期望的未来状态的问题。”

虽然现阶段对因果关系和因果机制的复杂动态处理更多的是一种概念性的运用，而当我们通过第二、三部分中的各种研究方法重新审视这些概念时，这种运用会变得更加具体，但目前我们可以提出几个广泛适用于应用语言学领域的指导原则，或许可以让我们对因果关系有一个更加细致入微的看法：

（1）多重性：模式源自条件，而识别在特定结果中起作用的因果条件是关键的第一步（Kleinberg，2013）。请注意，我们特意使用了复数的条件。从多重性的角度思考应该是复杂动态系统理论的默认操作，因为在多数情况下，可能会有少数几个核心成因因素以及各种外围因素——在某些情况下甚至还存在隐藏因素（Stroup，1997）。在此，研究者将参考系统及其情境中最有可能对结果产生影响并反过来受其影响的方面。确定这些方面是必要的一步，但仅靠这一步是不够的（Thelen，2005）。更有趣的是，我们在这里还可以借用计算机编程领域的一句格言，即程序员所说的 TMTOWTDI（完成一项任务有很多种方法）。系统有不止一种达成结果的方式，这正是复杂动态系统理论的等效原则所暗示的：同样的结果可能源于不同的初始条件和不同的轨迹。

（2）相互依赖：我们的读者应该还记得复杂性的技术含义：交错在一起并导致涌现结果。鉴于系统中互联性的重要性，研究那些似乎具有因果关系的条件和因素之间的相互依赖联系，将为了解系统结果的运作与确定这些因素提供同等的洞察力（Larsen-Freeman & Cameron，2008b）。元素与元素、元素与情境之间的关系涉及强化（即积极）反馈和抑制（即消极）反馈的回环，这将使这些因果因素相互触发、相互影响，甚至相互抵消。了解这些多层次相互依存关系，对于解开系统结果的因果关系至关重要（Lewis，2005）。

（3）滞后性：时间是理解复杂因果关系的核心（Koopmans，2014，2019）。然而，对时间的默认理解应该是，因果关系的起点可能并不总是凸显出来的那个点（de Bot，2015）。滞后性涉及系统过去的历史和那些初始条件对后续结果的影响。时间节点 1 预测时间节点 2，然后时间节点 1 和 2 的相互作用会预测时间节点 3。这样，历史既提供了开始思考因果关系所需的初始时间框架，又有助于扩大效果产生的范围（Jörg，2011）。以前的时间点会与现在的时间点产生因果关系，然后这两种时间点结合起来又会与未来的时间点产生因果关系。关于复杂动态系统中因果影响的滞后性，我们曾在其他地方写过一篇关于孵化效应的文章（Joe et al.，2017）。孵化效应是启动干预措施的初始实施条件和出现效果之间的延迟。复杂动态系统理论原理表明，如果某个因果关系的根源是一个过程，其持续的影响很早之前就开始产生，那么结果可能不会立即显示出这个根本原因

（Larsen-Freeman，2017）。

（4）方向性：因果关系并不是系统结果的静态决定因素。因和果可以在渐进的双向循环中相互作用，其中每一方都会在功能上改变另一方（Byrne & Callaghan，2014）。因此，这些因与果的互动和递归流动，为系统如何达到当前的状态，或如何产生当前的行为，增加了另一个重要维度（Larsen-Freeman & Cameron，2008a）。因作用于果，果又反作用于因，两者互为因果（van Geert，1998）。破译这类循环的能力可能会促成对结果的全新思考方式。

（5）随机性：除上述因素外，结果还具有不可预测性和分散性。这就为如何产生效果引入了非线性、非比例性的因素。这些因素通常会体现在人类行为中，而且这些人类行为似乎没有立竿见影的效果，因为前因需要时间和持久作用才能使效果呈现出来（Morrison，2012）。然而，从另一个角度看，不同的机制在不同情境下会产生不同的结果。同样，不同的机制也可能产生相同的结果（Byrne & Ragin，2009）。因此，应用语言学研究者必须从或然效应、阈值效应的角度来思考问题，这些效应会随着时间不断累积，直到促成产生这样或那样的结果（Gershenson，2008）。

◎ 方法论实验与跨学科性

直到最近，应用语言学研究仍倾向于采用分析方法，将调查对象分割隔离成离散的变量或机制，以确定当前行为，追踪过去或预测未来。这种“对（方法论）简单性技巧的偏好”（Larsen-Freeman & Cameron，2008a：1）与复杂动态系统理论影响科学探究的方法形成了鲜明对比（Ellis & Larsen-Freeman，2006）。传统的、成分式的应用语言学研究方式可能因其简单性和明显的条理性而令人信服，但它并不适用于处理复杂的影响或结果与效果由多重因素决定的情况——这是人类社会世界运作的特点。

尽管在前几章中我们对复杂动态系统理论应用于应用语言学研究充满热情，但我们完全清楚，复杂动态系统理论研究也有它自身的一系列挑战。我们在自己的研究中亲身经历了其中的大部分挑战。在方法论选择方面，需要考虑的问题包括：（1）从复杂动态系统理论角度进行有影响力的应用语言学研究究竟需要什么?（2）复杂动态系统理论研究是否要求应用语言学研究者摒弃现有的方法论工具包?（3）如何设计和开展真正有意义的复杂动态系统理论研究项目?

首先，复杂动态系统理论在方法论上对应用语言学研究做出的贡献值得明确：复杂动态系统理论的逻辑可以用于帮助设计一项优先考虑适应性和发展过程的研究项目（Larsen-Freeman & Cameron，2008a）——关注现象产生的方式与原因——且该逻辑同样适用于涌现结果与整体模式发现的问题。此外，尽管数据获取和分析的方法存在高度自由（我们在第二、三部分详细阐述了这些观点），但作为一种元理论，复杂动态系统理论并不提供现成的研究模板——也不应对此有此期待。

近期的研究工作提出了复杂性在制约方法论选择的同时鼓励创新和多样化的方法（Hiver & Al-Hoorie，2016）。其他研究者已经开始扩展可用于动态主题研究的方法工具包（Verspoor et al.，2011；Dörnyei et al.，2015）。总的来说，这项工作的特点是以个人和群体为基础，采用涌现、递归、迭代设计的方法，适用于研究情境下互联的动态改变。因此，我们的研究领域正追随其他社会人文学科的步伐，这些学科也在寻求通过借鉴和创新现有方法来理解复杂性。

其次，我们也必须承认，我们现有的研究还远远达不到符合复杂动态系统理论的要求：从纯粹的语义或隐喻角度研究应用语言学中的复杂动态现象，并借用复杂动态系统理论的语言对这些现象进行描述。相反，在我们看来，运用复杂动态系统理论的观点要求研究者确定亟待解决的问题或需要回答的问题，然后确定如何阐明可能的解决方案（Larsen-Freeman，2016），卡斯特拉尼（Castellani）（2018：248）将这种复杂动态系统理论研究任务称作“解决相邻的可能”。在某一层面上，这可能意味着使用复杂动态系统理论来分析实证数据，并对应用语言学现象进行更复杂的描述、分析和解读。

要推进对这种复杂动态现象的研究，灵活性和务实性是必要的，应该鼓励在应用语言学中尝试适合复杂动态系统理论研究的数据收集与分析技术。我们在本书结尾探讨的融合研究方法，是一种真正富有成效的方法，比严格遵循规定的方法能更多维地理解一个问题。这也突出了复杂动态系统理论研究中方法论多样性的价值。但是，正如我们在本书第二、三部分各章节中所提出的，研究者还应该努力做到一丝不苟、博物多闻，从而使研究设计中的每一步都能与复杂动态系统理论原则相呼应（Larsen–Freeman，2012）。

由于复杂动态系统理论是一种元理论，所以它并不规定使用独特的研究方法，也不排斥现有的研究方法，只要这些方法从根本上符合复杂性原则即可（Byrne，2011；Mason，2008）。相反，复杂性以社会世界中的现象学现实为基础，提倡研究方法以探究为导向，从探究需求中产生，而不由学科边界决定（Morin，2008）。因此，虽然复杂动态系统理论为审视现存问题提供了更真实的视角，并为该领域知识结构的重新配置打开了大门，但在某种意义上，并不存在所谓的复杂性方法，因为复杂动态系统理论鼓励在理解复杂社会现象时的创新性和多样性（Wolf-Branigin，2013）。我们在本书第三、四部分中介绍的许多方法并不是社会科学领域的复杂性学者所专用的，也没有被描述为“复杂动态系统理论方法”本身，这一事实充分证明了上述观点。

再比如，我们发现在复杂动态系统理论研究新手中一直存在一种误解，认为量化数据的获取和分析并不适用于基于复杂动态系统理论的实证研究，或者认为质性设计本质上更符合动态变化和交互关系（例如 Molenaar et al.，2014；Valsineret al.，2009）。质性研究设计本身并不能保证其更具复杂动态的研究视角，尤其是如果研究设计本质上与复杂动态系统理论的概念框架无关或未受其启发［关于这个话题参见例如 Dörnyei et al.（2015）］。如果学者们认识到复杂动态系统理论鼓励将现有的方法和技术（包括质性和量化、个体和群体）进行改良，以确保它们与其科学哲学一致，那么复杂动态系统理论可能会在应用语言学研究中获得更多支持（van Geert，2008）。

正如其他人所指出的，在应用语言学中，选择基于复杂性的探究方法并不意味着非此即彼。而且从复杂动态系统理论的科学哲学来说，主张只采用质性方法对于需要调查的一系列现象而言，既不合理，也不实际（Molenaar et al.，2014；Valsiner et al.，2009）。复杂动态系统理论采用以问题为导向的包容性社会探究方法，鼓励扩展现有的方法论。由于其跨学科性，复杂动态系统理论也为构建跨主题、专题、方法论或学科界限的研究计划打开了大门，并为复杂动态系统理论研究如何定位其对应用语言学研究的贡献提供了广泛的解决方案[1]。

拉森 – 弗里曼（2012）提醒我们，多学科研究方法的特点是多个学科对一个问题贡献不同的观点。遗憾的是，这些方法只是相加，鲜有跨学科的互动［更多探讨参见 Moss & Haertel（2016）］。或许，跨学科研究方法在这方面更有前途。但是，在这里我们也发现了这样一种情况，“一门学科占据主导地位时，会基于自己的体系尽可能地吸收其他学科中可以相容的内容”（Widdowson，2005：18），然而，这些努力可能导致潜在的扭曲和不平衡的知识产生。这一问题在近期关于科学探究趋势的综述中已经被很好地进行了归纳，这些综述报告了在多达四到五个子学科之间进行的众多交叉融合尝试（Mutz et al.，2015）——“营养基因组学”“重组记忆学”和“神经法学”就是真实的例子。

跨学科研究方法是另一种尝试，旨在引发一种创造性的碰撞。这些方法将研究和实践定位为同时从多个不同视角获取信息。然而，一些学者警告道，“根本不可能同时从两个不同的视角看待问题”（Widdowson，2005：19），而那些看似综合的视角实际上往往是“对同一话题或问题的不同看法，看似整合的观点往往实际上是在连续顺序中对同一主题或问题的不同看法，并没有做出明确的整合”（Klein，2010：17）。另一个问题是，当相互竞争的“整合”领域影响到研究的限定领域时，方法论的严谨性和概念的清晰性将如何得以实现（Mutz et al.，2015）。

跨学科性为这些困境提供了一个解决方案（Hirsch Hadorn et al.，2008）。跨学科研究的目的是构建“一个综合的整体观、一个理论综合或一个综合框架”（Klein，2007：39），在“超学科、更抽象的层次上，提供一套可应用于许多不同种类系统的通用模式、结果和描述”（Larsen–Freeman & Cameron，2008a：15–16）。跨学科的科学探究方法创造了超越学科界限的统一性，并转向以问题为导向的方法（Halliday & Burns，2006）。这正是复杂动态系统理论研究的作用所在：它超越知识界限，使占主导地位的学科参考框架和方法论仓库成为多余（Byrne & Callaghan，2014：3）。跨学科研究取代学科界限留下的是一种以问题为导向的科学探究方法，它超越了学科视角，创造了统一性（Klein，2004），而且这种努力影响深远，因为它们让研究者能够实现共同的科学目标（Hirsch Hadorn et al.，2010）。跨学科研究的理念在于首先确定亟待解决的问题或需要回答的问题，然后确定最适合的目标理论、方法（通常是多方法）、模型等，以揭示可能的解决方案（Al-Hoorie & Hiver，2019；Larsen-Freeman，2017）。这就是为什么复杂动态系统理论具备如此大的潜力，可以为应用语言学中所关注现象的实证研究增加价值。

复杂动态系统理论是跨学科研究方法的自然先导，一个很好的例子是这种想法背后的积极性如何促成了圣塔菲研究所的诞生，这个知识中心的“存在似乎取决于……学科间界限的松散性，甚至是它们的不存在性”（Harris & Krakauer，2016）。米切尔（Mitchell）（2009）讲述了圣塔菲研究所[2]的诞生过程：

“到了20世纪中叶，许多科学家意识到，这种现象无法归入任何一门学科，而是需要基于尚未创造的科学来（重新）理解。建立这些基础的一些尝试包括（除其他外）控制论、协同论、系统科学，以及最近的复杂系统科学等领域。

“1984年，一个由24位杰出科学家和数学家组成的多元化跨学科小组，在新墨西哥州圣塔菲的高沙漠区会面，共同讨论这些‘新兴科学综合体’。他们的目标是筹划建立一个新的研究机构，‘对大量高度复杂和相互作用的系统进行研究，这些系统只有在跨学科的环境中才能得到适合的研究’，并‘促进知识的统一和对共同责任的认识，这将与目前日益严重的知识文化两极化形成鲜明对比’。因此，圣塔菲研究所作为复杂系统研究中心应运而生。”（Mitchell，2009：x）

我们在上文主张的，以及在本书第二、三部分各章中所展示的方法论的开放性和实验性，是超越特定学科方法以解决共同问题的标志——这正是跨学科性的定义（Hirsch Hadorn et al.，2010；Nicolescu，2008）。作为跨学科研究的最后一个例证，圣塔菲研究所现任所长大卫·克拉克尔（David Krakauer）在一次关于此话题的访谈（Harris & Krakauer，2016）中解释道：

“我不喜欢将我们的工作方式称为跨学科，因为从某种意义上来说，这是在向一种迷信致敬，而我知道人们对这种迷信非常重视。那么，当你忽略这一切并说‘我们当然可以使用在不同学科中习得的技能，但让我们抛开这些技能，用智慧来解决复杂的问题’时，会发生什么呢?”

我们认为，这正是应用语言学中跨学科研究的意义所在：利用我们掌握的所有可用研究工具，在面对复杂问题时充满智慧（另见King & Mackey，2016）。

◎ 承上启下

我们希望本章不像上一章那么枯燥，本章的目的是为复杂动态系统理论视角在社会科学研究中的应用，尤其是在应用语言学中的研究计划绘制出可能的路径，力求与复杂且动态的科学哲学相契合。我们概述了在研究复杂动态的社会世界时出现的一些哲学和方法论问题。为此，我们区分了以实证方法和以更具范式性质的方法处理复杂性。然后，我们阐述了一种全新的本体论——复杂现实主义，它是复杂动态系统理论研究的基础。

根据我们之前在该领域的研究（Hiver & Al-Hoorie，2016），我们试图围绕复杂动态系统理论的研究总结出一些相对通用的关键任务。在本章的最后部分，我们思考了重要的问题，并提供了一些初步想法，以激发对复杂动态系统理论研究中这些问题的思考。我们认为复杂动态系统理论不仅仅是一种时尚宣言或潮流，它还是对社会现象进行思考和理论化的一种严谨辅助工具，是对传统科学思维方法的一种挑战。显然，当以跨学科的方式开展此类研究时，需要扩展现有的研究方法。这就是我们接下来在本书的第二、三部分中要探讨的目标。

◎ 注释

（1）我们鼓励感兴趣的读者阅读《复杂性科学地图》，这是由布莱恩·卡斯特拉尼编写的复杂性理论跨学科性质的可视化图表（http：//www.art-sciencefactory.com/complexity-map_feb09.html）。我们将在第 19 章对其做进一步介绍。

（2）感兴趣的读者可以在 www.santafe.edu/ 上了解更多，也可以在圣塔菲研究所的复杂性科学公众教育中心（www.complexityexplorer.com/）上开启探索更多复杂动态系统理论知识的精彩旅程。我们将在第 19 章对此做进一步介绍。

◎ 参考文献

Al-Hoorie, A. H. (2015) Human agency: Does the beach ball have freewill? In Z. Dörnyei, P. D. MacIntyre and A. Henry (eds) *Motivational Dynamics in Language Learning* (pp. 55–72). Bristol: Multilingual Matters.

Al-Hoorie, A. H. and Hiver, P. (2019, March) Beyond the Quantitative–Qualitative Divide: Toward a Transdisciplinary Integration of Research Purposes and Methods for CDST. Paper presented at the meeting of the American Association for Applied Linguistics, Atlanta, GA.

Allen, P. and Boulton, J. (2011) Complexity and limits to knowledge: The importance of uncertainty. In P. Allen, S. Maguire and B. McKelvey (eds) *The SAGE Handbook of Complexity and Management* (pp. 164–181). London: SAGE.

Archer, M.S. (1998) Realism in the social sciences. In R. Bhaskar, M.S. Archer, A. Collier, T. Lawson and A. Norrie (eds) *Critical Realism: Essential Readings* (pp. 189–205). New York: Routledge.

Archer, M.S. (2000) *Being Human: The Problem of Agency*. Cambridge: Cambridge University Press.

Atkinson, D. (2019) Second language acquisition beyond borders? The Douglas Fir Group searches for transdisciplinary identity. *The Modern Language Journal* 103 (s), 113–121.

Bastardas-Boada, A. (2014) Towards a complex-figurational socio-linguistics: Some contributions from physics, ecology and the sciences of complexity. *History of the Human Sciences* 27 (3), 55–75.

Biesta, G. (2007) Why 'what works' won't work: Evidence-based practice and the democratic deficit in educational research. *Educational Theory* 57 (1), 1–22.

Bhaskar, R. (1975/1997) *A Realist Theory of Science*. New York: Verso.

Bhaskar, R. (1989) *Reclaiming Reality: A Critical Introduction to Contemporary Philosophy*. London: Verso.

Bhaskar, R. (2007) Theorizing ontology. In C. Lawson, J. Latsis and N. Martins (eds) *Contributions to Social Ontology* (pp. 192–204). London: Routledge.

Block, D. (2014) *Social Class in Applied Linguistics*. New York: Routledge.

Bouchard, J. (2018) On language, culture, and controversies. *Asian Englishes* 20 (3),

268–278.

Byrne, D. (1998) *Complexity Theory and the Social Sciences: An Introduction*. New York: Routledge.

Byrne, D. (2005) Complexity, configurations and cases. *Theory, Culture and Society* 22 (5), 95–111.

Byrne, D. (2011) *Applying Social Science*. Bristol: Policy Press.

Byrne, D. and Ragin, C. (eds) (2009) *The SAGE Handbook of Case-Based Methods*. Thousand Oaks, CA: SAGE.

Byrne, D. and Uprichard, E. (2012) Useful complex causality. In E. Kincaid (ed.) *The Oxford Handbook of Philosophy of Social Science* (pp. 109–129). Oxford: Oxford University Press.

Byrne, D. and Callaghan, G. (2014) *Complexity Theory and the Social Sciences: The State of the Art*. New York: Routledge.

Capra, F. and Luisi, P.L. (2014) *The Systems View of Life*. Cambridge: Cambridge University Press.

Castellani, B. (2018) *The Defiance of Global Commitment: A Complex Social Psychology*. New York: Routledge.

Castellani, B. and Hafferty, F. (2009) *Sociology and Complexity Science: A New Field of Inquiry*. Berlin: Springer.

Cilliers, P. (1998) *Complexity and Postmodernism: Understanding Complex Systems*. London: Routledge.

Cilliers, P. (2000) Knowledge, complexity, and understanding. *Emergence* 2 (4), 7–13.

Cilliers, P. (2001) Boundaries, hierarchies and networks in complex systems. *International Journal of Innovation Management* 5 (2), 135–47.

Cilliers, P. (2005) Complexity, deconstruction andrelativism. *Theory, Culture and Society* 22, 255–267.

Cochran-Smith, M., Ell, F., Ludlow, L., Grudnoff, L., Haigh, M. and Hill, M. (2014) When complexity theory meets critical realism: A platform for research on initial teacher education. *Teacher Education Quarterly* 41 (1), 105–122.

Danermark, B., Ekstrom, M., Jacobsen, L. and Karlsson,J.C. (2002) *Explaining Society*. London: Routledge.

Davis, B. and Sumara, D. (2006) *Complexity and Education: Inquiries into Learning, Teaching, Teaching and Research*. New York: Routledge.

de Bot, K. (2015) Rates of change: Timescales in second language development. In Z. Dörnyei, P.D. MacIntyre and A. Henry (eds) *Motivational Dynamics in Language Learning* (pp. 29–37). Bristol: Multilingual Matters.

de Bot, K. and Larsen-Freeman, D. (2011) Researching second language development from a dynamic systems theory perspective. In M. Verspoor, K. de Bot and W. Lowie (eds) *A Dynamic Approach to Second Language Development* (pp. 5–23). Amsterdam/ Philadelphia, PA: John Benjamins.

De Wolf, T. and Holvoet, T. (2005) Emergence versus self-organisation: Different concepts but promising when combined. In S. Brueckner, G. Di Marzo Serugendo, A. Karageorgos and R. Nagpal (eds) *Engineering Self-Organising Systems: Methodologies and Applications* (pp. 1–15). Berlin: Springer.

Dörnyei, Z., MacIntyre, P.D. and Henry, A. (eds) (2015) *Motivational Dynamics in Language Learning*. Bristol: Multilingual Matters.

Douglas Fir Group (2016) A transdisciplinary framework for SLA in a multilingual world. *The Modern Language Journal* 100 (s), 19–47.

Ellis, N.C. and Larsen-Freeman, D. (2006) Language emergence: Implications for applied linguistics: Introduction to the special issue. *Applied Linguistics* 27, 558–589. Elman,J. (2003) It's about time. *Developmental Science* 6, 430–433.

Foucault, M. (1972) *The Archaeology of Knowledge and the Discourse on Language*. New York: Pantheon.

Gaustello, S. and Liebovitch, L. (2009) Introduction to nonlinear dynamics and complexity. In S. Gaustello, M. Koopmans and D. Pincus (eds) *Chaos and Complexity in Psychology* (pp. 1–40). Cambridge: Cambridge University Press.

Gershenson, C. (ed.) (2008) *Complexity: 5 Questions*. Copenhagen: Automatic Press.

Gregg, K. R. (2000) A theory for every occasion: Postmodernism and SLA. *Second Language Research* 16, 383–399.

Groff, R. (ed.) (2008) *Revitalizing Causality: Realism about Causality in Philosophy and Social Science*. New York: Routledge.

Haken, H. (2009) Synergetics: Basic concepts. In R. Meyers (ed.) *Encyclopedia of Complexity and Systems Science* (pp. 8926–8946). New York: Springer.

Halliday, M. and Burns, A. (2006) Applied linguistics: Thematic pursuits or disciplinary moorings? *Journal of Applied Linguistics* 3, 113–128.

Hamaker, E. L. (2012) Why researchers should think 'within-person': A paradigmatic rationale. In M.R. Mehl and T.S. Conner (eds) *Handbook of Methods for Studying Daily Life* (pp. 43–61). New York: Guilford.

Harris, S. and Krakauer, D. (2016) *Complexity and Stupidity*. The Waking Up Podcast. See https://samharris.org/complexity-stupidity/ (accessed 1 July 2019).

Harvey, D. L. (2001) Chaos and complexity: Their bearing on social policy research. *Social Issues* 1 (2). See http://www.whb.co.uk/socialissues/harvey.htm (accessed 30 June 2019).

Harvey, D. L. (2002) Agency and community: A critical realist paradigm. *Journal for the Theory of Social Behaviour* 32 (2), 163–194.

Harvey, D. L. (2009) Complexity and case. In D. Byrne and C.C. Ragin (eds) *The SAGE Handbook of Case-Based Methods* (pp. 15–38). Thousand Oaks, CA: SAGE. Hedström, P. (2005) *Dissecting the Social*. Cambridge: Cambridge University Press.

Hedström, P. and Ylikoski, P. (2010) Casual mechanisms in the social sciences. *Annual Review of Sociology* 32 (1), 46–67.

Hirsch Hadorn, G., Hoffmann-Riem, H., Biber-Klemm, S., Grossenbacher-Mansuy, W., Joye, D., Pohl, C., Wiesmann, U. and Zemp, E. (eds) (2008) *Handbook of Transdisciplinary Research*. Dordrecht: Springer.

Hirsch Hadorn, G., Pohl, C. and Bammer, G. (2010) Solving problems through transdisciplinary research. In R. Frodeman,J.T. Klein and C. Mitcham (eds) *Oxford Handbook of Interdisciplinarity* (pp. 231–252). Oxford: Oxford University Press.

Hiver, P. and Al-Hoorie, A. H. (2016) A 'dynamic ensemble' for second language research: Putting complexity theory into practice. *The Modern Language Journal* 100, 741–756.

Hiver, P. and Papi, M. (2020) Complexity theory and L2 motivation. In M. Lamb, K. Csizér, A. Henry and S. Ryan (eds) *Palgrave Handbook of Motivation for Language Learning*. Basingstoke: Palgrave Macmillan.

Holland, J. H. (1995) *Hidden Order: How Adaptation Builds Complexity*. Cambridge, MA: MIT Press.

Holland, J. H. (1998) *Emergence: From Chaos to Order*. Oxford: Oxford University Press.

Holland, J. H. (2006) Studying complex adaptive systems. *Journal of Systems Science and Complexity* 19, 1–8.

Holland, J. H. (2012) *Signals and Boundaries: Building Blocks for Complex Adaptive Systems*. Cambridge, MA: MIT Press.

Howe, M. L. and Lewis, M.D. (2005) The importance of dynamic systems approaches for understanding development. *Developmental Review* 25, 247–251.

Joe, H.-K., Hiver, P. and Al-Hoorie, A. H. (2017) Classroom social climate, self-determined motivation, willingness to communicate, and achievement: A study of structural relationships in instructed second language settings. *Learning and Individual Differences* 53, 133–144.

Johnson, N. F. (2009) *Simply Complexity: A Clear Guide to Complexity Theory*. Oxford: Oneworld Publications.

Jörg, T. (2011) *New Thinking in Complexity for the Social Sciences and Humanities: A Generative, Transdisciplinary Approach*. Dordrecht: Springer.

Jost, J., Bertschinger, N. and Olbrich, E. (2010) Emergence. *New Ideas in Psychology* 28, 265–273.

Juarrero, A. (1999) *Dynamics in Action: Intentional Behavior as a Complex System*. Cambridge, MA: MIT Press.

Juarrero, A. (2011) Causality and explanation. In P. Allen, S. Maguire and B. McKelvey (eds) *The SAGE Handbook of Complexity and Management* (pp. 155–163). London: SAGE.

Kadushin, C. (2012) *Understanding Social Networks: Theories, Concepts, and Findings*. Oxford: Oxford University Press.

Kelso, J. A. S. (2016) On the self-organizing origins of agency. *Trends in Cognitive Science* 20, 490–499.

King, K. and Mackey, A. (2016) Research methodology in second language studies: Trends, concerns, and new directions. *The Modern Language Journal* 100 (s), 209–227.

Klein, J. T. (2004) Interdisciplinarity and complexity: An evolving relationship. *Emergence: Complexity & Organization* 6 (1/2), 2–10.

Klein, J. T. (2007) Interdisciplinary approaches in social science research. In W. Outhwaite and S.P. Turner (eds) *The SAGE Handbook of Social Science Methodology* (pp. 32–49). London: SAGE.

Klein, J. T. (2010) A taxonomy of interdisciplinarity. In R. Frodeman, J.T. Klein and C. Mitcham (eds) *Oxford Handbook of Interdisciplinarity* (pp. 15–30). Oxford: Oxford University Press.

Kleinberg, S. (2013) *Causality, Probability, and Time*. Cambridge: Cambridge University Press.

Kleinberg, S. and Hripcsak, G. (2011) A review of causal inference for biomedical informatics. *Journal of Biomedical Informatics* 44, 1102–1112.

Koopman, J. S. (1977) Causal models and sources of interaction. *American Journal of Epidemiology* 106, 439–444.

Koopmans, M. (2014) Change, self-organization and the search for causality in educational research and practice. *Complicity: An International Journal of Complexity and Education* 11 (1), 20–39.

Koopmans, M. (2019) Education is a complex dynamical system: Challenges for research. *The Journal of Experimental Education*. Advance Online Access. doi:10.1080/00220 973.2019.1566199

Kretzschmar, W. (2015) *Language and Complex Systems*. Cambridge: Cambridge University Press.

Kubota, R. (2016) The multi/plural turn, postcolonial theory, and neoliberal multiculturalism: Complicities and implications for applied linguistics. *Applied Linguistics* 37 (4), 474–494.

Kuhn, T. S. (1962/2012) *The Structure of Scientific Revolutions* (4th edn). Chicago, IL: University of Chicago Press.

Larsen-Freeman, D. (2012) Complex, dynamic systems: A new transdisciplinary theme for applied linguistics? *Language Teaching* 45, 202–214.

Larsen-Freeman, D. (2013) Complexity theory: A new way to think. *Revista Brasileira de Linguistica Aplicada* 13, 369–373.

Larsen-Freeman, D. (2016) Classroom-oriented research from a complex systems perspective. *Studies in Second Language Learning and Teaching* 6, 377–393.

Larsen-Freeman, D. (2017) Complexity theory: The lessons continue. In L. Ortega and Z. Han (eds) *Complexity Theory and Language Development: In Celebration of Diane Larsen-Freeman* (pp. 11–50). Amsterdam/Philadelphia, PA: John Benjamins.

Larsen-Freeman, D. (2019) On language learner agency: A complex dynamic systems theory perspective. *The Modern Language Journal* 103 (s), xx–xx.

Larsen-Freeman, D. and Cameron, L. (2008a) *Complex Systems and Applied Linguistics*. Oxford: Oxford University Press.

Larsen-Freeman, D. and Cameron, L. (2008b) Research methodology on language development from a complex systems perspective. *The Modern Language Journal* 92, 200–213.

Lee, M. E. (1997) From enlightenment to chaos: Toward nonmodern social theory. In R.A. Eve, S. Horsfall and M.E. Lee (eds) *Chaos, Complexity, and Sociology: Myths, Model, and Theories* (pp. 15–29). Thousand Oaks, CA: SAGE.

Lewis, M. (2005) Bridging emotion theory and neurobiology through dynamic systems modeling. *Behavioral and Brain Sciences* 28, 169–245.

Lighthill,J. (1986) The recently recognized failure of predictability in Newtonian dynamics. *Proceedings of the Royal Society of London* 407, 35–48.

Lowie, W. (2017) Lost in state space?: Methodological considerations in Complex Dynamic Theory approaches to second language development research. In L. Ortega and Z. Han (eds) *Complexity Theory and Language Development: In Celebration of Diane Larsen-Freeman* (pp. 123–141). Amsterdam/Philadelphia, PA: John Benjamins.

Mainzer, K. (2007) *Thinking in Complexity: The Computational Dynamics of Matter, Mind, and Mankind* (5th edn). Berlin: Springer.

Manson, S. (2001) Simplifying complexity: A review of complexity theory. *Geoforum* 32, 405–414.

Marsden, E., Morgan-Short, K., Thompson, S. and Abugaber, D. (2018a) Replication in second language research: Narrative and systematic reviews and recommendations for the field. *Language Learning* 68, 321–391.

Marsden, E., Morgan-Short, K., Trofimovich, P. and Ellis, N.C. (2018b) Introducing registered reports at Language Learning: Promoting transparency, replication, and a synthetic ethic in the language sciences. *Language Learning* 68, 309–320.

Mason, M. (ed.) (2008) *Complexity Theory and the Philosophy of Education*. Chichester: Wiley-Blackwell.

Maturana, H. R. and Varela, F.J. (eds) (1980) *Autopoiesis and Cognition: The*

Realization of the Living. Dordrecht: Reidel.

McDaniel, R. R. and Driebe, D.J. (2005) Uncertainty and surprise: An introduction. In R. R. McDaniel and D.J. Driebe (eds) *Uncertainty and Surprise in Complex Systems: Questions on Working with the Unexpected* (pp. 3–11). Berlin: Springer.

McNamara, T. (2015) Applied linguistics: The challenge of theory. *Applied Linguistics* 36 (4), 466–477.

Mitchell, M. (2009) *Complexity: A Guided Tour*. Oxford: Oxford University Press.

Molenaar, P., Lerner, R. and Newell, K. (2014) Developmental systems theory and methodology: A view of the issues. In P.C.M. Molenaar, R.M. Lerner and K.M. Newell (eds) *Handbook of Developmental Systems Theory and Methodology* (pp. 3–15). New York: Guilford.

Morgan-Short, K., Marsden, E., Heil, J., Issa II, B.I., Leow, R.P., Mikhaylova, A., Mikołajczak, S., Moreno, N., Slabakova, R. and Szudarski, P. (2018) Multisite replication in second language acquisition research: Attention to form during listening and reading comprehension. *Language Learning* 68, 392–437.

Morin, E. (2001) *Seven Complex Lessons in Education for the Future*. Paris: United Nations Educational, Scientific, and Cultural Organization.

Morin, E. (2007) Restricted complexity, general complexity. In C. Gershenson, D. Aerts and B. Edmonds (eds) *Worldviews, Science and Us: Philosophy and Complexity* (pp. 5–29). Singapore: World Scientific.

Morin, E. (2008) *On Complexity*. Cresskill, NJ: Hampton Press.

Morrison, K. (2012) Searching for causality in the wrong places. *International Journal of Social Research Methodology* 15, 15–30.

Moss, P. A. and Haertel, E. H. (2016) Engaging methodological pluralism. In D. Gitomer and C. Bell (eds) *Handbook of Research on Teaching* (5th edn; pp. 127–248). Washington, DC: American Educational Research Association.

Mouzelis, N. (1995) *Sociological Theory: What Went Wrong?* London: Routledge.

Mutz, R., Bornmann, L. and Daniel, H.-D. (2014) Cross-disciplinary research: What configurations of fields of science are found in grant proposals today? *Research Evaluation* 24 (1), 30–36.

Nicolescu, B. (ed.) (2008) *Transdisciplinarity: Theory and Practice*. Cresskill, NJ: Hampton Press.

Norman, D. (2011) *Living with Complexity*. Cambridge, MA: MIT Press.

Ortega, L. (2012) Epistemological diversity and moral ends of research in instructed SLA. *Language Teaching Research* 16, 206–226.

Ortega, L. (2019) SLA and the study of equitable multilingualism. *The Modern Language Journal* 103 (s), 23–38.

Overton, W. F. (2013) A new paradigm for developmental science: Relationism and relational-developmental systems. *Applied Developmental Science* 17, 94–107.

Pennycook, A. (2018) *Posthumanist Applied Linguistics*. New York: Routledge.

Peters, M. A., Tesar, M. and Jackson, L. (2018) After postmodernism in educational theory? A collective writing experiment and thought survey. Introduction to the Special Issue. *Educational Philosophy and Theory* 50, 1299–1307.

Price, B. (1997) The myth of postmodern science. In R.A. Eve, S. Horsfall and M.E. Lee (eds) *Chaos, Complexity, and Sociology: Myths, Model, and Theories* (pp. 3–14). Thousand Oaks, CA: SAGE.

Prigogine, I. (2005) Surprises in a half century. In R.R. McDaniel and D.J. Driebe (eds) *Uncertainty and Surprise in Complex Systems: Questions on Working with the Unexpected* (pp. 13–16). Berlin: Springer.

Radford, M. (2008) Prediction, control and the challenge to complexity. *Oxford Review of Education* 34, 505–520.

Ragin, C. C. (2004) Turning the tables: How case-oriented research challenges variable-oriented research. In H.E. Brady and D. Collier (eds) *Rethinking Social Inquiry: Diverse Tools, Shared Standards* (pp. 123–138). Lanham, MD: Rowman and Littlefield.

Reed, M. and Harvey, D.L. (1992) The new science and the old: Complexity and realism in the social sciences. *Journal for the Theory of Social Behaviour* 22, 356–379.

Reed, M. and Harvey, D. L. (1997) Social science as the study of complex systems. In L. D. Kiel and E. Elliott (eds) *Chaos Theory in the Social Sciences: Foundations and Applications* (pp. 295–324). Ann Arbor, MI: University of Michigan Press.

Reitsma, F. (2003) A response to simplifying complexity. *Geoforum* 34, 13–16.

Rizzi, D.A. and Pedersen, S.A. (1992) Causality in medicine: Towards a theory and terminology. *Theoretical Medicine* 13, 233–254.

Porte, G. K. (2012) *Replication Research in Applied Linguistics*. Cambridge: Cambridge University Press.

Rose, L., Rouhani, P. and Fischer, K. (2013) The science of the individual. *Mind, Brain, and Education* 7, 152–158.

Sawyer, K. (2005) *Social Emergence: Societies as Complex Systems*. New York: Cambridge University Press.

Schooler, J. W. (2014) Metascience could rescue the 'replication crisis'. *Nature* 515 (7525), 9. doi:10.1038/515009a.

Stroup, W. (1997) Webs of chaos: Implications for research designs. In R.A. Eve, S. Horsfall and M. E. Lee (eds) *Chaos, Complexity, and Sociology: Myths, Model, and Theories* (pp. 125–140). Thousand Oaks, CA: SAGE.

Thelen, E. (2005) Dynamic systems theory and the complexity of change. *Psychoanalytic Dialogues* 15, 255–283.

Turner, F. (1997) Forward: Chaos and social science. In R.A. Eve, S. Horsfall and M.E. Lee (eds) *Chaos, Complexity, and Sociology: Myths, Model, and Theories* (pp. xi-xxvii). Thousand Oaks, CA: SAGE.

Uprichard, E. (2013) Sampling: Bridging probability and nonprobability designs. *Interna- tional Journal of Social Research Methodology* 16, 1–11.

Vallacher, R. R., van Geert, P. and Nowak, A. (2015) The intrinsic dynamics of psychological process. *Current Directions in Psychological Science* 24, 58–64.

Valsiner, J., Molenaar, P., Lyra, M. and Chaudhary, N. (eds) (2009) *Dynamic Process Methodology in the Social and Developmental Sciences*. New York: Springer.

van Geert, P. (1998) We almost had a great future behind us: The contribution of nonlinear dynamics to developmental-science-in-the-making. *Developmental Science* 1 (1), 143–159.

van Geert, P. (2008) The dynamic systems approach in the study of L1 and L2 acquisition: An introduction. *The Modern Language Journal* 92, 179–199.

van Geert, P. (2011) The contribution of complex dynamic systems to development. *Child Development Perspectives* 5, 273–278.

van Geert, P. and Steenbeek, H. (2014) The good, the bad and the ugly? The dynamic interplay between educational practice, policy and research. *Complicity: An International Journal of Complexity and Education* 11 (2), 22–39.

Velicer, W., Babbin, S. and Palumbo, R. (2014) Idiographic applications: Issues of ergodicity and generalizability. In P. Molenaar, R. Lerner and K. Newell (eds) *Handbook of Developmental Systems Theory and Methodology* (pp. 425–441). New York: Guilford Press.

Verspoor, M., de Bot, K. and Lowie, W. (eds) (2011) *A Dynamic Approach to Second Language Development: Methods and Techniques*. Amsterdam/Philadelphia, PA: John Benjamins.

Ward, A. C. (2009) Causal criteria and the problem of complex causation. *Medical Health Care and Philosophy* 12, 333–343.

Westergaard, J. (2003) Interview with John Westergaard. *Network* 85, 1–2.

Widdowson, H. G. (2005) Applied linguistics, interdisciplinarity, and disparate realities. In P. Bruthiaux, D. Atkinson, W. Eggington, W. Grabe and V. Ramanathan (eds) *Directions in Applied Linguistics* (pp. 12–25). Clevedon: Multilingual Matters.

Wolf-Branigin, M. (2013) *Using Complexity Theory for Research and Program Evaluation*. Oxford: Oxford University Press.

第二部分
质性研究方法

第四章　质性比较分析

◎ 概述

质性比较分析（Qualitative Comparative Analysis，简称 QCA）是一种案例导向型的复杂性研究方法，起源于查尔斯·拉金（Charles Ragin，2009）的社会学专著。在发明质性比较分析方法的过程中，拉金试图提出一种原创的、“融合的”对比策略。这种分析方法背后的思路在于，通过对比与融合，将全部注意力倾注于社会领域中固有的复杂性，并在案例导向型的质性研究方法（以丰富的描述性数据为特征）与变量导向型的量化研究方法（为研究者提供强大的解释性框架从而推进因果主张）之间取得平衡。这一策略的目标是将案例导向与变量导向这两种研究方法中的最佳特质整合起来（Ragin，2014）。

与其他几种研究设计（例如，扎根理论）一样，质性比较分析既可以作为一种更广泛的研究方法，也可以作为一种聚焦技术，这取决于如何应用它。质性比较分析作为一种方法——在本章中我们将其视为一种方法——包含了从案例抽样到数据分析，并扩展到结果解读的各个阶段（Rihoux & Lobe，2009）。其目的是让研究者能够对多个案例进行审慎的比较，从而为复杂现象解释数据导向性的“如何”以及“为何”。这意味着质性比较分析倾向于中等规模到大规模样本量的研究设计。从这个角度来看，质性比较分析体现了综合质性方法的某些关键优势，即将每个个案都看作一个需要理解分析的复杂整体。

质性比较分析假设了两个十分重要但似乎相互矛盾的目标：第一个目标是对被研究案例进行深入的描述，并通过收集案例的全面信息来捕捉其复杂性；第二个目标是提供关于这些案例运作中的复杂因果过程的可归纳研究结果（参见本书第三章中对此类问题的讨论），并通过分析适当类别和数量（通常为两位数）的案例来对它们进行系统调查（Rihoux & Lobe，2009）。在质性比较分析中，与更倾向于变量导向型实验设计中的因果关系相比，多重因果关系（即许多原因）和偶然因果关系（即特定情境）也是一个全新的概念，但是这种观点与复杂性是齐头并进的。大多数情况下，质性比较分析对复杂社会人文领域中的因果关系所采取的立场是，（a）效应和结果是由多个复杂条件组合而产生的，（b）多个不同的条件组合可能产生相同的现象，以及（c）某些条件可以在不同时间因情境不同对结果产生不同的影响。我们可以将其理解为案例随时间而变化的一种发展，这就意味着，不同的因果途径可以导致不同案例的相同复杂结果，这表明了等效性原则。

质性比较分析的设计还吸收了量化分析方法的一些关键优势。首先，它让研究者能够在同一时间研究更多案例，这为跨案例、跨数据集的概括归纳提供了可能性。甚至有可能将全部样本均纳入研究，只要样本中的案例都满足纳入标准（Ragin，2014）——例如，研究某一个社区的多语制或语言磨蚀的结果，并将该社区所有相关的人员全部纳入样本。这种全面比较分析视角的潜力是多数其他设计所不具备的。

质性比较分析中的比较分析使用布尔（Boolean）值 1 和 0 对案例及其因果条件进行编码，将它们分类为“自”变量，这些变量被认为会对复杂结果产生影响。布尔值 1 表示一个因果条件对于案例来说是存在的或正值，而布尔值 0 则表示因果条件对于案例来说是不存在的或空值。虽然布尔值在一个更宏观的层面上运作，影响着整个系统或几套系统，但其所关注的复杂结果或现象相当于我们可能认为的“因”变量。在语言领域中，这种复杂结果可能包括多模态识读能力的新形式、跨制度语言话语模式、语言发展结果、跨文化交流的新兴配置，甚至包括新语言政策的采纳。使用布尔值 1 和 0 作为变量编码，使研究者能够识别数据集中因果条件的规律性和模式，从而得出对于所研究个案中能够解释复杂结果的最简条件表达式，将这些结合起来就可以解释所研究案例中的复杂结果。

这就引出了质性比较分析及其作为数据分析技术的集合问题：质性比较分析

是一个更宏观的方法，它借鉴了集合论的逻辑（即数学的一个分支领域，研究对象是一般集合的属性问题）及其复杂因果关系的假设。然而，质性比较分析毕竟是一种集合论的研究模板（Ragin，1999a，1999b）。因此，若要使用质性比较分析技术来解释复杂结果的因果关系，研究者首先需要阐明所研究的复杂结果，然后选择因果条件。此处的条件相当于使用更广泛的“变量”这一术语，如前所述，质性比较分析使用布尔代数中的 1 和 0 对条件进行编码，并将其视作影响比较案例中的特定结果。清晰集质性比较分析（csQCA）是最初的布尔分析技术，用于离散变量。在清晰集质性比较分析中，对于研究中包括的每个条件或“集”，所有的案例都被赋予两种可能的“清晰”隶属值之一：1，隶属于该集；0，不隶属于该集。第二种分析技术称为模糊集质性比较分析（fsQCA），指隶属值并非确切的 1 或 0，而是可能处于一种中间状态。在模糊集质性比较分析中，每个被比较的案例都被赋予隶属值，范围从每个因果条件的 0（即不隶属）到 1（即完全隶属）（Ragin，2009）。这两个值之间的刻度表示部分隶属，而相对刻度则表示隶属程度，从而反映了“模糊”集（即非二分法）逻辑［参见例如 Hiver et al.（2019）对此的一个应用］。第三种，也是最先进的分析技术，是多值集质性比较分析（mvQCA），多值集可以看作是清晰集和模糊集之间的一个中间状态。

◎ 研究问题

质性比较分析的目的是，在解释复杂结果以及因果条件与所关注现象之间的持续关联时，发现其中的不变性模式（即超越特例的模式）。然而，由于仅以概率关系并不能满足在质性比较分析中证明因果关系的严格要求，所以研究者必须非常了解他们的数据，并对他们选择研究的案例非常熟悉（Byrne，2005，2009a）。这种理解与我们经常思考、理解并质性描述不同结果的方式更加一致。行走何时变成了奔跑？婴儿的咿咿呀呀何时变得清晰易懂？新的信息何时变得提头知尾？尽管我们知道这些问题是不同的，而且能够指出它们怎样不同，但我们仍要从倾向性而非从硬性规则的角度来思考。质性比较分析能够帮助研究者探索的问题包括：

- 什么条件组合会导致某种状态或结果？
- 是否存在没有表现出所关注结果的异常案例？
- 条件之间如何通过交叉或相互作用从而产生某种状态或结果？
- 要让所关注的结果产生，哪些条件是重要的或不重要的，理想的或不理想的，充分的或不充分的？
- 是否存在任何案例可以为所关注结果变量理论阐释提供实证证据？
- 是否存在任何案例可以为所关注结果变量的理论阐释提供相反的实证证据？
- 当研究一个复杂结果的因果条件时，是否能够建立跨样本结论或对特定结果的概括？
- 哪些集体层面的观点可以解释个体层面的数据变化？
- 哪些经验性规律可以用来根据理论和实质性标准评估和解释案例？

当提出这样的问题时，解开因果关系的复杂性可能是一个挑战。毕竟，社会世界的很多方面会使人们无法理解其固有的复杂性。即便是在事后，要解释某个事物的内容和方式，也是一个艰难的挑战。就像在大多数人类社会领域中一样，应用语言学所关注的研究结果鲜少仅有单一成因，而且质性比较分析——正如复杂性理论所要求的——有力地否定了单一因果条件能够产生复杂结果的观点（Byrne，2005）。此外，条件和原因很少单独运作。最常见的情况是各种条件的综合影响，以及它们随着时间和情境的相互关联从而产生结果。仅仅认可这一点是不够的，因此质性比较分析将这一点正式纳入其设计逻辑。

◎ 技术特点

质性比较分析始于定义所关注的结果（即充分缩小现象范围以便研究）并将结果案例化（即使用典型的样本，以保证数据均与该现象相关），以此确立哪些条件在哪些组合中能够被看作促成了该复杂结果的产生。质性比较分析既可以是探索性的，也可以是验证性的。虽然研究者需要谨慎对待探索性质性比较分析的结果，并通过进一步的研究加以验证，但当研究者已经有了一个理论或一系列预期时，这种方法也有助于作为验证工具。

伯恩（Byrne）和拉金（2009：1-2，原文强调）都是社会复杂主义者，他们对研究的基本任务有着坚定的立场：

任何科学研究的核心都是阐明不局限于具体特例的原因……然而，我们想对这些基本前提进行一些限定和阐述。首先，对我们来说，普适化并不等同于普遍化。重要的是要能加深对超越特例（意识形态探究的对象）的因果关系的理解。但是，与之同等重要的是能够明确这种普适化的限度。我们不能在社会科学中建立普遍化法则。科学有效的普遍化项目是不存在的……案例法既能帮助我们阐明因果关系，又能明确我们对那些因果机制描述的适用范围。强调上句话中“机制”一词的复数形式是非常重要的。这不仅是因为不同的机制在情境中会产生不同的结果，而且不同的机制可能产生相同的结果。

正如我们之前提到的，质性比较分析依赖于布尔代数。在对一些基于案例的数据进行布尔分析时，其中所有的变量，包括自变量和因变量，都必须是用定类尺度测量的。定距尺度的变量会被转化为多重定类尺度。布尔代数允许所有变量存在两种条件或状态（这就是它们必须是定类变量的原因）：真（即存在）和假（即不存在）。在质性比较分析中，这些由二进制数值1（表示真、正或存在）和0（表示假、空或不存在）表示。质性比较分析使用聚合数据解决了这一问题，可以判断那些假设存在于关注结果中的条件是否真的存在。

为了使用布尔值1和0进行质性比较，学者们重建了一个原始数据矩阵，其中一列是所有抽样的案例，另一列是所有促成相关结果的条件。这个原始数据矩阵被称为“真值表”（参见下面的研究实例），其背后的理念相当简洁而优雅：一旦将数据重新编码为定类变量，并输入其二进制数值，那么自变量的各种组合及其数值的每一行都会产生一个输出信息或结果变量（即：这些条件是否会产生所关注的结果?），可以在后续的推理和因果分析中考虑这些变量。例如，在下面的研究实例中，结果一栏显示了每一行的条件是否促成了制度的成功。通过分析真值表中各参与者的条件组合，研究者能够确定一个最基本的公式，它为所研究现象提供了一种在实证上强有力的解释。在这些分析中，每个条件出现的次数都没有直接性特征，因为频率标准在质性比较分析中不及它在传统数据分析中重要。

还要注意的是，对于每个案例来说，结果变量必须是 1 或 0，而不是概率或平均值。

布尔符号用大写字母表示一个条件的存在，用小写字母表示其不存在。对于有三个因果条件 *A*、*B* 和 *C* 的最终结果 *Y*（即所关注的结果变量），存在各种潜在的解决方案来确定该结果在所检验的抽样案例中是如何出现的：$Y = Abc + aBc + abC + ABc + AbC + aBC + ABC + abc$。加号表明列出的每一个附加公式都能完全产生该复杂结果。这一运算符号相当于“或者”，意味着当使用前面三个条件时，*Abc* 或者 *aBc* 或者其他任何组合都会导致同一结果 *Y*。对此最好的方法是使用逻辑术语（“或”、“且 / 与”、“非”在质性比较分析中实际上被称为“逻辑运算符”），而不是数学术语——例如，减肥的方法有很多，如果一个人执行其中任何一种方法，那么他的体重就会减轻。请注意，最后一个公式表明，在数据集中所有因果条件都不存在往往是不可能的（Ragin，2006）。

伯格－史罗瑟等人（2009：9）列出了在质性比较分析中未被考虑的因果关系假设：

关键是要记住，质性比较分析并没有考虑到一些基本假设，这些假设是主流（基于变量的）统计方法的核心（因此也是大多数统计技术的基础）。在质性比较分析中：

- 未假设恒定不变的因果关系。
- 未假设因果效应的一致性。
- 未假设分析单位的同质性。
- 未假设可加性。
- 未假设因果关系的对称性。其他主流统计方法的核心假设，如线性关系等，也未被考虑在内。

在各种配置中考虑因果条件以及它们促成复杂结果的必要性和充分性程度（Ragin，2014）。本身能产生复杂结果的因果条件被定义为充分条件。如果必须存在某些条件才能发生复杂结果，那么这些条件就被定义为必要条件。表 4.1 概括了这些条件组合时的可能性。如果一个因果条件仅出现在产生复杂结果的条件组合的子集中，那么它就是既不充分也不必要条件，如：$Y = AC + Bc$。在这个公式中，没有一个因果条件对于产生结果 Y 来说是唯一的必要或充分条件；其中任何一个条件都是充分条件。如果一个条件能够与其他原因结合产生一个结果，并且出现在所有这样的组合中，那么它是必要非充分条件，如：$Y = AB + BC$。在这个公式中，B 是必要非充分条件。如果一个条件能够产生结果，但不是产生该结果的唯一原因，那么它是充分非必要条件，如：$Y = A + bC$。在这个公式中，A 是充分非必要条件。最后，如果一个条件是产生结果的唯一原因，那么它是充分必要条件，如：$Y = C$。

表 4.1　因果条件可能的配置总结

	充分	非充分
必要	$Y = C$ 因果条件 C 是产生复杂结果 Y 的唯一条件。	$Y = AB + BC$ 因果条件 B 与其他条件组合能够产生复杂结果 Y，并且出现在所有这种组合中。
非必要	$Y = A + bC$ 因果条件 A 能够产生复杂结果 Y，但不是产生该结果的唯一条件。	$Y = AC + Bc$ 因果条件 B 仅出现于产生复杂结果 Y 的条件组合的子集中。A 亦是如此。

质性比较分析的比较逻辑和组合逻辑看似增加了理解结果的复杂程度，但事实恰恰相反（Byrne，2005，2009a）。在试图简化数据集中的复杂性时，必要性和充分性便十分重要。实现这一目标最基本、最直接的方式之一就是最简化。从本质上讲，最简化原则是指，如果在两个布尔代数表达式中（例如 $Y = ABc + aBc$）只有一个因果条件的布尔值不同，且它们得出相同的结果，那么为了便于分析，可以将这个不区分两个表达式的因果条件看作是冗余的，并将其删除，从而得出一个更精简的布尔代数表达式：$Y = Bc$。为了简化这个表达式，我们可以说，无论一个条件存在（A）或不存在（a），结果 Y 都会发生。蕴含项的概念——对于一个所关注结果来说，因果条件是必要且 / 或充分的——在这里也是相关的：如果一组条件 Abc 反映了一个同等条件 A，那么第一个条件 Abc 可以被看作一个子集，而更精简的集合（即 A）则是该子集的简化表达。其他子集也可以通过

这种方式表达。

◎ 实例研究

伯恩（2009b）在对英格兰东北地区表现优异和表现平平的公立学校进行研究时，他很想知道是什么条件组合使这些学校两极分化。伯恩用“制度上的成功”来定义这一复杂结果，在英国这样看重表现水平的环境中，这与最大限度提高学生在公开考试中的表现这一具体目标相关。随后，他通过对英格兰东北地区所有公立中学（126所）进行抽样调查来证明这一结果。伯恩使用整个样本量作为他的案例集，而不是从部分样本中推断，这让他能够提出一些强有力的因果主张，即促进学校成功与否的基本条件。

正如我们所提到的，采用质性比较分析技术，还需要从其属性的不同组合来理解案例——即不同的“隶属配置”（Ragin，1999a：1225）。伯恩（2009b）的分析策略很好地说明了这一点。基于对公立学校的正式描述性检查报告，伯恩（2009b）着手确立了导致这种相对制度上成功的复杂原因。然而，想要对一个结果进行因果解释，需要研究者选择因果条件。因此，伯恩致力于识别出在学校中产生差异的潜在条件，并且这些条件是可以通过采取措施来影响学校成功水平的。

表4.2是整个数据集的一个小型子集（Byrne，2009b：264）。让我们回顾一下，真值表将每一行中被抽样的受访者与每一列中被认为会导致研究结果的因果条件列表结合起来。被检验的因果条件越多，真值表包含的列就越多。而被抽样的案例集越大，真值表包含的行就越多。

使用质性比较分析（QCA）研究复杂因果关系的一部分假设是，案例集将足够大，以揭示有趣的跨案例模式，同时又足够小，以便研究者能够对每个个案获得有意义的了解程度（Yin，2014）。这正是伯恩在限制条件范围时的意图，他只选择了那些在他的数据集所依据的综合考察材料中最突出的条件。拥有更多的案例总是意味着要面对更多的异质性（Ragin，2006），而且随着案例集中案例数量的减少，作为方法论的一个伪命题，它们共享因果相关条件的可能性也会相应增加。因此，过小的样本可能根本无法揭示出有意义的因果条件组合。

表 4.2 真值表

School	X_1	X_2	X_3	X_4	X_5	X_6	X_7	X_8	Y
C	1	0	0	0	0	1	1	1	1
D	1	0	0	0	0	1	1	1	1
E	1	1	0	1	1	1	0	1	0
F	1	0	0	1	0	1	1	1	0
H	0	0	0	1	1	1	1	1	0
A	0	0	1	0	0	1	1	1	1
B	0	0	0	0	1	1	1	1	1
I	0	0	0	1	0	1	0	1	0
J	0	0	0	0	0	1	1	1	0
L	1	0	0	0	1	1	1	1	0

注释：X_1 = 捣蛋的学生；X_2 = 频繁的人事变动；X_3 = 存在辅导计划；X_4 = 贫困学生；X_5 = 有特殊需要的学生；X_6 = 男女同校学生团体；X_7 = 学生旷课；X_8 = 免费校餐；Y = 制度上的成功。

质性比较分析的不断进步不仅解决了矛盾，还简化了（即削减过的）因果条件，使尽可能少的因果条件仍能产生相应的结果。这种分析的目的在于获得一个适用于所有比较案例的最简约公式。也就是说，当质性比较分析完成时，共享该条件组合且显示出该研究结果的案例数量应该尽可能多（Ragin，2009）。对于伯恩（2009b）来说，在真值表的行中总结具体案例的细节，让他能够确定哪些因果条件或条件组合，对于正在研究的制度上成功这一结果，是必要或充分的。通过这种分析，得出的数据表明，在这些学校中，由教师主导的对学生的密集辅导是服务于高需求学生群体的成功学校最重要的特征。

◎ 扩展阅读

Ragin，C.C.（2014）*The Comparative Method：Moving beyond Qualitative and Quantitative Strategies. Oakland*，CA：University of California Press.

这本书不仅全面概括了拉金的综合比较方法，且谈及了如何改进单一的以变量为中心或以案例为中心的方法。该书从抽样和案例调查等主题延伸到布尔逻辑的基本概念，以及布尔数学的更高级拓展。

Rihoux，B. and Lobe，B.（2009）The case for qualitative comparative analysis

（QCA）：Adding leverage for thick cross-case comparison. In D. Byrne and C.C. Ragin（eds）*The SAGE Handbook of Case-Based Methods*（pp. 222–242）. London：SAGE.

在本扩展章节中，作者们讨论了“什么是‘案例’”这一重要问题，还提供了一个方便读者使用的模板，让读者能通过按顺序进行的 15 个步骤，将质性比较分析应用于研究设计中。本章节作者还回顾了采用质性比较分析作为一种技术或方法的主要目的。在该章节中，通过实例对这 15 个步骤进行了说明，整个序列以方便读者的视觉效果呈现。

Rihoux，B. and Ragin，C.C.（eds）（2009）*Configurational Comparative Methods*：*QCA and Related Methods*. Thousand Oaks，CA：SAGE.

这本书是质性比较分析的创始人（查尔斯·拉金）与应用该方法的最重要的权威专家（伯努瓦·里豪克斯）（Benoît Rihoux）对质性比较分析及其许多变体（即模糊集质性比较分析、多值集质性比较分析、最大相似结果不同 / 最大差异结果相同）的深入研究。从案例的定义到质性比较分析的认识论基础，该书对此作出了全面的概述。

Schneider，C. and Wagemann，C.（2012）*Set-Theoretic Methods for the Social Sciences*：*A Guide to Qualitative Comparative Analysis*. Cambridge：Cambridge University Press.

作者在本书中用了大量篇幅展示质性比较分析如何符合集合论设计的逻辑，以及它如何作为一种实用的研究设计来发挥作用。与其他一些书相比，这本书偏重于应用，并对其他偏重于理论的研究做了很好的补充。

COMPASSS（COMPArative Methods for Systematic cross-caSe analySis）.

Compasss.org（www.compasss.org）是面向质性比较分析研究学者及其应用者的全球性网络，他们对系统比较案例研究方法中的理论性、方法论进展有着共同的兴趣。其网站旨在进一步宣传案例法，这些方法以因果组合逻辑为依据，以多重因果关系的存在为前提，并重视对研究案例和样本量的质性理解。此外，该网站载有与质性比较分析相关的工作论文、方法和参考书目，以及近 20 个用于质性比较分析法的数据分析软件包的链接。

◎ 参考文献

Berg-Schlosser, D., De Meur, G., Rihoux, B. and Ragin, C.C. (2009) Qualitative comparative analysis (QCA) as an approach. In B. Rihoux and C.C. Ragin (eds) *Configurational Comparative Methods: QCA and Related Methods* (pp. 1–18). Thousand Oaks, CA: SAGE.

Byrne, D. (2005) Complexity, configurations and cases. *Theory, Culture and Society* 22, 95–111.

Byrne, D. (2009a) Case-based methods: Why we need them; What they are; How to do them. In D. Byrne and C.C. Ragin (eds) *The SAGE Handbook of Case-Based Methods* (pp. 1–13). Thousand Oaks, CA: SAGE.

Byrne, D. (2009b) Complex realists and configurational approaches to cases: A radical synthesis. In D. Byrne and C.C. Ragin (eds) *The SAGE Handbook of Case-Based Methods* (pp. 101–112). Thousand Oaks, CA: SAGE.

Byrne, D. and Ragin, C.C. (eds) (2009) *The SAGE Handbook of Case-Based Methods*. Thousand Oaks, CA: SAGE.

Hiver, P., Obando, G., Sang, Y., Tahmouresi, S., Zhou, A. and Zhou, Y. (2019) Reframing the L2 learning experience as narrative reconstructions of classroom learning. *Studies in Second Language Learning and Teaching* 9 (1), 85–118. doi:10.14746/ ssllt.2019.9.1.5.

Ragin, C.C. (1999a) The distinctiveness of case-oriented research. *Health Services Research* 34, 1137–1151.

Ragin, C.C. (1999b) Using qualitative comparative analysis to study causal complexity. *Health Services Research* 34, 1225–1239.

Ragin, C.C. (2006) Set relations in social research: Evaluating their consistency and coverage. *Political Analysis* 14, 291–310. doi:10.1093/pan/mpj019.

Ragin, C.C. (2009) Qualitative comparative analysis (QCA) as an approach. In B. Rihoux and C.C. Ragin (eds) *Configurational Comparative Methods: Qualitative Comparative Analysis (QCA) and Related Techniques* (pp. 1–18).

Thousand Oaks, CA: SAGE.

Ragin, C.C. (2014) *The Comparative Method: Moving beyond Qualitative and Quantitative Strategies*. Oakland, CA: University of California Press.

Rihoux, B. and Lobe, B. (2009) The case for qualitative comparative analysis (QCA): Adding leverage for thick cross-case comparison. In D. Byrne and C.C. Ragin (eds) *The SAGE Handbook of Case-Based Methods* (pp. 222–242). London: SAGE.

Rihoux, B. and Ragin, C.C. (eds) (2009) *Configurational Comparative Methods: QCA and Related Methods*. Thousand Oaks, CA: SAGE.

Schneider, C. and Wagemann, C. (2012) *Set-Theoretic Methods for the Social Sciences: A Guide to Qualitative Comparative Analysis*. Cambridge: Cambridge University Press.

Yin, R.K. (2014) *Case Study Research: Design and Methods* (5th edn). Thousand Oaks, CA: SAGE.

第五章　过程追踪

◎ 概述

过程追踪起源于20世纪70年代初的认知心理学领域，作为一种检验中间步骤的方法，也是一种让人们更好地理解个体决策过程的启发式方法。近十年后，人们开始将它应用于政治学、政治史和政治心理学研究。出于某些显而易见的原因，这些学科以人类事件和时间跨度为重点，对复杂的因果解释和钻研机制产生了兴趣，这些机制能够解释介入的因果链如何，以及为何会导致涌现结果。在这一传统中（另见第三章），因果机制并不存在于“不可观测的黑匣子”中（Bennett & Checkel，2015：41），而是在复杂动态系统理论（CDST）的意义上被构想为“通过多个部分的相互作用而产生结果”（Beach & Pedersen，2013：1）的概率事件和随机事件。

过程追踪可以被描述为一种案例内方法（即案例研究的一个特例），用于在微观层面解释复杂因果机制（Checkel，2006）。过程追踪的支持者利用它来提供基于证据的历史解释，并从历史案例中进行因果推断。过程追踪在应用时，是系统性地利用案例（通常是一个系统）内部的证据，对该案例的因果解释、其动态行为及其涌现结果进行推断（Mahoney，2012，2015）。从先前的事件和历史数据中得出此类推论是一种看似直观的方式，可以让人了解其重要性。然而，这种研究方式也充满了潜在的推论错误（参见例如 Gerring，2005，2010），学者们告诫说，过程追踪必须遵循原则，因为它不仅仅是基于的时间序列的“依靠预感和直觉的侦探工作”（Bennett & Checkel，2015：22）。通常情况下，干预事件、影响因素或过程并不是简单的或线性的，它们也不会对复杂结果的性质、时间或程度产生独立影响。

贝内特（Bennett）和切克尔（Checkel）（2015：6）用一个隐喻说明过程追踪的目的：

如果有一排50块多米诺骨牌躺在桌子上，而之前它们都是立着的，那么我们如何推断是第一块骨牌通过多米诺过程导致了最后一块骨牌的倒下，还是风、桌子的碰撞或其他外力导致了多米诺骨牌的倒下呢？乔治（George）和贝内特（Bennett）认为，答案在于通过检查每个替代理论所假设的中间过程中的证据来进行推断。有人听到多米诺骨牌接连倒下的声音吗？倒下的多米诺骨牌的位置能揭示它们是如何倒下的吗？等等。

过程追踪是一种利用案例内部数据的多功能方法。这些数据在设计中可以是量化的、准量化的或完全定性的（Collier，2011）。此处的案例内部证据是指源于被定义为案例（即系统）的时间、空间或实质性单位内部的证据。这种证据通常包括许多时间因素和情境因素，过程追踪与编史学相似，因为它依赖于对动态轨迹的微观追踪，并通过一连串推论检验来审查有力的解释证据（Bennett，2006，2008）。过程追踪可以：（a）向后追溯系统的情境和历史；（b）向前追溯变化的动态机制；（c）向上追溯与所研究案例相关并相互作用的系统网络；（d）向下追溯系统的要素、相互作用和参数，以解释特定结果的复杂因果过程（Beach & Pedersen，2013）。

比奇（Bbach）和佩德森（Pedersen）（2013：69）讨论了非机制复杂系统中的“因果机制”问题：

在以过程为案例的研究中，我们试图分析理论上的因果机制是否存在于个案中。因此，我们有兴趣进行所谓的“案例内推论”，即利用从特定案例中收集到的实证证据来推断假设的因果机制的所有部分实际上是否存在于该案例中。

过程追踪方法不能用于跨案例推论，这种推论根据从可比较案例样本中得到的证据得出结论，认为在特定理论现象的全部样本中存在因果关系。要进行跨案例推论，还需要其他形式的推论工具，如比较方法。

过程追踪不同于横截面分析，后者涉及在多个单位间收集和分析数据。过程追踪则涉及案例内部的时间数据，这些数据试图系统地研究个案内部过程。无论感兴趣的结果变量是什么，过程追踪都可以被看作对“案例内或系统内（特定案例）过程、序列和事件的证据分析，其目的是展开或检测假设”，这些假设是关于该案例复杂因果表征及其是否以及如何产生所关注的结果变量（Bennett & Checkel，2015：7）。

◎ 研究问题

过程追踪使应用语言学家能够提出并探索许多问题，这些问题都与我们所关注的人文社会领域中事件的时间和因果性质有关。在大样本分析中，尤其是横截面设计中，研究者往往被迫以相对粗糙的方式，从单一维度或使用极少量的类别来处理因果因素（Gerring，2005，2010）。相较之下，过程追踪所使用的案例内部分析则提供了更密切关注因果机制多重维度的机会（Checkel，2006）。过程追踪能够帮助应用语言学研究者探索一些问题，其中包括：

- 过程中的因果链是如何以及为何会导致某一涌现结果？
- 是否可以观察到影响所关注的结果变量的复杂因果机制？
- 对案例（即系统）内事件过程和序列的研究可以揭示哪些有关其涌现结果的信息？
- 某些事件和因素的联合发生如何影响案例的动态轨迹？
- 如果一个复杂的因果机制只有部分存在，我们可以期待发现什么证据？什么才算有关于这些备选假设的证据？如果没有找到预测的证据，我们可以得出什么结论？
- 所确定机制的时间维度（长期或短期）是什么？涌现结果的时间范围是多少？
- 系统在整个时间跨度内的行为受哪些参数或规律的支配？
- 对于所关注的系统中的结果变量，一组复杂因果机制的作用范围有多大？

使用过程追踪来测试并完善关于因果机制的假设，可以明确一个假设在任何条件下可以转移到其他案例中的适用范围。过程追踪的目的只是获得复杂因果机制的近似值，而不是达到与现实完全一致的描述。这是因为，通过复杂动态的机制进行解释意味着这些解释总是不完整的、暂时的。如果能够证明其假设过程在其他分析层次上不成立，那么每种解释都可以被修改订正（Checkel，2006）。同样，过程追踪也为研究者提供了研究嵌套过程和系统动态性分形性质的可能性。

◎ 技术特点

作为一种单一案例研究方法，过程追踪的一般起点是关于所关注的复杂结果变量的先验知识状态。这种所关注的结果变量必须以集合论的方式定义，表明其存在或不存在，而被选择为调查对象的案例——通常是典型案例（Mahoney，2012，2015）。这一出发点将决定案例研究所遵循的路径范围（a）一个致力于检验因果机制是否存在的演绎路径或者（b）一个致力从特定案例的实证证据和事实中推导出更具普遍的因果解释的归纳路径。当被检验案例缺乏先验知识，或现有理论无法很好地解释现象或结果时，过程追踪就会以上述方式（b）进行（Bennett & Checkel，2015）。一旦通过归纳发现了有前景的潜在解释，就可以根据该案例或其他案例中不同时间层次或规模的证据对其进行演绎检验。同样重要的是，至少在过程追踪研究的最初阶段，要广撒网并提出备选解释，以避免确认偏差，并通过考虑所关注的结果可能发生的备选因果途径，认真对待等效性（Gerring，2005，2010）。然后收集实证材料，评估其内容、准确性和概率，并将其作为观察因果机制的基础（Collier，2011）。

采用这种方法的学者通常会做出一个重要的区分，即存在于微观层面、宏观层面或两层面之间的因果机制。更接近现实的情况是，机制既可以存在于宏观层面，也可以存在于微观层面。此外，它还可以包含这些层面以及一切处于这些层面之间的事物。事实上，在分析复杂因果机制时，选择采用哪个层面在很大程度上取决于首先确定这些复杂因果机制在哪个层面上的实证表现最有意义（Checkel，2006）。例如，研究一位棒球投手如何在每次投球时对其投掷机制进行软组装，与研究艺术家在掌握工具时所用的精细运动技能，所需要的层面是不同的。在应用语言学领域，研究社会层面的语言变化需要依赖特定的解释机制，并需要达到一定的解释层次，而在个体语言使用者层面的语言变异则会涉及其他因素。

由于时间是赋予因果关系和结果连贯性的维度，所以机制也会因其发挥作用的时长和所关注的结果变量的时间跨度而不同（Mahoney，2012，2015）。其中一类涉及增量因果机制，只有在这些机制持续作用一段时间后，其影响才会变得显著。这反映了一个众所周知的复杂性原则，即原因及其效应鲜少呈线性关系或成比例。另一类是阈值机制，也被称为"间断平衡"（Beach & Pedersen，2013：56），在这种机制下，长时间内几乎不会发生任何事情，直到达到一个顶峰——这与巴克（Per Bak）的自组织临界概念相似——然后就会发生相对迅速而深刻的变化。

同时，思考对过程追踪分析有用的数据类型也是很有帮助的。事实上，从采访到档案数据，许多类型的证据都可用于过程追踪。然而，过程追踪的一个关键前提是，某些证据比其他证据具有更高的推理能力（Bennett，2006；Collier，2011）。这类证据被认为具有更高的证明价值——这意味着与其他相关性较低的证据相比，这类证据具有证明某事物或为结论提供更有力、更相关证明的性质或功能。例如，在旨在划分事故责任的法律案件中，全面了解涉案人员的生平可能会满足陪审员的好奇心，但并不能保证这种证据对判断有关事件或当前案件有多大的证明价值（即可能相关，也可能不相关）。根据这些数据开展复杂因果解释的棘手之处在于，过程追踪涉及识别和描述假设过程中选定的起点和终点之间可能存在的无限步骤。此外，在分析中，这些介于中间的步骤的时间增量和详细程度可能显得有些随意（Checkel，2006；Gerring，2005）。幸运的是，过程追踪研究者从案例中归纳出来的解释，并不一定需要用不同的案例来检验，并以此建立对它的信心。相反，为了确保分析过程中的严谨性，可以根据同一案例中不同的独立证据对其进行检测（Beach & Pedersen，2013）。

比奇和佩德森（2013：73）认为，数据观察只是为复杂因果过程建立证据的一个步骤：

在过程追踪中，还需要收集另一类实证材料。科利尔（Collier）、布雷迪

（Brady）和西赖特（Seawright）建议将这类材料称为“因果过程观察”（CPO），其定义为“提供情境或机制信息并为因果推论提供不同手段的见解或数据”。在过程追踪中，这种评估是利用具体案例的背景知识进行的；因此，我们可以把评估过程象征性地描述为 $o + k \rightarrow e$，其中 o 是观察，k 是具体案例的知识，e 是评估过程产生的结果证据。经过评估后，实证材料可以被称为证据，然后可以用于推论，从而提高我们对假设的因果机制的信心。

从用于追踪过程的证据性质这一概念出发，更多的证据（以更多数据点或观察的形式）并不总是更有作用。这只是因为过程追踪更重视证据的证明价值。从这个意义上来说，过程追踪类似于贝叶斯逻辑，即依赖于使用证据和证据检验来肯定某些解释并否定其他解释（Bennett，2006，2008）。在某种程度上，贝叶斯逻辑的启发法影响了过程追踪所依赖的分析技术。贝叶斯逻辑提供了这样一种方法，使用证据来更新一个人的信念或对现有证据（有时被称为先验）的理解，以确定备选解释为真的可能性。

过程追踪案例研究和解释所关注的复杂结果时积累的证据（即数据集），通常不是以叙述的形式呈现，而是对因果机制中每一部分进行逐步检验，并在每个转折点对理论化的因果因素进行正反两面证据检验。作为分析步骤的概述，贝内特和切克尔（2015：21–31）提出了一系列步骤，以确保过程追踪分析的应用最终是严谨、系统和透明的。

首先，应明确对复杂因果机制及其潜在解释范围的事先预期。然后，贝内特和切克尔建议研究者选择一个有代表性或关键性的案例，并对收集证据的起点做出合理决定。所选的时间点应具有操作意义，而不是一个任意的点，过程追踪可以从这个点开始。这一步至关重要，就像研究者收集证据的决定可能会因过于详细或不够详细而受到批评一样，选择过程追踪起点的时间点，也可能会因其在时间上太远或太近而遭到批评。对贝内特和切克尔来说，关键的时刻是一个可以在回顾中识别的时刻，在这一时刻，过程展现出高度的自由性，最容易出现其他的或然路径和结果。

其次，由于过程追踪的结论取决于所收集证据的价值，所以贝内特和切克尔（2015）建议研究者要考虑证据来源的潜在偏差，这些偏差可能会使观察在实证上更具说服力或不那么有说服力。为避免这类选择偏差，研究者在评估证据稳固性时应该考虑证据的背景和来源。

在此基础上，贝内特和切克尔（2015）建议，在搜索导致复杂结果的因果机制时，广撒网以获得备选解释。这样做需要付出更多努力来考虑各种备选解释，并追踪能够肯定或否定这些备选过程的证据。但是，不考虑这种潜在可行解释的后果可能会使研究结果缺乏说服力，因为可能会出现确认偏差和未能解决等效性问题（即多种途径导致同一结果的可能性）。过早地接受对复杂过程的单一解释，而不考虑其他解释，可能会导致研究设计因缺乏严谨性而受到批判。

随后，贝内特和切克尔（2015）提出，分析步骤应对备选解释同样严格，并建议研究者在其对因果过程的核心预期被否定时，逐步消除这些备选解释。从贝叶斯逻辑的角度来看，随着证据的积累，过程追踪应为越来越真实的后验解释产生更详细的证据（Bennett，2006，2008）。为了抵消确认偏差，研究者应事先概述各种备选解释的预测，然后考虑每种解释的支持证据或反面证据。

贝内特和切克尔（2015：278）列出了有意义地运用贝叶斯逻辑启发法的证据所需要的条件：

在贝叶斯的方法中，除了证据本身，我们还需要三个关键信息来计算后验概率。第一，我们需要一个“先验”概率，或者说一个表达我们在观察新证据之前对某一理论为真的最初信心的概率。第二，我们需要知道，如果某一理论在某一案例中为真，我们能在该案例中找到某种特定证据的可能性有多大。这就是所谓的以理论为条件的证据。第三，我们需要知道，就算所关注解释为假，我们能找到相同证据的可能性有多大。这通常被称为假正率，或者说，尽管一个理论为假，但证据或诊断检验仍显示为真的可能性。

一旦收集到足够的证据，就需要决定何时停止收集分析数据。只有在收集并对比了各种独立证据流之后，才能做出这一决定。使用贝叶斯逻辑，一旦证据重复性很高，致使收集更多同类证据对通过备选解释修正先验预期的概率很低，就可以决定停止追踪某一证据流（Bennett，2008）。数据收集中的这种结论性形式类似于大多数基于案例的研究设计中达到“饱和”的概念。

最后，贝内特和切克尔（2015）建议通过以下方法弥补单一案例或所谓的“无变量”设计的局限性不足：在可行的情况下，将过程追踪与跨案例比较相结合；对归纳性和非预期的见解持开放态度；承认由于并非所有形式的证据都是可用的或一致的，因此并非所有好的过程追踪都是完美无缺或全面的。

◎ 实例研究

尽管伊丽莎白·伍德（Elisabeth Wood）（2000）来自应用语言学之外的领域，但她运用过程追踪进行了一项非常广泛而深入的研究，旨在追踪萨尔瓦多的民主变革过程，并解释这个国家从独裁到民主的过渡。伍德的目的是探索这一因果链中的作用机制，并通过收集证据提交给上述描述的检验来构建中间过程的模型。通过这些证据，她展示了政治成本与收益的计算是如何导致政权偏好和冲突的，而且在每个步骤中她都能够肯定或否定她所构建的假设。

伍德在该案例中的出发点是，萨尔瓦多当时状况的特点，即精英们依赖于压制性的劳动制度和经济体制。由于需要控制政治体制以维持这种压制性的劳动实践，使得精英们偏好独裁主义。通过对证据的检验，伍德能够表明精英们与强硬派军官结盟，以破坏那些试图实现国家政治经济现代化、自由化的改革派。然而，这样做的后果是对大多数工人阶级的政治排斥。不出所料，这导致了推翻国家体制的集体叛乱。伍德（2000）总结了中间步骤：

叛乱削减了精英阶层的惯常收益——资产被毁，罢工代价惨重，安全成本上升，投资中止，税收增加。如果持续时间够长，民主制度下的预期收益相比之下就会显得很有吸引力——前提是过渡期间的分配条件不会对产权分配现状造成极大威胁。（Wood，2000：15）

从广义上讲，伍德的过程追踪表明，叛乱在催化经济变革方面发挥了因果作用，让精英们放弃了对经济体制的掌控。这种经济变革随后推动萨尔瓦多走上了民主道路。伍德仔细考虑了一个潜在的备选模型，即在20世纪70年代和80年代更自由的劳动市场动态中，新经济条件的兴起。但是，在检验这一备选模型的证据时，她坚持认为是劳工叛乱引发了商界精英的新经济行为。通过仔细研究反面证据的可用性，伍德否定了其他解释。

伍德研究的最后部分追踪了因果链的最后几个步骤，即从政治谈判到民主。她表明，要使因果链的这一部分成立，萨尔瓦多的政治精英们必须首先确信，他们的经济利益在民主制度下将得到保障。其次，叛乱者必须承诺放弃诉诸暴力，并以投票的方式参与选举。要达成第二项任务，叛乱者也必须接受民主制度，并建立起自己的政治组织和经济基础支持其政党。因此，只要叛乱导致了新的成本利益分析，触发了经济变革和随后的政治体制重新调整，它就可以被视为萨尔瓦多向民主制度过渡的一个关键因果机制。

◎ 扩展阅读

Bennett，A. and Checkel，J.（eds）（2015）*Process Tracing：From Metaphor to Analytic Tool*. Cambridge：Cambridge University Press.

这本选集收录了在社会科学领域一些顶尖的过程追踪学者撰写的文章。这些文章展示了过程追踪的应用示范和最佳实践的理论原则。读者还可以看到对一些问题的论述，这些问题涉及过程追踪的标准、因果分析和推论、复杂机制分析等，以及过程追踪为社会科学从业者提供的方法之外的东西。这本书是探索过程追踪方法的最佳切入点。

Beach，D. and Pedersen，R.B.（2013）*Process Tracing Methods：Foundations and Guidelines*. Ann Arbor，MI：The University of Michigan Press.

本书作者通过实例探讨了使用概率性和随机性因果机制来解释社会现象的哲学基础。他们还以简明易懂的方式介绍了贝叶斯的先验和后验逻辑，该逻辑是基于该方法得出结论的基础。最后，他们提出了选择案例和收集证据的建议，以及过程追踪分析的实用清单，旨在（a）检验假设、（b）构建理论以及（c）解释结果。

◎ 参考文献

Beach, D. and Pedersen, R. B. (2013) *Process Tracing Methods: Foundations and Guidelines*. Ann Arbor, MI: The University of Michigan Press.

Bennett, A. (2006) Stirring the frequentist pot with a dash of Bayes. *Political Analysis* 14, 339–344. doi:10.1093/pan/mpj011.

Bennett, A. (2008) Process-tracing: A Bayesian perspective. In J.M. Box-

Steffensmeier, H.E. Brady and D. Collier (eds) *The Oxford Handbook of Political Methodology* (pp. 702–721). Oxford: Oxford University Press.

Bennett, A. and Checkel, J. (eds) (2015) *Process Tracing: From Metaphor to Analytic Tool*. Cambridge: Cambridge University Press.

Checkel, J. (2006) Tracing causal mechanisms. *International Studies Review* 8, 362–370. doi:10.1111/j.1468-2486.2006.00598_2.x.

Collier, D. (2011) Understanding process tracing. *PS: Political Science and Politics* 44, 823–830. doi:10.1017/S1049096511001429.

Gerring, J. (2005) Causation: A unified framework for the social sciences. *Journal of Theoretical Politics* 17, 163–198. doi:10.1177/0951629805050859.

Gerring, J. (2010) Causal mechanisms: Yes but ... *Comparative Political Studies* 43, 1499–1526. doi:10.1177/0010414010376911.

Mahoney, J. (2012) The logic of process tracing tests in the social sciences. *Sociological Research Methods* 41, 570–597. doi:10.1177/0049124112437709.

Mahoney, J. (2015) Process tracing and historical explanation. *Security Studies* 24, 200–218. doi:10.1080/09636412.2015.1036610.

Wood, E.J. (2000) *Forging Democracy from Below: Insurgent Transitions in South Africa and El Salvador*. Cambridge: Cambridge University Press.

第六章　概念构图

◎ 概述

老话说，“一图胜千言”。我们觉得这句话用在本章的主题上再合适不过了——一种依赖图片的方法，而图片恰好是由文字组成的。概念构图是一种以理论为基础的图解法，由康奈尔大学的约瑟夫·诺瓦克（Joseph Novak）于 20 世纪 70 年代首次提出，并由他在人类与机器认知研究所的同事进一步发展（Novak, 2010）。概念构图是一种工具，用于表示知识的各个方面（例如关于复杂系统的知识），并通过构建作为行动基础的概念图（CMaps）来明确它们之间的联系（Novak & Cañas, 2006, 2007, 2008）。这样，研究者就可以将概念图看作集流程图、思维导图、可视化组织图和图表等多种元素于一身的综合体。系统映射是概念图的一个近亲，这种方法近期在我们的领域中至少有一个应用案例（Fogal, 待出版）。

首先，我们需要区分几个相似的术语。思维导图是一种关注中心的表现形式，通常从中心节点向外辐射出相关观点的分支（见图 6.1）。这些观点不需要紧密相关或分类，最初只需要松散关联即可。而概念构图的外观和功能有所不同，它旨在反映复杂系统的实际组织或实际运作基础。因此，构建概念图是为了帮助研究者更好地理解现实世界的系统（Moon et al., 2011）。概念构图的首要目的是作为复杂动态系统理论视角下的行动基础。鉴于此，概念图的出发点是复杂现象在系统层次的结构。概念图经常被看作是一种表示概念和层级关系的方式（见图 6.2）。然而，更基本的要求是，概念图的结构应该反映系统的性质和内容，因此概念图同样可以很好地表示非层次的系统或知识（Derbentseva et al.，2006）。

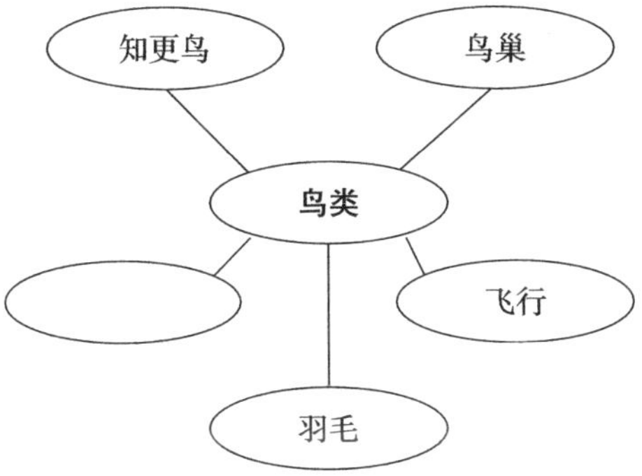

图 6.1　一幅简单的思维导图

概念构图的目的是为现实世界系统及其机制建立一个综合的可视化图表。该图表旨在帮助确定系统组织或运作中值得关注的问题，然后以优化系统运作并解决任何此类问题的方式进行有策略地干预（Moon et al.，2011）。在应用语言学领域，研究者可能想要了解许多复杂的过程，包括广义层面上的过程（例如，技术如何影响语言和文化创造、语言意识形态如何影响社群或个人生活经历中的语言冲突如何影响其身份认知）和狭义层面上的过程（例如，个人的多语言能力如何影响其认知资源、一个重要话题如何在某一文本中体现或一次语言测试如何影响某一课堂的语言教学法）。由于其根本目的，概念构图更依赖于系统内部的考量，而非形式化地展现更广泛的系统网络的各个方面。在这一意义上，与我们在本书中介绍的其他几种方法相比，概念构图是独一无二的。概念构图整合了来自多个来源的输入信息，可以容纳不同的兴趣或专业领域，因此，它是一种参与式方法，“在系统思维和不断成长的网络世界中，这种方法越来越受到重视，也越来越有用”（Kane & Trochim，2007：viii）。

概念图是在背景框架内产生的。作为过程追踪的起点，项目可以由一个明确的焦点问题、一个表述清晰的目标、一个需要回应的议题或一个需要某种解决方案的问题来定义（Moon et al.，2011；Safayeni et al.，2005）。例如，决定在一个语言教学单元中包括哪些内容的概念图背景框架与优化国家语言政策决策的概念图背景框架截然不同（例如，后者会包括利益相关方的详细信息、成本和收益信息以及实施政策的时间范围等等）。即使是特定领域的背景框架也会有所不同，如用于解决全国范围内外语班入学率下降问题的概念图背景框架与用于研究非义务教育环境下语言学习障碍的概念图背景框架就截然不同。我们将在本章的后面详细阐述概念框架。

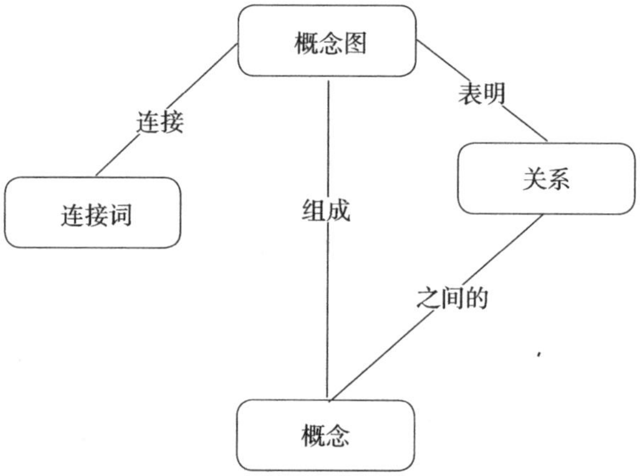

图 6.2　一幅简单的概念图

概念图的一个关键组成部分是由至少两个节点或概念及其功能关系组成的命题（见图 6.2）。命题可视为概念图中的意义单位，通常是陈述性的。概念可以是系统主体或要素、事件、对象、信息或过程，也可以是感知到的模式或规律（Novak & Cañas，2006，2007，2008）。关系表达了精确的含义，可以说明相互作用或顺序。这种关联概念的集合通过交联与其他此类命题进行结构性连接，从而显示概念图不同部分中观点之间的关系。通过使用主题集群，概念构图可生成系统的时空表征并显示集群之间的结构联系。

凯恩（Kane）和特洛奇姆（Trochim）（2007：2）就概念构图如何在社会科学研究中发挥作用提出了自己的观点：

概念构图旨在让参与者自由贡献其对特定问题的想法，将这些想法进行组织，并以易于理解的图像或图谱形式展现。研究者可以以生成的概念图为基础，测量任意数量的感兴趣的变量——例如参与者想法的重要性或可行性——并将其显示为图谱上的模式。然后，他们可以利用模式匹配来比较两个或更多模式的整体和细节，分析随时间变化的共识和一致性，并使用被称为“行动区”的双变量显示方法来确定潜在的行动路线或衡量标准。概念构图过程在项目的整个生命周期中都是有用的整合框架，从项目最初的概念化到行动、计划和/或措施的制定，再到初步实施，最后到评估和重制。

概念构图自问世以来，一直被用于知识获取和管理、组织学习和协同运作，以及复杂系统问题的解决。概念构图曾被迪士尼用来展示其品牌定位和品牌策略。只需粗略地在网络上搜索一下，就会发现数以百计的概念图，从相对普通的到极其精良的，不一而足。概念构图目前的应用范围从教育延伸到企业和公共政策，甚至美国航空航天局和美国国防部也开始采用概念构图（Moon et al.，2011）。

◎ 研究问题

穆恩（Moon）等人（2011）提醒道，构建概念图很容易，但要构建优良的概念图却不那么容易。他们担心的是，几乎任何知识领域、任何现象或任何复杂系统都能用命题和交联以图解的形式表现。然而，只有当概念图被作为在某种问题领域中采取行动或进行干预的基础时，它才是对概念构图的有效应用。换句话说，概念图一直只被用来描述系统的当前状态或系统内的某个问题，然而它应该继续用来帮助研究者就系统未来的理想状态或问题的解决方法达成共识（Novak & Cañas，2006，2007，2008）。

穆恩等人（2011：24）分享了他们关于概念构图技巧的经验：

如果不是因为概念构图易于构建和使用，我们猜想它在全球范围的应用不会在过去三十年间不断增长，从教室蔓延到会议室，从牛皮纸迁移到互联网。概念构图的简易性是其最大的优势。最强大的想法往往是最简单的。但是，作为拥有数千小时概念构图经验的从业者，当我们听到这句老生常谈的话时，我们还是会感到疑惑。我们真正听到的是：“（优秀的、诺瓦克式的）概念图（不是那么）容易就能（高效且有效地）制作使用的。”此外，帮助他人绘制优良的概念图更是难上加难。概念构图不仅仅是一种程序，更是一种技能组合。

这也引发了一个问题，即为特定目的或行动方案绘制的概念图有时会显得不完整或缺乏全面性（Derbentseva et al.，2006）。这是意料之中的，现实情况是，由于复杂系统的知识、问题和解决方法不是固定的，而往往是处于动态变化之中，所以没有一个概念图是真正完成的。幸运的是，概念图可以被看作是不断进行中的工作，可以不断更新和修正。所面临的挑战仅仅是需要知道，所呈现的概念及其联系的详细程度何时能够满足研究者的目的（Kane & Trochim，2007）。

通过概念构图，研究者能够探索范围各异的问题，如：

- 系统运行是否符合预期？是否达到了预期目标，或是否服务于预期目的？
- 一个系统的持续运行取决于哪些概念和关系？
- 一个系统（为了某一目的）如何在其整个发展周期中达到最佳运行水平或保持正常运行？
- 如果系统未按预期运行，需要解决哪些问题？
- 哪些行动方案能最有效地改善系统中的非最佳运行部分？
- 在优化系统功能方面，哪些系统问题相对更重要或更应该优先考虑？
- 不同的目标和不同的系统层面结果如何改变优化系统运行的优先因素？
- 在系统发展的生命周期中，两个相互竞争的思想或过程的可行性是怎样的？
- 在理想的系统结果中，系统的主体之间有怎样的利害关系？它们的诱因构成是否与系统的预期目的或结构相匹配？
- 系统变化的涌现状态和动态过程是否符合系统的原始期望或意图？
- 为解决某些系统问题或实现长期的系统目标，有限的可用资源的最佳使用方式是什么？

◎ 技术特点

创建概念图的初始步骤与大部分视觉头脑风暴的技术相似（Novak，2010）。这些步骤包括：定义焦点问题、目标或议题；确定需要纳入的关键概念并加以阐述；使用某种优先级概念对上述关键概念进行空间排列；创建联系；修改空间安排；以及创建命题之间的交联。

凯恩和特洛奇姆（2007：27）列出了在准备概念构图过程中出现的一些重要问题：

准备工作是概念构图过程中最重要的一步，因为在这一阶段做出深思熟虑的决定将有助于确保绘制过程的顺利和有效，而且在这一阶段中犯的错误可能会随着绘制过程的展开而被放大……准备阶段包括几项任务：

- 确定问题。确定要研究的核心需求、兴趣或问题。
- 启动进程。确定对概念构图项目的需求，并以目标和期望的结果为驱动，通过发起人（可以是个人，也可以是团队）酌情推进项目，以确保项目的政治覆盖面和实际覆盖面。
- 选择推动者。从组织以外或组织内部选择一个人，负责促进和推动项目进程。
- 确定目标和目的。确定概念构图项目的目标和预期结果。
- 界定重点。讨论概念构图的目标和重点。
- 选择参与者。根据目标和目的以及由此产生的焦点陈述，选择参与概念构图的人员。
- 确定参与方法。确定采用现场还是远程的头脑风暴、分类和评分，以及每个步骤中利益相关方群体的适当规模，以确定该过程的目标最佳达成方式。

一旦将这些初步步骤反复用于构建概念图的骨架，那么概念图的核心目的就产生了：将概念图作为在某种问题空间采取行动或进行干预的基础（Novak & Cañas，2006，2007，2008）。在这里，我们以非通用的方式使用了“问题空间”这一术语，而且涉及其复杂动态系统理论的含义：一个态空间，包含系统正在处理的潜在任务或信息或系统正在努力实现的发展目标或解决方案。例如，优化课堂学习过程、简化社会网络中的信息流、增加个体之间的互动、缓和沟通中断或促进新策略和行为的采纳（图 6.3）。

一个焦点问题（例如，学校如何鼓励更多学生自愿参加二语学习？）、目标（例如，用有限的教学资源最大限度地提高二语学习效果）或存在的问题（例如，父母在二语学习者发展中的低参与度）指导着概念图的构建目的及所包含观点的范围。正如我们在上文中提到的，概念图是在环境框架范围内开发的。环境框架指的是在其范围内可以预期的概念和发展的外部界限，并以图示方式呈现。它们也可以被视为概念图的时空维度。环境框架有助于保持研究项目的全局观，因为构建概念图的目的决定了概念图应有的全面性、详细性和精确性（Safayeni et al.，2005）。图 6.4 举例说明了这一点。值得注意的是，概念图的范围并不总是预先确定的，如果概念图绘制者最初发现的问题或目标随着时间的推移和绘图的深入而指向更深层次的问题或目标，那么研究者应保持开放的态度（Kane & Trochim，2007）。

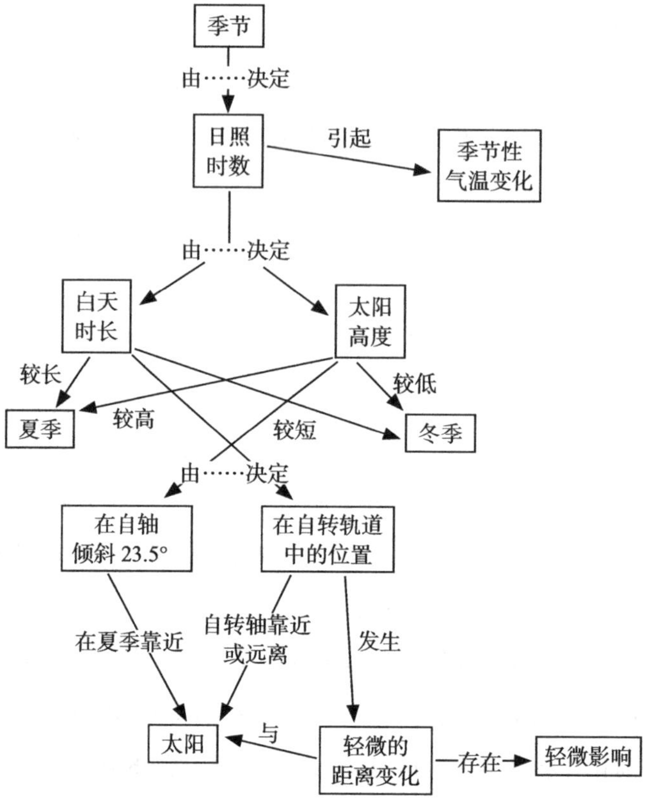

图 6.3　由诺瓦克和卡纳斯（Cañas）（2008）构建的框架式概念图，表示季节变换的原因（经允许转载）

阐明被纳入概念图的关键概念也是一项需要深思熟虑的任务。随意列出的概念可能无法满足概念图的需要，并且通常需要进一步拆解潜在概念才能达到更好的效果（Kane & Trochim，2007）。这一过程可以为区分子概念及其关系提供机会，并帮助我们看到先前不相关的概念如何被归入更高层的概念。巧用连接词是另一个挑战，因为由此产生的命题（即相互联系的概念）必须简单而有意义，而且必须具有表达陈述性命题的价值。从图 6.4 中我们可以看到，"物质 →具有 →质量"或"能量 → 可以 → 储存"在命题的连贯性上应该是独立的（Moon et al.，2011）。而图 6.5 中的例子则说明了命题缺乏连贯性。拆开"信息串"或"连贯"命题可以发现，最后一条（图 6.6）不具有表达任何陈述性命题的价值。要使这一串命题具有连贯性，我们需要使用新的连接词或联系（图 6.7）。虽然可以作为连接词或用于标记关系的短语种类没有限制，但这些短语显然应该是清晰的、简洁的、多样化的。通常，一个适宜的词库能够增强概念图绘图者描述这些联系的能力。

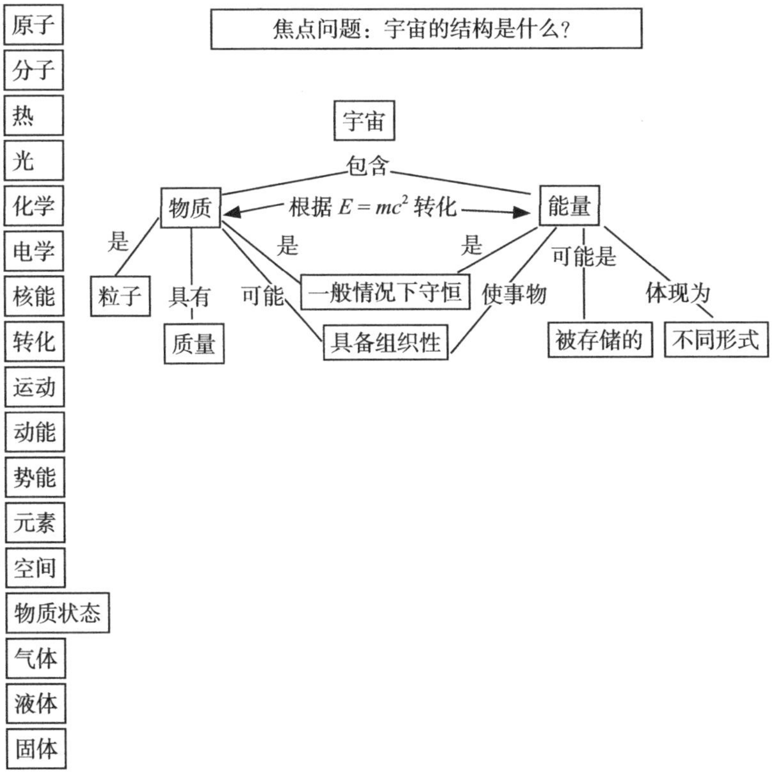

图 6.4　由诺瓦克和卡纳斯（2008）构建的焦点问题、背景框架和概念图，表示宇宙的结构（经允许转载）

这本书 → 是关于 → 研究方法 → 和概念图的。

图 6.5　命题缺乏连贯性的概念图例

……研究方法 → 和概念图。

图 6.6　不具有任何陈述表达性价值的命题示例

概念图 → 是一种 → 研究方法。

图 6.7　具有陈述性表达价值的概念图例

概念构图的用户友好性通常与概念图的空间特征有关，空间特征有助于为概念图的战略预期目的找到一个平衡的整体结构。这就是为什么在空间上安排概念并修改这种组织结构对于概念图的成功至关重要（Moon et al.，2011）。概念构图等图解法在很大程度上依赖于形状—意义的连贯性，即按照某种包容性、分类、重要性或优先级来列出和安排概念，利用可用空间提出命题并有意识地在概念图中加入交联（Derbentseva et al.，2006；Safayeni et al.，2005）。例如，一个只能将时间表现为事件的线性发展的程序性概念图，可能过于死板、缺乏灵活性，以至没有任何可用之处，因为在实际的发展情况中，时间性往往是循环的或迭代的，并可能根据系统及其动态性的性质而被延长或中断（Kane & Trochim，2007）。正是这种空间组织为行动提供了数据，如果执行得当，概念图就能从所需行动的初步概念化到其实施和评估的整个过程中得到有效利用。

重申一下，概念构图描绘了系统中相互联系的运行、状态以及动态变化过程。它以图解的形式反映这些内容，并反过来对其进行处理——凯恩和特洛奇姆（2007：xiii）称之为“概念系统方法”。因此，概念构图借鉴了库尔特·卢因（Kurt Lewin）经常引用的格言“没有什么比一套好理论更有用的了”，好的理论尤其适合用于建立大规模、具体的系统模型。最后，有点讽刺的是，有原则地使用概念图还需要研究者知道何时应该避免使用概念构图，以及何时应该采用其他更适合手头问题的方法（Moon et al.，2011）。

穆恩等人（2011：41-42）描述了在概念构图过程中走捷径的一些陷阱：

我们已经提到过许多我们所看到的概念图新手会犯的错误，其中大部分都是我们自己犯过的。经历几次这些错误是一种宝贵的学习经验，使我们真正避免这些错误，并将真实的专业水准引入概念构图。这些错误包括：

- 仓促对待或完全跳过向“知识持有者”进行概念构图介绍的步骤。
- 用句子或冗长的短语来编写概念。
- 在记录概念时对“知识持有者”所表达的内容掉以轻心。
- 在“知识持有者”面前不停地移动元素。
- 过快地在概念之间建立联系。
- 乏味地重复连接词。
- 在“知识持有者”视野之外重构概念图。
- 鲁莽地与临时资源或资源位置建立联系。

随着概念构图在数据整理和传播方面的广泛应用，CmapTools（https：//cmap.ihmc.us/cmaptools）等软件应运而生，以满足治理、工业和公共领域中依赖于这些方法的利益相关方的分析需求。同时，也有线上的概念图数据库。例如，由玛丽·凯恩（Mary Kane）创立的 Concept Systems，Inc. 是一家研究、评估、咨询机构。该机构整理了一份最近使用或评审概念构图法的同行评审出版物的专题列表（https：//www.conceptsystems.com/gw/bibliography）。

◎ 实例研究

研究全纳（即融合）教育的戴尔（Dare）等人（2017）对现有研究结果感到好奇，这些研究结果表明，有特殊学习需求的学生可以从个性化课堂中受益，从而充分发挥自己的潜能。他们推测，学术能力高于一般水平的学生也不例外，如果这类学生的教育需求被忽视，可能会导致人才流失。他们设计了一项混合方法的概念构图研究，以调查高能力学习者及其通过双学藉制加速学习的动机。双学藉制是指学生同时在两个级别的学校学习（例如，高中学生参加高中课程和大学低年级的课程）。

研究对象包括一边完成高中学业一边上大学的中学生（$n = 12$）。他们发现，学生们通过加入双学籍制的方式来加快学习进度的主要动机是自我决定的，即主要是内在动机。参与者通过小组概念构图过程，将数据分类为有意义的组别，进而构建出一组 85 个双学籍制的原因。学生们的概念图显示了七个相互关联的主题，主要集中在为大学做准备、展示主动性、提前学习、热爱学习、寻求自我实现、寻求挑战和社交。

为了加入比较元素，戴尔等人（2017）还研究了教育工作者（$n = 12$）是如何对学生选择双学籍制的动机进行分类的。他们认为，教育工作者的分类很重要，因为这些教育工作者在学生选择加速学习的过程中起着把关作用：他们向学生介绍加速学习，确定适合的人选，指导学生进行教育规划，并为加速学习的学生提供支持。

作为量化的后续研究，戴尔等人（2017）随后对概念图数据应用了多维标度和层次聚类分析（这两种方法都是可视化的划分方法），以建立学生分类的聚类解决方案，并将其与教育工作者的分类进行对比。首先，研究者使用多维标度法为每组的 85 条分类陈述绘制了 x-y 图。在数据点图中，85 条陈述之间的距离与这些陈述被分类在一起的频率相对应。创建数据点图后，研究者采用层次聚类分析的统计方法对平均分组模式进行了分析。层次聚类分析检验数据点之间的相似性，并生成一系列聚类解决方法，显示这些数据点的有意义分组，这些分组反映了具有概念清晰度的独特概念。

对于教育工作者的数据，戴尔等人（2017）确定，概念图数据的五簇聚类解决方法产生了保留不同概念的最简单模型。另一方面，七簇聚类模型在概念上和统计上与学生的概念图数据拟合度最高。基于这些结果之间的比较，研究者认为，教育工作者有时可能会忽视中学生参与加速课程的自我决定动机，或者说，教育工作者可能不了解学生选择双学籍制更具体的原因。

◎ 扩展阅读

Moon，B.，Hoffman，R.，Novak，J.D. and Cañas，A.（eds）（2011）*Applied Concept Mapping：Capturing，Analyzing，and Organizing Knowledge*. Boca Raton，FL：CRC Press.

本书编者在序言中热情洋溢地表示，他们知道没有什么方法能比概念图更有效地构想、分析和解决最令人困惑的问题。编者以“诺瓦克式”概念构图的原始概念为基础，回顾了概念构图的起源和核心概念，并展示了其潜在应用。在其余章节中，作者们介绍了概念构图自诞生以来在全球范围的扩张。这些章节展示了概念图如何以单独或合作形式来综合和可视化大量复杂信息，以及与其他建模方法的比较。这是一本内容广泛的专著。

Kane，M. and Trochim，W.（2007）*Concept Mapping for Planning and Evaluation*. Thousand Oaks，CA：SAGE.

这本书是由两位著名的概念构图专家所著，他们的专业领域涉及组织学习和项目规划与评估。他们为严格的概念构图制定了一个序列框架，并展示了概念图如何在各个社会领域被作为行动基础。前几章介绍了这一方法的大量技术基础内容，并讨论了分析解读概念图的关键问题。后面几章则详细举例说明了概念构图在实践中的多种应用方式。这是一本更加深刻的读物。

◎ 参考文献

Dare, A., Dare, L. and Nowicki, E. (2017) Concurrent enrollment: Comparing how educators and students categorize students' motivations. *Social Psychology of Education* 20, 195–213. doi:10.1007/s11218-016-9364-8.

Derbentseva, N., Safayeni, F. and Cañas, A.J. (2006) Concept maps: Experiments on dynamic thinking. *Journal of Research in Science Teaching* 44, 448–465. doi:10.1002/ tea.20153.

Fogal, G. G. (forthcoming) Unpacking 'simplex systems': Curricular thinking for L2 writing development. In G.G. Fogaland M.H. Verspoor (eds) *Complex Dynamic Systems Theory and L2 Writing Development*. Amsterdam/Philadelphia, PA: John Benjamins.

Kane, M. and Trochim, W. (2007) *Concept Mapping for Planning and Evaluation*. Thousand Oaks, CA: SAGE.

Moon, B., Hoffman, R., Novak, J. D. and Cañas, A. (eds) (2011) *Applied Concept Map-*

ping: Capturing,Analyzing, and Organizing Knowledge. Boca Raton, FL: CRC Press.

Novak, J. D. (2010) *Learning, Creating, and Using Knowledge: Concept Maps as Facilitative Tools in Schools and Corporations* (2nd edn). New York: Routledge.

Novak, J. D. and Cañas, A. J. (2006) The origins of concept maps and the continuing evolution of the tool. *Information Visualization Journal* 5, 175–184. doi:10.1057/palgrave. ivs. 9500126.

Novak, J. D. and Cañas, A. J. (2007) Theoretical origins of concept maps, how to construct them, and uses in education. *Reflecting Education Online Journal* 3, 29–42.

Novak, J. D. and Cañas, A.J. (2008) The Theory Underlying Concept Maps and How to Construct and Use Them. Technical Report, IHMC CmapTools, Institute for Human and Machine Cognition, Boca Raton, Florida. See http://cmap.ihmc.us/docs/pdf/T heory Underlying ConceptMaps.pdf (accessed 30 June 2019).

Safayeni, F., Derbentseva, N. and Cañas, A.J. (2005) Concept maps: A theoretical note on concepts and the need for cyclic concept maps. *Journal of Research in Science Teaching* 4, 741–766.

第七章　基于主体建模法

◎ 概述

在本章中，我们将介绍社会科学中复杂性理论研究最广泛的使用方法之一——基于主体建模法（ABM）。让我们将全球股票市场作为一个复杂系统的例子来介绍这种方法。在该系统中，个人主体（股东）根据自己的规则（例如，如果预期价格上涨，就买入；如果预期价格下跌，就卖出）进行操作（买卖股票）。这些相对简单的规则来源于局部信息（新闻、传言、个人观点或网络迷因）和主体之间的相互作用。虽然股票市场建立在这些简单规则之上，但从整体上看，市场会表现出复杂的高阶模式：有紧张的价格趋势和波动，有股东抛售股票或掀起购买狂潮的从众效应，也有观望行为，给人一种股票市场拥有自己意志的深刻印象。在应用语言学中，类似的情况比比皆是。

正如我们在本书前面的讨论所显示的，真实系统往往过于复杂，而且由于获取难度或规模问题，对系统或对其部分的实际操作可能会带来实质上的挑战（Byrne & Callaghan，2014）。例如，在应用语言学领域，如果我们只依赖观察机构、课堂或相关个体，要理解语言教育政策改革如何导致机构和课堂的变化，以及新媒体与传媒趋势（例如，社交网络平台有 140 字符的限制）如何影响语言创新将会非常困难和缓慢。其他可能引起关注的问题包括实施的速度和成本，以及在现实世界中进行实验干预的可重复性。

为此，基于主体建模法制定了一种系统的简化表现形式——我们可以称之为“模型”——该模型可以提供一套规则，并显示现象的不同要素如何相互作用（Helbing，2012）。这样的模型可以在各种实验模拟中使用可控方程式或计算机程序进行操作。从系统表示的这种相对简化中可以清楚地看出，基于主体建模法更接近于狭义复杂性研究，而不是广义复杂性研究。然而，基于主体建模法的强大之处在于它能够：（a）表示相互作用的要素；（b）大规模地显示系统的涌现属性和动态反应；同时（c）模拟各种过程和系统结果（Iba，2013；Siegfried，2014）。虽然基于主体建模包含一个量化元素（即计算机模拟；见下文），但将其纳入本书的这一部分是因为量化元素在该过程中出现得相当晚。在此之前，需要在建模方面付出大量努力，这就要求对系统有丰富的了解，而这正是质性研究的典型特征。

读者可能想知道，在本研究模板中，“主体”和“模型”这两个关键词是指什么。复杂社会系统的一个共同特征是，它们是由自主的“主体”组成，这些主体之间相互作用，也与其所处环境相互作用；主体相互之间存在差异，并随着时间而变化；主体行为对一个系统的运行方式非常重要（Macy & Willer，2002；Railsback & Grimm，2012）。基于主体建模法中，主体可以指生物体、人类、群体、机构，以及其他任何使用自适应行为来追求某种目标的实体。通常，主体的行为——尽管不是所产生的系统动态——受到简单规则的支配（Iba，2013）。在这个意义上，基于主体建模法借鉴了我们对主体的理解，即那些能够独立选择或有意识行为的实体，而这些选择或有意识行为与复杂系统的任何行为都有因果联系［Hiver & Al-Hoorie（2016），另见 Al-Hoorie（2015），Larsen-Freeman（2019）的扩展讨论］。

模型是对某些真实系统的有目的的表述（Helbing，2010）。其形式可以是一个系统、一个过程或真实世界的某个方面的文本、符号或示意图（Siegfried，2014）。一些模型（例如神经网络模型）试图以其最雄心勃勃的形式对大数据建模，并识别和提取其中的模式。虽然模型不一定能解释原因或进行预测，但基于主体建模法让研究者能够从头开始建立复杂系统的工作模型，并通过结合异构数据源和数据层级，为复杂情况找到解决方法（Castellani & Hafferty，2009）。工作模型有助于研究者（又称“建模者”）模拟他们想了解的动态过程和涌现结果。

齐格弗里德（Siegried）（2014：1）对基于主体建模法在研究者方法库中的地位表示出了强烈的立场：

如今，模拟已被视为科学的第三大支柱，与理论和实验并驾齐驱。对许多系统、过程和现象的分析，往往只能通过开发模拟模型并利用大量运算能力来执行。预测、决策支持和培训是通过模拟而经常获得支持，甚至得以实现的领域。

作为其分析步骤的一部分，基于主体建模法要求建模者制定一个模型，该模型是对实证情况的转化，并明确连接模型与目标系统的量化值和指标（即所谓的参数化任务），然后根据现有知识、新数据或理论见解对模型进行评估、校准和扩展（Siegfried，2014）。

首先，制定模型的行动必须基于研究者对系统如何运作及其重要元素和过程的初步理解（Grimm et al.，2014）。其中，这些初步想法可能基于对系统行为的实证知识、为解决相似问题而建立的早期模型或现有理论（Macy & Willer，2002）。遗憾的是，如果事先不了解系统如何运作，就无法建立模型（Helbing，2012）。科学家们乐于对许多事物建模（包括僵尸末日的可能性！），但有些事物对于当前的科学认知水平来说确实太过复杂。例如，迄今为止还没有关于人类意识的精确模型，原因很简单：人们对人类意识究竟是什么以及它是如何产生的几乎没有什么共识（例如 Valsiner et al.，2009）。

还有很多方法能以简化的方式表示真实的复杂系统。例如，如果建模者一开始的目标非常广泛，比如模拟政策变化对教育体制的影响，那么他可能不清楚该从何入手，也不清楚真实系统的哪些方面是重要的。因此，通过模型探索的问题必须像过滤器一样，限制被建模方面的数量（Castellani & Hafferty，2009）。这也说明了我们之前所强调的，基于主体建模法是以实证而非范式的方式来处理复杂性（参见 Jackson et al.，2017）。举个实际的例子，对于“什么样的战略政策能够最大程度地促进语言课堂中教育创新的实施”这类问题，我们会知道，真实系统中所有可能被看作与回答该问题无关或不够重要（但仍有可能影响系统整体复杂性）的方面都应该被过滤掉（例如，政策制定者最喜欢的运动队；教师和学生的午餐菜单偏好）。它们在模型中被忽略，或仅以非常简化的方式表示（Railsback & Grimm，2012）。

◎ 研究问题

基于主体建模法关注多个层面及其相互作用：系统、系统中的主体及其更广泛的环境（Grimm et al.，2014）。基于主体建模法既关注系统因个体行为而发生的变化，也关注个体因系统行为而发生的变化。此外，基于主体建模法还可用于研究系统行为如何从其各要素的特征和行为中产生及与之相关联的问题（Iba，2013；Siegfried，2014）。

基于主体建模法不只是用代表整个系统状态的变量来描述一个系统，而是对其个人主体及其选择架构进行建模（Smajgl & Barreteau，2014），以探索系统动态如何从系统个体要素之间及个体要素与环境之间的相互作用和相互回应中产生。此处的选择架构指的是行动或运动的偶发事件、可能方向和路径的组合。研究者可以通过这种方法研究以下一些重要问题：

- 系统如何因其主体的相互作用而改变其行为？
- 主体如何根据系统层面的变化调整其行为和相互作用？
- 主体如何根据其当前状态、其他主体的当前状态以及所处环境调整其行为？
- 是什么使某些主体在系统运作中比其他主体更有成效或更缺少成效？
- 是什么使系统中的某些相互作用比其他相互作用更有利于或更不利于系统层面动态的发展？
- 系统变革的驱动因素有多大的可扩展性？
- 主体的行为和相互作用如何为系统层面问题提供解决方法？
- 系统层面的动态如何为主体层面问题提供解决方法？
- 主体相互作用发生的顺序如何影响系统层面的变化和结果？
- 看似正常运作的系统为何无法产生预期 / 先验结果？

◎ 技术特点

到目前为止，我们已经考虑了几个基本观点：模型是为解决某个问题或某类问题而对复杂系统进行的有目的的简化；当一个模型必须对系统的主体及其行为作出说明时，基于主体建模法就是有用的。由于模型中的假设是实验性的，所以必须对其进行系统化的检验和修改（Macy & Willer，2002）。这意味着建模是一个迭代循环的过程，首先是阐述一个精确的问题，为关键过程收集假设，制定模型并付诸实施，然后对该模型进行分析、检验和修改。对于一般的复杂模型来说，这些步骤并非琐碎的，或仅仅凭直觉的（Grimm et al.，2014）。它们需要经过深思熟虑，以确保所使用的模型在结构上切合实际（即不过分简化或还原主义），并经过良好的校准。现在让我们更详细地探讨这些阶段。

基于主体建模法需要系统地从建模的启发法（即研究者专注于问题、数据、想法和假设）转向对模型更正式、更严格的表达。在这个意义上，基于主体建模法可被看作一种自下而上的建模，与之相比，对复杂性的研究是一种更倾向于自上而下的建模（例如细胞自动机），它仅用微分方程以数字术语表达现象（Iba，2013；Siegfried，2014）。

起初，建模者通常会提出一个问题或难题。这可以作为后续步骤的蓝图和设计建模的过滤器（Jackson et al.，2017）。对模型所要解决的问题或难题进行简明陈述，有助于明确所建模的系统是什么、研究者试图了解什么以及将向模型中输入什么数据。基于主体建模法就是从这一步骤开始的，因为如果不清楚模型的目的，就不可能对模型做出任何决定——例如，应该以及不应该包括什么，其结构是否合理（Helbing，2012）。知道模型的目的相当于为模型描述的其余部分提供了一张路线图：如果对模型旨在解决的问题有了一定了解，就可以更好地预估该模型应有的样子。拟定有成效的问题也是一项重要任务，因为这需要一个明确的重点。如果问题不够有针对性，比如太简单或太复杂，那么一旦建模环节进展到一定程度，这种缺乏针对性的情况就会显现出来，因此可能需要重新拟定问题（Grimm et al.，2014）。

接下来，建模者会通过整合现有的假设来概述一个初步的概念模型，这些假设涉及模型的基本过程和结构（Railsback & Grimm，2012）。该模型首先关注的是被认为对当前问题或问题至关重要的过程和结构。初步模型应该阐明其要素——即模型中所代表的事物种类——以及选择用来描述它们的变量（Iba，

2013；Siegfried，2014）。基于主体建模法必须明确以下类型的要素：一个或多个主体、主体存在并相互作用的现象学环境、主体的行为策略或相互作用规则，以及系统所嵌入的且影响所有主体相互作用的全局网络。这些要素通过它们可变的属性或特征来定义，模型也正是通过这种方式来确定在任何时间点上它们状态的变化（Byrne & Callaghan，2014）。

数据收集是这一步骤的重要部分，通常需要多个假设来明确哪些数据对于要解决的问题或难题至关重要（Railsback & Grimm，2012）。建模者可以自上而下地开始建模，并提出一些问题，比如：哪些过程和结构对所关注的现象影响强烈？这些因素是独立的还是相互作用的？它们是否受其他重要因素影响？无论使用什么技术来勾勒初步模型，这项任务都必须结合现有知识和对通过这种方法抽象出来的真实系统的理解。例如，为模拟语言使用和互动的语言社区初步模型，必须参考有关于主体及其相互作用规则、环境等真实系统信息的数据。

巴尔多（Barreteau）和斯马吉（Smajgl）（2014：244-246）承认，有经验的基于主体建模法的建模者可以使用多种数据收集方法。

显然，模型开发总是面临着各种限制。在任何情况下，模型所需的一切都不可能以合理的成本从实证中获得。此外，建模过程中总是有某一特定的重点，这来自建模目的。这一重点相当于对一些数据需求进行优先排序……原始数据可以通过以下方式收集：

- 专业知识
- 文献回顾
- 参与者的观察
- 焦点小组
- 实验室实验
- 调查
- 专家研讨会
- 采访
- 数据库
- 角色扮演游戏
- 现场实验

在经过集思广益得出初步模型概念后，建模者就会阐述一个模型，它详细有效地描述了该模型中的实体、实体变量和实体特性（Castellani & Rajaram，2012；Rajaram & Castellani，2012）。制作和升级这个正式的模型对于整个建模过程至关重要。为了在下一步骤中将其明确无误地转换成计算机代码，模型的构建必须对模型的每一个元素和方面都有完整且明确的考量（Railsback & Grimm，2012）。这里还有另外两个方面需要明确，即模型的时间尺度和空间尺度。正式模型的时间尺度是指所表示的时间窗口（即模拟的持续时间）以及模拟时间流逝的方式（即使用离散的时间步长）。如果模型恰好在空间上是明确的，例如对城市空间的使用或物理运动模式建模，就必须描述空间的总计尺寸或范围。这些模型可以将空间信息表示为离散的（即划分为特征不变的不同区域）或连续的（即随着距离连续变化）。

模型的实际实施往往是技术性最强的一环，通常是因为它需要使用编程语言的软件包（例如 Ascape，EcoLab，MASON，NetLogo，the SACS Toolkit，SWARM，Repast）。实施一个模型需要事先认真考虑模型的进度表。建模中的“进度表”指模型中的主体被编程执行的一系列动作，以及执行这些操作的顺序（Iba，2013；Railsback & Grimm，2012）。例如，为了实施一个旨在模拟社区内群体间过程的模型，软件算法需要根据主体所掌握的信息及其所处环境或运作规则的任何更新，为主体的相互作用和交换拟定一个循序渐进的计划或进度表。执行模型时用到的技术工具需要一定的计算机代码知识，虽然这些细节不在本章涵盖范围内，但在扩展阅读部分中可以找到关于这些开源软件包的信息。

一条实用的经验法则是，以尽可能最简单的模型开始实施模型的循环，并在该循环迭代的过程中逐渐加深理解（Grimm et al.，2014；Jackson et al.，2017）。通过这种方式，探索最少数量的主体和假设结果，并在模型运行过程中列出要检查的其他元素和假设，模型的模拟过程可以指示哪些内容是重要的，随着假设的更新，最终达到简约性（Siegfried，2014）。这种类型的模型迭代模拟特别适用于研究系统行为和涌现结果的最佳经验解决方案（Castellani & Rajaram，2012；Rajaram & Castellani，2012）。

雷尔斯巴克（Railsback）和格林（Grimm）（2012：273-274）对基于主体建模法的最终应用进行了研究：

仅仅构建一个主体模型并不能自动产生理解；构建一个模型本身并不能解决它所要解决的问题。相反，我们需要努力理解模型系统为什么在某些环境下会产生某些行为。建模的最终目标是将我们对模型系统的理解迁移到真实系统中……分析贯穿了整个建模周期：我们分析模型的早期版本及其子模型，以改进其表述和设计，然后我们进行面向模式的分析，以发展主体行为理论并校准模型。建模和模型分析是密不可分的，我们需要分析并尝试理解模型一直以来在做什么。

模型中还可以加入更多技术方面的细节（Grimm et al.，2014；Railsback & Grimm，2012）。其中包括：执行顺序，即在模型实施过程中随机打乱主体行动顺序或给予某些主体优势或劣势的决策；偏见，即将行为倾向编入主体相互作用或其选择框架的决策；感应，即主体拥有或被给予的信息，这通常决定了主体应对和适应环境及其他主体的能力，以及它们如何获得这些信息；更新，即在主体影响环境时决定何时重新校准环境，以便模型的进一步迭代纳入不同环境的决策。作为实施变量，这些变量应该被看作额外的考虑因素，可能会增加某一模型的精密度和详细度，但如果把它们孤立起来看，它们就不是有意义的参数（Iba，2013；Siegfried，2014）。

最后，模型需要有停止规则以确定模型何时完成或其时间分辨率何时发生。对于某些模型而言，停止规则默认来自时间尺度。如果要求模型模拟一个个体长达一年的语言发展过程，那么模型就会在时间步长用完后停止。不过，也可以使用其他标准来停止模型。例如，可以规定模型运行到某一特定条件发生或某个模式涌现为止。显然，这应该与一开始提出的研究问题密切相关。

◎ 实例研究

张（Zhang）等人（2011）在其关于生态创新采纳速度的论文中，展示了如何利用基于主体建模法来研究汽车行业中关键角色（制造商、消费者和政府机构）的相互依赖关系。他们最初的假设是，诸如替代燃料汽车的生态创新并不遵循典型的创新扩散曲线，因为其起步时间长，且整体采用模式不连贯。

他们很好奇哪些机制可能会促进生态创新的传播，并着手模拟该市场中主体之间的相互作用，每个主体都有其独特的优化目标：消费者对最大化替代燃料汽车的效用感兴趣，但也希望最小化其成本；另一方面，制造商希望最大化其利润；而政府机构的首要目标是最大化其社会或生态效益。

根据消费者偏好数据、制造成本结构数据和环境变化数据，建模者模拟了几种他们认为对替代燃料汽车采用率非常重要的机制，包括技术推进、市场拉动和监管推动。在该模型中，他们增加了生产车辆的参数设置（如车辆燃料类型、发动机功率、燃料效率、制造成本中的加价）以及会增加每个主体优化目标细节的其他信息（如监管目标、消费者的特定领域知识、口碑效应）。

模拟结果一直运行到所有主体达到其优化目标的平衡为止（即 20—40 次模型迭代 / 反复）。该模型显示了制造商决策过程和消费者决策过程之间奇特的相互依赖关系，并表明了对生态创新（如替代燃料汽车）的需求是随着价格的上升而下降的。该模型还支持这样一种观点，即技术推进是加快生态创新传播的一个重要机制。市场拉动，在这里指的是口碑，通过降低消费者对燃油汽车的偏好，也对生态创新的传播产生了积极影响。此外，口碑还让人们更愿意购买替代燃料汽车，这表明生态创新的感知价值通过口碑得到了提升。令人惊讶的是，张等人（2011）的模型发现，侧重于监管制造商方面的规范推动（如政府的燃油经济性规定）会导致生态创新传播的降低，因为燃油汽车的市场份额增加了。

张等人（2011）的这项研究展示了基于主体建模法在研究系统中潜在的相互作用以及了解这种相互作用的一些系统层面因果效用方面的实用性。虽然这只是基于主体建模法在实际应用中的一个例证，但在 OpenABM 网站（www.comses.net）上还可以找到更多示例，以及模型相关代码和随附的可视化输出。

◎ 扩展阅读

Railsback，S.F. and Grimm，V.（2012）*Agent-Based and Individual-Based Modeling*：*A Practical Introduction*. Princeton，NJ：Princeton University Press.

本书专为几乎不具备基于主体建模法专业知识的读者设计，为他们提供构建和运行基于主体建模法的充分指导。各章节通过使用 NetLogo 软件平台，向读者介绍了建模概念和如何设计主体模型的概念性问题，以及如何对模型进行编程和分析。书中的应用实例主要涉及生态系统和地理系统——两位作者的专业领域。每章结尾都有实操的建模练习，这些练习的难度会随着本书的深入而加大。

Iba，H.（2013）*Agent-Based Modeling and Simulation with SWARM*. Boca Raton，FL：CRC Press.

本书通过大量生动的示例，向读者介绍了 SWARM，一个由圣塔菲研究所开发的多主体模拟库。尽管本书建议读者在应用所介绍的模型前先了解 Java 或 Objective-C 编程语言，但即使是对建模只有基本了解的读者也可以轻松阅读本书。

Siegfried，R.（2014）*Modeling and Simulation of Complex Systems：A Framework for Efficient Agent-Based Modeling and Simulation*. Wiesbaden：Springer.

本书以作者的博士论文为基础，读起来更像是一场关于基于主体建模法和技术的大型导览。前几章介绍了理论背景和历史发展，将基于主体建模法与密切相关的模板（如面向对象建模和基于个体的建模）进行了对比。本书的后半部分概述了基于主体建模法领域通用框架的构件，该框架被称为 GRAMS——基于主体的建模与仿真的通用参考模型。本书适合中级水平读者阅读。

Smajgl，A. and Barreteau，O.（eds）（2014）*Empirical Agent-Based Modelling：Challenges and Solutions*. New York：Springer.

这本汇编文集展示了基于主体建模法建模的应用实例。这些实例涉及个人工作生活、社会群体动态、农业困境、旅游活动、生态系统变化、电网使用和营销策略等主题。虽然本卷的编辑们承认，“没有一套独立于建模情况而单独存在的规则”（Smajgl & Barreteau，2014：vii），但他们的目的是提供一个通用框架，或多或少地将实证（即数据驱动）情况下的标准化。本书将使中高级水平的读者受益匪浅。

◎ 参考文献

Al-Hoorie, A.H. (2015) Human agency: Does the beach ball have freewill? In Z. Dörnyei, P.D. MacIntyre and A. Henry (eds) *Motivational Dynamics in Language Learning* (pp. 55–72). Bristol: Multilingual Matters.

Barreteau, O. and Smajgl, A. (2014) Designing empirical agent-based models: An issue of matching data, technical requirements and stakeholders expectations. In A. Smajgl and O. Barreteau (eds) *Empirical Agent-Based Modelling: Challenges and Solutions* (pp. 239–249). New York: Springer.

Byrne, D. and Callaghan, G. (2014) *Complexity Theory and the Social Sciences: The State of the Art*. New York: Routledge.

Castellani, B. and Hafferty, F. (2009) *Sociology and Complexity Science: A New Field of Inquiry*. Berlin: Springer.

Castellani, B. and Rajaram, R. (2012) Case-based modeling and the SACS Toolkit: A mathematical outline. *Computational and Mathematical Organization Theory* 18, 153–174. doi:10.1007/s10588-012-9114-1.

Grimm, V., Augusiak, J., Focks, A., Frank, B., Gabsi, F., Johnston, A., Liu, C., Martin, B.T., Meli, M., Radchuk, V., Thorbek, P. and Railsback, S.F. (2014) Towards better modelling and decision support: Documenting model development, testing, and analysis using TRACE. *Ecological Modeling* 280, 129–139. doi:10.1016/j.ecolmodel. 2014.01.018.

Helbing, D. (2010) *Quantitative Sociodynamics: Stochastic Methods and Models of Social Interaction Processes* (2nd edn). Berlin: Springer.

Helbing, D. (2012) *Social Self-Organization: Agent-Based Simulations and Experiments to Study Emergent Social Behavior*. Berlin: Springer.

Hiver, P. and Al-Hoorie, A.H. (2016) A 'dynamic ensemble' for second language research: Putting complexity theory into practice. *The Modern Language Journal* 100, 741–756. doi:10.1111/modl.12347.

Iba, H. (2013) *Agent-Based Modeling and Simulation with SWARM*. Boca Raton, FL:

CRC Press.

Jackson, J. C., Rand, D., Lewis, K., Norton, M. and Gray, K. (2017) Agent-based modeling: A guide for social psychologists. *Social Psychological and Personality Science* 8 (4), 387–395. doi:10.1177/1948550617691100.

Larsen-Freeman, D. (2019) On language learner agency: A complex dynamic systems theory perspective. *The Modern Language Journal* 103 (s), 61–79. doi:10.1111/modl.12536.

Macy, M. and Willer, R. (2002) From factors to actors: Computational sociology and agent-based modeling. *Annual Review of Sociology* 28, 143–166.

Railsback, S. F. and Grimm, V. (2012) *Agent-Based and Individual-Based Modeling: A Practical Introduction*. Princeton, NJ: Princeton University Press.

Rajaram, R. and Castellani, B. (2012) Modeling complex systems macroscopically: Case/agent-based modeling, synergetics, and the continuity equation. *Complexity* 18, 8–17. doi:10.1002/cplx.21412.

Siegfried, R. (2014) *Modeling and Simulation of Complex Systems: A Framework for Efficient Agent-Based Modeling and Simulation*. Wiesbaden: Springer.

Smajgl, A. and Barreteau, O. (eds) (2014) *Empirical Agent-Based Modelling: Challenges and Solutions*. New York: Springer.

Valsiner, J., Molenaar, P., Lyra, M. and Chaudhary, N. (eds) (2009) *Dynamic Process Methodology in the Social and Developmental Sciences*. Dordrecht: Springer.

Zhang, T., Gensler, S. and Garcia, R. (2011) A study of the diffusion of alternative fuel vehicles: An agent-based modeling approach. *The Journal of Product Innovation Management* 28, 152–168. doi:10.1111/j.1540-5885.2011.00789.x.

第八章　回溯质性建模

◎ 概述

本章概述了回溯质性建模（RQM）。回溯质性建模是一种调查框架，其灵感源于社会复杂性学者大卫·伯恩（David Byrne）的概念研究，德尔涅伊（Dörnyei）（2014）首次建议应用语言学研究者使用该模型。回溯质性建模的目的是研究复杂的、由吸引子掌控的模式是如何从动态的、自组织的发展机制中涌现的。与许多特别适合复杂性的研究设计一样，回溯质性建模也可归类为基于案例的研究模板，以复杂系统作为案例或分析单位（Byrne，2013；van Geert & Steenbeek，2014）。鉴于这种复杂的分析单位，回溯质性建模内置了对环境、时间变化和多重因果关系的关注。

就其核心而言，回溯法（retrodiction）是一种研究复杂动态现象的方法，这种现象始于所研究的涌现结果，并逆向推进以推断该事实是如何产生的，这乍听起来像是自相矛盾。从“现在是什么”到“曾经是什么”的逆向追溯解释了其名称中的前缀“retro-”的含义（Byrne，2010）。这与其他以变量为中心的分析方法形成了鲜明对比，后者更注重未来指向性，试图在实证上预测会出现什么模式化状态，或对可能发生的情况进行未来指向描述（Byrne & Callaghan，2014）。回溯质性模型则颠覆了这种顺序。它首先要确定存在于所研究领域的结果或吸引子态，然后回过头来确定产生这些结果或吸引子态的发展过程。以语言教学领域为例，研究者可以首先观察并识别在作为必修课的二语课堂教学环境中突出的群体或个体学生的学习成果，然后通过相关数据研究在教学环境中观察到的这些成果是如何产生的。

回溯质性建模这个名字有点“名不副实”，因为它实际上是一种混合 / 多重方法的研究模式，而不是纯粹的质性研究模板，而且也不依赖于正式的建模。但是，回溯质性建模的逻辑相当简单明了：从复杂动态的结果模式反向推（即回溯）是必要的，这样才能精准确定导致某些状态的动态情境过程，而这可以在前一阶段设计的基础上，通过每个后续研究阶段来实现。正如德尔涅伊（2014）所述，回溯质性模板是一个按部就班的功能程序序列，首先确定系统已经稳定于其中的不同质性结果（“Q”），然后反向归纳收集证据（“R”），以得出产生这些结果的发展过程模型（“M”）（Dörnyei，2014）。回溯质性建模的目的是确定某一行为领域中或所研究主题的典型和突出结果，然后探索使这些吸引子态及其发展轨迹各具特色的多重因果过程［又称“特征动力学”（signature dynamics）］。

伯恩（2013：218）反思了在复杂社会领域发展可转移知识所需的条件：

我们必须摒弃产生结果的单一方式这一概念，因为我们必须认识到，正如一个颇为奇怪的英语习语所表达的：条条大路通罗马。当我们对复杂系统进行干预时，我们必须意识到，产生同一结果的方式可能不止一种。所以，我们必须找到确认因果机制的方法，这些方法不仅要能应对复杂的因果关系，还要能应对多重因果关系。

回溯质性模型在与语言学习和语言教学相关的社会心理学方面的研究中得到了最多应用（Chan et al.，2015；Hiver，2017）。在应用语言学之外，一些从事各种社会科学及其子学科领域研究的复杂性学者也推荐采用这种回溯框架，作为采用复杂性科学中衍生的更多数学建模程序的首选替代方案（参见例如 Byrne，2009，2011；Larsen-Freeman & Cameron，2008）。我们推荐读者将德尔涅伊（2014）作为了解回溯质性建模的第一信息来源，但是，一旦理解了回溯质性建模的基本逻辑及其相关操作，那么对纵向数据抽取与分析稍加了解，可能就足以使许多读者将该模板运用于实践中去。

◎ 研究问题

预测是指由当前数据对未来的观察结果进行推断。回溯则是指由当前数据推断过去的观察结果。在复杂系统中，由于一般规律不能独立于某段历史存在，因此在不参考系统过往的情况下，涌现往往排除了建立精确未来结果的可能性（Byrne，2013）。社会科学中的人的能动性（agency）使之变得更加难以确定（Al-Hoorie，2015；Larsen-Freeman，2019）。然而，如果事物是不确定的，那么我们如何才能发展出我们在周围世界观察到的复杂因果结果和过程的可用知识呢？如何遵循"如果我们这样做，就会发生那样的情况"这种思路来建立合理的未来指向论断？这些方面必然要成为应用语言学研究的一个连贯方案的一部分（Zoltán Dörnyei，2016 年 1 月 15 日，私人通话）。

德尔涅伊（Dörnyei，2014：89）建议将回溯质性建模视为一种将研究的系统性与复杂性的敏感性相结合的方法：

不过，对于动态系统研究者来说，这并不完全是一个坏消息。尽管在动态系统中，我们无法准确预测系统的行为，但所提出的回溯质性建模方法的精髓在于，我们可以了解与典型系统结果相关的突出模式或基本潜在机制。即便我们无法将这种特征动态从一种情况推及至另一种情况，甚至无法从一种情况的某一时间段推及至下一时间段，但所确定的模式足以帮助我们理解一系列其他情况的动态……回溯质性建模提供了一种研究范式，可以系统地从异质情况中推导出基本的动态操作。它试图生成有助于描述社会系统如何运作的抽象概念，同时避免对系统进行过于简化的表述。因此，它旨在识别和定义在某些复杂系统类别中和跨类别的高阶模式。

回溯质性模型帮助我们在解决这个问题上取得进展，首先思考的不是复杂系统中的变化原因，而是复杂的结果及其产生影响的本质。一旦人们至少是部分理解了结果和影响，那么正如伯恩（2011）建议，接下来的方式是回溯系统随着时间发展的描述，或将其表述为系统在随时间变化中进入和脱离稳定状态的过程。在这里，回溯质性模型提出的研究问题类型更侧重于通过历史和过去时间的证据来理解现在。一旦这类证据变得显而易见，那么研究就可以扩展到透过回溯历史来进行前瞻性解释的可能性（即概率预测）（Byrne & Callaghan，2014）。研究的问题可能包括以下例子：

- 系统有哪些可能的涌现结果？为什么是这些结果而不是其他？
- 系统当前正在做什么？为什么？
- 系统如何达到当前的状态？它目前处于何种状态？它目前正在做什么？
- 哪些相似的案例及哪个（或哪些）因素会产生不同的结果？
- 哪些不同的案例及哪个（或哪些）因素会产生相似的结果？
- 系统是如何通过适应和变化来达到当前的结果或状态的？
- 如何确定过去的轨迹？
- 哪些偶然因素在系统变化中起作用？哪些原因相结合而产生了哪些影响？
- 可以发展哪些因果解释以理解系统是如何达到当前的状态？
- 观察者可以依靠何种模式预测未来？

◎ 技术特点

回溯法让研究者能分辨系统是如何发展到当前状态的，它可以被看作是一种“通过假设（并识别）能够产生这些事件的机制来解释事件的推理模式”（Sayer，1992：107）。这些“回溯”技术正如其在其他社会科学的研究传统那样，起源于对复杂、偶然的因果关系的探寻（Downward & Mearman，2007）。很多复杂主义者，尽管不是全部，都会承认，寻找对系统结果的有说服力且细致入微的因果解释是研究的必要目标（另见第三章），该目标旨在解释可观察到的现象，又具有实际应用价值（Byrne & Callaghan，2014）。个体层面、以案例为中心的研究面临的困境是，如何从这样的分析单元中生成具有潜力超越具体案例的知识（Lowie & Verspoor，2019）。以回溯法作为研究设计的基础让学者们能够探索复杂系统是什么，复杂系统做什么，以及它们如何进入当前状态。这就是回溯质性模型的目标，通过了解变化如何产生来更好地体现变化的整体结果和过程。

大卫·伯恩（2011：23，47）直言不讳地谈到因果关系在人文社会研究中的重要性：

如果我们对原因感兴趣，那么我们就必须对结果有所了解，而结果应通过系统状态相对于稳定性或剧变的描述来理解。

请注意此处毫不含糊地强调追寻因果关系。丹纳马克（Danermark）等人坚持认为，“通过揭示产生社会现象的因果机制来解释这些现象是社会研究的基本任务”（2002，p1）。当然，描述（对事物的连贯表述）是阐述因果关系的绝对必要前提，但是，如果缺乏对因果关系的理解，我们就无法为促成变化而介入干预。换句话说，我们需要对因果关系的叙述，以便采取行动……当我们进入社会领域时，我们就进入了一个复杂的世界，即使是针对明确的结果，也涉及多重和偶然的因果过程。

回溯定性模型的初始步骤包括识别即将成为研究对象的系统结果或状态（例如，以民主制的结果为研究对象），并有目的地对模式结果或原型典型个体或系统（即案例）进行抽样。重要的是记住这些模式化的结果数量有限，而且对应系统在态空间中随着时间逐渐稳定的显著吸引子态（Hiver，2015a）。

下一步需要对已建立结果的典型系统或案例，或可以作为模式原型的系统或案例（例如，民主结果的典型国家或政府），进行有目的的抽样。然后，使用数据抽取技术，通过对范例的详细描述，探究所研究出的结果，阐述其最典型案例的特征（例如，什么使民主国家有别于其他治理模式的国家？）。这通常是通过结合一系列数据来源完成的，数据来源的范围从传统的焦点小组或采访到自述性调查或其他观察类数据。由于回溯法在广义上是以问题为导向的，所以实际上需要将质性和量化研究方法结合起来，以超越限定学科的方法（Downward & Mearman，2006）。

系统的结果本身只代表了画面的一部分，而且有些人会认为，这并不是最有趣的部分。这就是为什么确定和描述系统的基本要素只是这项工作的一半（Hiver & Al-Hoorie，2016）。在回溯质性建模的第三步，通过追踪具有时间序列元素数据（见第十四章）的发展轨迹，以阐明其独有的特征动态（即系统内部强健的因果机制），并建立对系统如何最终走向该结果的理解（例如，尝试弄清一个国家走向民主的过程）。最后，一旦更好地理解了这些发展动态，就可以分析探索所研究结果的现象学表述（即它是怎样的以及它如何影响其他系统）。

伯恩和阿普理查德（Uprichard）（2011：112）的立场是，在复杂的社会领域中，回溯原因可以为行动和干预打下基础，我们对此完全赞同：

所寻求的因果叙述不仅有助于解释某事物如何发展成现在的样子，还涉及在多大程度上可以实现预期的未来变化。这可能是一项雄心勃勃的任务，但也是一项值得去做且可完成的任务。至关重要的一点是要认识到，因果叙述并不局限于传统意义上的文本形式。数字的时间序列应该和任何文本形式一样被理解为一种叙述……具体来说，对我们的目的有帮助的描述是那些有助于解释某事物，尤其是任何复杂系统，为何处于当前的状态，而不是其他的状态的描述。换句话说，这些描述实现了回溯的充分性；它们作为对系统状态的论述，是基于对系统历史的谨慎重构……我们希望从回溯推理——“一种通过假设（并识别）能够产生这些事件的机制来解释事件的推理模式”（Sayer，1992，107）——转向回溯预测，即通过理解某事物如何发展成现在的样子，来预测可能发生的事情，并了解如何行动以改变可能的结果。因此，我们的目的是思考探究模式，它不仅试图解释已经发生的事物，以及任何系统如何达到当前状态，而且通过已知的目的性行动，理解如何干预以产生系统的理想未来状态。

以回溯逻辑为基础发展出的最著名的科学作品是达尔文的《物种起源》（Byrne & Callaghan，2014）。这个例子可能会让我们的读者感到惊讶，然而，这部学术作品的确是完全以回溯思维为基础的。从这部学术著作中我们可以看到，达尔文从大量的质性和描述性证据倒推，为生物生态系统的变化建立了一个基于证据的案例。达尔文的轨迹是，物种的偶然进化，逐渐发展成他通过自然历史观察或化石记录中能够辨认的形式。这个例子说明，回溯质性模型通过逆向推理来建立结构和因果路径，从而呈现简约的描述，揭示复杂组合如何在引导系统走向特定结果中发挥作用。

◎ 实例研究

伊韦尔（Hiver）（2017）对第二语言/外语（二语）教师的动机、工作表现和幸福感进行了研究，该研究展示了回溯质性建模如何在本领域中得到应用。伊韦尔想研究二语教师如何在高压工作环境中以及面对工作所需处理的多种冲突因素的情况下，保持他们的职业平衡和教学效果。最初的研究（Hiver，2015b）证据表明，教师在应对课堂实践中的具体冲突时，会发展出一种超然的心理素质——“教师免疫力”。鉴于这个探索性的研究，伊韦尔表明，教师免疫力发展为双重性质的保护性配置——有时涌现的结果可能起到必要的保护作用，这让教师保持初心，茁壮成长；而在有些配置中，它可能会威胁到个人表现，并成为一种职业负担。因此，伊韦尔着手研究这两种动态结果模式（即工作富有成效的教师免疫力结果和适应不良的教师免疫力结果）。

研究者利用回溯质性模型，首先着手识别并分析二语教师免疫力的典型、突出的结果。以下问题将教师作为发生自组织变化的复杂系统，也是研究的出发点：

研究问题 1：在第二语言教学从业者中涌现的教师免疫力的典型结果是什么？

研究者使用了一个强健的两步确认过程，通过对探索性焦点小组数据（来自不同的教师和教师教育者）和更大样本的二语从业者的量化问卷调查数据进行三角分析，从理论和现象学上验证了结果类别和特征。通过这种多方法的三角验证分析，研究者在四个涌现类别中确定了精确的教师免疫力原型：

（1）有效免疫的教师（即拥有强大的有益教师免疫力的人）；

（2）适应不良的教师（即拥有僵化且不良教师免疫力的人）；

（3）免疫功能不全的教师（即未发展出任何连贯性教师免疫力的人）；

（4）部分免疫的教师（即已经发展出部分教师免疫力特征的人）。

一旦确定了这些主要的原型，研究者便将注意力转移到检验相互作用的要素和主要的潜在动态发展模式——或系统的特征动态——这些动态产生了所观察到的结果。为此，研究者选择了每个结果中最具代表性的三名受访者，并对他们进行了包含时间序列元素的深度回溯性访谈。研究的核心问题是：

研究问题 2：产生这些教师免疫力原型的发展过程是什么？

研究者通过利用这种略显传统的数据来源，能够追溯（即回溯）全部四个原型在自组织序列的四个阶段（触发、联结、重新整合和稳定）中的整个发展状态。研究者更精细地分析并确定了复杂的因果机制，这些机制使这些系统产生特定结果和原型发展的个体轨迹或路径。

最后，研究者通过关注以下问题，考察了这些涌现结果如何表现为从业者的情感与信念、教学实践，以及在其教学环境中的承诺与坚持：

研究问题 3：不同的教师免疫力结果在现象学上如何显现？

研究者展示了教师免疫力在不同原型的动机、认知和行为中体现出来。教师免疫力潜移默化地引导着教师的行为选择和对教学环境需求的反应。此外，教师的自我形象、对目标的坚持以及自我效能感都与教师免疫力的特定结果密切相关。因此，研究者得出结论，教师免疫力使教师能够在日常工作中抵御冲突，汲取动力储备，保持工作成效。

◎ 扩展阅读

Dörnyei，Z.（2014）Researching complex dynamic systems：‘Retrodictive qualitative modelling’ in the language classroom. *Language Teaching* 47，80–91. doi：10.1017/ S0261444811000516.

这是德尔涅伊基于面向应用语言学学者的全体会议撰写的原文，内容涉及在研究二语课堂的研究设计中，使用这种非常规的逆推指向逻辑。该文为这种逻辑的采用提供了广泛的理论依据，应该成为新手在该领域获得回溯质性模型信息的第一来源。这是一本引人入胜的入门读物。

Hiver，P.（2015a）Attractor states. In Z. Dörnyei，P.D. MacIntyre and A. Henry（eds）*Motivational Dynamics in Language Learning*（pp. 20–28）. Bristol：Multilingual Matters.

这篇文章以简明易懂的方式介绍了系统结果的性质，即“吸引子态”，它是复杂的、涌现的。由于回溯质性模型以稳定的状态和系统结果为出发点，所以这篇介绍概念的文章提供了翔实的背景信息，有助于识别出可能值得研究的结果和模式。读者无须事先具备复杂动态系统理论关于该主题的知识。

Byrne，D. and Callaghan，G.（2014）*Complexity Theory and the Social Sciences*：*The State of the Art*. New York：Routledge.

本书作者是两位社会复杂性学者，他们善于让新手理解复杂性的重要观点。他们从批判现实主义的视角和“回溯性”证据出发，对社会科学现象的创新因果解释进行了相当全面且富有技术性的论证。文中包括定义和历史观点，以及社会科学研究中的实例。这是一本关于一系列复杂性研究课题的权威但易懂的读物。

Downward，P. and Mearman，A.（2007）Retroduction as mixed-methods triangulation in economic research：Reorienting economics into social science. *Cambridge Journal of Economics* 31，77–99. doi：10.1093/cje/bel009.

本文作者认为，混合方法的三角测量可以理解为"回溯"在方法论上的体现。他们深入探讨了这种推理逻辑的概念起源，并以批判现实主义的科学视角看待复杂性研究的回溯方法。虽然他们的背景是经济学，但本文对所有社会科学都有借鉴意义。建议复杂动态系统理论的高阶读者阅读。

◎ 参考文献

Al-Hoorie, A. H. (2015) Human agency: Does the beach ball have freewill? In Z. Dörnyei, P. D. MacIntyre and A. Henry (eds) *Motivational Dynamics in Language Learning* (pp. 55–72). Bristol: Multilingual Matters.

Byrne, D. (2009) Complex realists and configurational approaches to cases: A radical synthesis. In D. Byrne and C.C. Ragin (eds) *The SAGE Handbook of Case-Based Methods* (pp. 101–112). Thousand Oaks, CA: SAGE.

Byrne, D. (2010) Comparison, diversity and complexity. In P. Cilliers and R. Preiser (eds). *Complexity, Difference, and Identity* (pp. 61–75). Dordrecht: Springer.

Byrne, D. (2011) *Applying Social Science*. Bristol: Policy Press.

Byrne, D. (2013) Evaluating complex social interventions in a complex world. *Evaluation* 19, 217–228. doi:10.1177/1356389013495617.

Byrne, D. and Uprichard, E. (2012) Useful complex causality. In H. Kincaid (ed.) *The Oxford Handbook of Philosophy of Social Science* (pp. 109–129). Oxford: Oxford University Press.

Byrne, D. and Callaghan, G. (2014) *Complexity Theory and the Social Sciences: The State of the Art*. New York: Routledge.

Chan, L., Dörnyei, Z. and Henry, A. (2015) Learner archetypes and signature dynamics in the language classroom: A retrodictive qualitative modelling approach to studying L2 motivation. In Z. Dörnyei, P.D. MacIntyre and A. Henry (eds) *Motivational Dynamics in Language Learning* (pp. 238–259). Bristol: Multilingual Matters.

Dörnyei, Z. (2014) Researching complex dynamic systems: 'Retrodictive qualitative modelling' in the language classroom. *Language Teaching* 47, 80–91. doi:10.1017/S0261444811000516.

Downward, P. and Mearman, A. (2007) Retroduction as mixed-methods triangulation in economic research: Reorienting economics into social science. *Cambridge Journal of Economics* 31, 77–99. doi:10.1093/cje/bel009.

Hiver, P. (2015a) Attractor states. In Z. Dörnyei, P.D. MacIntyre and A. Henry (eds) *Motivational Dynamics in Language Learning* (pp. 20–28). Bristol: Multilingual Matters.

Hiver, P. (2015b) Once burned, twice shy: The dynamic development of system immunity in language teachers. In Z. Dörnyei, P. D. MacIntyre and A. Henry (eds) *Motivational Dynamics in Language Learning* (pp. 214–237). Bristol: Multilingual Matters.

Hiver, P. (2017) Tracing the signature dynamics of language teacher immunity: A retrodictive qualitative modeling study. *The Modern Language Journal* 101, 669–699. doi:10.1111/modl.12433.

Hiver, P. and Al-Hoorie, A.H. (2016) A dynamic ensemble for second language research: Putting complexity theory into practice. *The Modern Language Journal* 100, 741–756. doi:10.1111/modl.12347.

Larsen-Freeman, D. (2019) On language learner agency: A complex dynamic systems theory perspective. *The Modern Language Journal* 103 (s), 61–79. doi:10.1111/modl.12536.

Larsen-Freeman, D. and Cameron, L. (2008) Research methodology on language development from a complex systems perspective. *The Modern Language Journal* 92,

200–213. doi:10.1111/j.1540-4781.2008.00714.x.

Lowie, W. and Verspoor, M. (2019) Individual differences and the ergodicity problem. *Language Learning* 69 (s1), 184–206. doi:10.1111/lang.12324.

Sayer, A. (1992) *Method in Social Science*. London: Routledge.

van Geert, P. and Steenbeek, H. (2014) The good, the bad and the ugly? The dynamic interplay between educational practice, policy and research. *Complicity: An International Journal of Complexity and Education* 11, 22–39. doi:10.29173/cmplct22962.

第九章　社会网络分析

◎ 概述

在本书前几章中，我们提出系统是构建复杂社会领域的基本结构。我们在其他章节中介绍的许多方法，都是以这一认识为前提的。在此基础上进一步延伸，我们可以将网络看作建筑的上层结构，任何该环境中的系统都嵌入其中（Kadushin，2012）。我们感兴趣的用于社会网络分析 (SNA) 方法的网络，是一个由多个节点组成的中心枢纽，这些节点由相互连接的系统、它们之间的关系以及相互作用的过程组成，形成复杂社会世界的基础网络（Knoke & Yang，2008）。这个定义对于旨在研究复杂动态系统的研究者来说非常有用，因为任何所关注的系统都只是嵌入该互联网络的众多节点之一。

社会网络方法诞生于社会人类学家和社会学家的作品之中，大约在 20 世纪初期至中期，他们利用创新性的纺织品隐喻，如织物、网、交叉点、纹理、距离、密度和交织关系，阐释了社会结构的概念（Prell，2012）。20 世纪 70 年代，随着塔尔科特·帕森斯（Talcott Parsons）、尼古拉斯·卢曼（Niklas Luhmann）和杰伊·W. 福里斯特（Jay W. Forrester）的作品中出现了更多的技术方法和专业应用，这些隐喻逐渐成为社会网络理论的正式内容（Scott，2017）。如今，社会网络分析无处不在，甚至还存在与收集、分析和使用网络数据相关的专利。

所有社会网络分析方法都基于这样一个基本假设：交互系统或单元之间的关系至关重要（Scott & Carrington，2011）。基于这种认识，社会网络分析需要关系型数据，并以关系型概念、信息、属性和过程来表达其模型（Yang et al.，

2017）。让我们以多语言友谊网络为例，来说明我们所说的关系型数据的含义。每个朋友都是网络中的一个系统，并与整个网络中的其他系统有联系。两个系统之间的关系是二元组的属性，是两位朋友的总体价值，而不仅仅是其中一个个体的属性。此外，这些联系可能包括语言互动、行为影响、群体共同成员、物质交易、信息传递或相互评价（Borgatti et al.，2018）。这些都可以直接进行研究，无论是否涉及相关个体的属性。

麦斯登（Marsden）（2005：8）介绍了利用这种关系型数据的不同社会网络分析设计：

绝大多数社会网络研究都采用“整体网络”或“自我中心”的设计。整体网络研究检验的是一系列相互关联的对象或行动者，这些对象或行动者在分析时被视为有界限的社会集合，尽管在实际操作中，网络界限往往是可渗透的和/或模糊的。自我中心研究聚焦于某个核心的行动者或对象及其所在区域内的关系……最简单的网络数据库由一组对象（亦称行动者或节点）组成，这些对象通过一组在某一时间点观察到的关系相连接……这种常见形式的网络数据矩阵被称为“谁对谁”矩阵或“社会矩阵”。

与之相反，更传统的社会研究方法主要依赖于通过属性数据进行变量分析，并可能利用这种非关系型数据来研究与朋友的相似性或差异性相关的问题。这些在目的和重点上的差异对“网络研究者”（社会网络分析研究者的自称）在选择研究设计、抽样、开发测量方法和处理结果数据时的决策产生了影响。社会网络模型与方法的一些最核心的假设如下（Kadushin，2012；Prell，2012；Wasserman & Faust，1994）：

- 个体系统及其行为是相互依存的，而非独立或自主的；
- 个体系统之间的关系链是相互作用的途径，系统通过这些途径传递资源（例如信息、影响），并维持这种相互依存关系；
- 稳定的（即处于平衡状态，但不是静止或固定状态）关系路径模式构成了网络结构；
- 网络的结构环境为个体系统的运行提供了限制和机会；

- 个体系统的运行反馈到网络的关系结构中。

社会网络分析使用可视化矩阵、信息地图和社会关系网图来表示网络层面上系统以及系统关系的信息。在这方面，社会网络分析与概念映射（见第六章）有共同之处，一些社会网络分析应用还借鉴了图论（graph theory），增加了其自身的复杂计算分析。然而，与概念映射（第六章）不同的是，社会网络方法更广泛地侧重于建模和分析系统所在的结构（即网络），以及这种相互关联的网络对系统产生的关系模式和影响（另见 Mercer，2015）。不过，正如质性比较分析（第五章）和基于主体建模方法（第六章）一样，虽然质性因素通常更为突出，但一些社会网络分析应用后期还是需要进行量化分析。

相互联结性是指每个系统都以某种方式与其整体环境中的所有其他系统相连接的现象学现实（Scott，2017）。如果系统以某种在现象学现实的方式或某种在实证上有意义的方式联系在一起，那么它们就是网络化的（Carolan，2014）。例如，一个从事社会政治活动的地方社区可能是一个网络的一部分，该网络包括政府机构、公共决策者和新闻媒体，这些主体共同关注当前事件。由于相互联结性是复杂动态系统理论（CDST）研究的一个重要方面，因此，揭示哪些系统处于网络中以及它们的关系如何构成一个连贯的整体，可以为借鉴社会网络方法的复杂动态系统理论研究提供精密的计划。

虽然社会网络分析主要关注系统网络的图形架构及其关系结构，但也可以进行多层次分析。社会网络分析方法同样重视这种高阶结构能够揭示其内部系统的行为和运行信息（Carolan，2014）。这两个层面都包含了能够揭示重要结构和过程的重要特征。这正是社会网络分析学者们所说的“个体和结构的二元性”（Hanneman & Riddle，2005：90）。鉴于这种二元性，系统网络可用于研究相互联结性模式，揭示系统层面的问题并为动态过程建模。

◎ 研究问题

我们刚才了解到社会网络分析具有双重关注点，既关注由“关系”产生的结构性网络，又关注“该结构对个体或群体行为和态度的影响”（Carolan，2014：

7）。从本章例子中我们可以看出，社会网络分析是为数不多的几种能够同等适用于多种分析层次研究问题的方法之一（Kadushin，2012）。

在旨在开发和验证网络正式模型的描述性层面上，我们可以设想以下问题来指导实证研究：

- 在一个网络中，某一系统与哪些其他系统或行动者相关？
- 在一个网络中，哪些系统或行动者影响力较大或较小？
- 在一个网络中，系统之间关系的本质是什么？
- 基于这种关系网络，影响力如何扩散？信息如何传递？资源如何交换？相互作用与协作如何产生？
- 在一个网络中，各系统或行动者之间的关系会产生哪些结构模式或架构特征？
- 在任何层面上，给定一个要研究的结果，相互关联的系统对该现象有什么影响？
- 在一个网络中，如此广泛的结构如何随着时间而变化或保持稳定？

在更具推理性的层面（更广泛意义上），旨在解释网络模型的实用性和结果时可能引导出有效研究方向的问题包括：

- 网络本身是如何产生的？它们如何演变？又如何表现出更高层次的自组织结果？
- 网络的用途是什么，或者说，它应该有什么用途？
- 网络的产生是有意设计还是完全自发形成？
- 网络内的系统如何随着时间而适应或变化？
- 如何在系统或行动者之间的关系层面引入变化或施加控制？
- 网络中的整体变化是如何产生的？
- 动态网络中，离散的接触及相互作用的序列如何影响网络中的动态过程？
- 网络的整体变化或系统/行动者层面的变化对网络运行有何启示？

- 存在两个整体运行相似（如相似的过程、结果）但网络结构存在关键差异的独立网络，能揭示什么问题？
- 反之，如果两个网络结构相似，但在网络运行的结果和过程中存在关键性差异，那么这两个网络的理论和实践意义又是什么？
- 动态网络中的接触和相互作用序列如何影响网络的动态过程？
- 如何追踪或预测影响网络运行和强度的时间性变化？

这些问题绝不是详尽无疑的，几乎任何涉及多个系统之间关联的问题都可以与该方法匹配（参见例如 Scott & Carrington，2011）。

◎ 技术特点

在本章前面，我们对关系型数据和属性数据进行了区分。社会网络方法分别用结构变量和组成变量来指代它们（Wasserman & Faust，1994）。让我们通过比较这两类数据的原始形式，来进一步阐述它们与社会网络分析的关联性。在表 9.1 中，逐例变量数据集展示了一些常用人口统计变量的属性数据。这些数据对于社会网络分析来说收效甚微，因为其中不包含任何关系信息（Kadushin，2012）。相反，网络数据要么是个案数据，要么是案例关联数据，或者是两者的某种组合。表 9.2 中展示了与个案数据略有不同的情况。该数据集显示的数值代表了个体之间的共同朋友数量——正如社交网站 / 平台上显示的那样。

关系链可以用二进制数（例如，1= 存在，0= 不存在）或某种标准值（例如，强度、频率）进行编码。这个“单纯形”数据矩阵（表 9.2）仅描述了一条关系链，而社会网络分析研究者往往关注网络中连接各系统的多种关系（又称多路数据）（Borgatti et al.，2018）。表示多路数据的网络称为堆叠网络。多路数据提供了一个全方位视角，让我们了解某些关系如何加强或与其他关系相矛盾，尽管完整的网络数据（即每个系统与所有其他系统联系的最大信息）可能难以收集，也不切实际。因此，在收集关于各系统间关系的网络数据时，研究者往往只选择最相关的潜在关系（Hanneman & Riddle，2005）。我们将在后续探讨边界规范问题时继续讨论这个问题。

表 9.1　属性数据矩阵

变量					
	年龄	性别	教育程度（年）	家庭规模	其他
案例	1				
	2				
	3				

表 9.2　关系型数据矩阵

案例						
		1	2	3	4	等等
案例	1	–	3	3	1	
	2	3	–	2	2	
	3	3	2	–	1	
	4	1	2	1	–	

使用关系型数据具有几个重要的实际意义，其中第一个影响与分析单位有关。我们曾提过，在社会网络分析中，分析单位并不是个体或局域系统本身，而是由一组个体或系统及其之间的联系所组成的统一集合（Prell，2012；Yang et al.，2017）。社会网络分析以点和路径的表示形式开发这类信息。点（又称节点或行动者）代表着个体或系统及其目标或行动。点与点由其之间的路径（又称纽带或边缘）联系起来，代表它们之间的互动相关性和因果相关性。为了说明这一点，我们可以根据上述矩阵（表 9.2）中代表朋友网络的关系型数据，绘制一个相对简单的社会关系网图（见图 9.1）。在该结构（即分析单位）中，每个参与者代表一位朋友，连接两个节点的每条线都标注了共同朋友的数量。这张社会关系网图可以说明信息如何从一个人流向其他人，或者个体之间如何基于其共同的朋友关系相互影响。在社会网络理论术语中，"行动者"这一技术术语有助于强调一点——对于网络中的节点，无论该系统代表什么（如个体、社区、群体、组织、机构），能动要素都会以复杂且往往不可预测的方式涌现（Mercer，2015）。

若要利用网络模型研究有意义问题，那么为抽样和抽取数据设置网络边界就是一个重要步骤。边界规范不仅仅需要确定情境中的情况和系统直观明显的边界（Carolan，2014）。一种常见的边界规范方法，即位置取向，是通过基于一些先验原则或标准构建网络节点来实现的（Scott，2017）。其他方法包括基于参与特定活动的事件方法和反映社会联系的关系方法。（Marsden，2005）。在社会网络分析中，边界规范还有其他备选方法，这些方法都试图解决为包括或排除标准提供理论或实证依据的需求。这些方法包括唯实论途径和唯名论途径，前者注重行动者设定的边界和行动者（即系统）承认的网络成员资格，后者依赖于理论选择或基于研究者的理论关切（Wasserman & Faust，1994）。

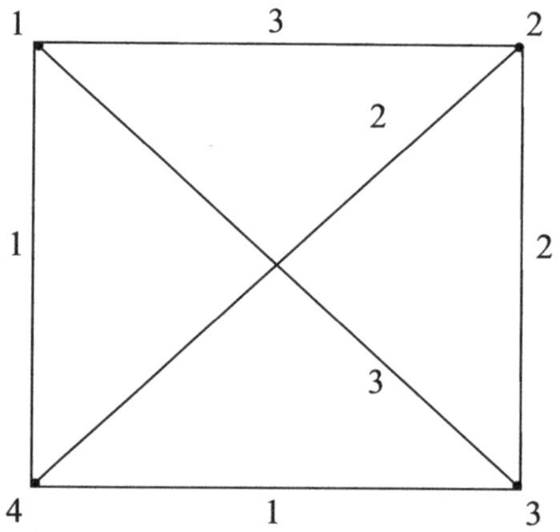

图 9.1　表示个体间共享朋友数量的社会关系网图

哈尼曼（Hanneman）和里德尔（Riddle）（2005：67）对社会网络分析中有时令人困惑不解的关系术语进行了权衡：

社会网络方法有一套描述联系和距离的词汇，这些词汇起初看起来相当正式且抽象。这并不奇怪，因为其中的许多观点都直接来自图论的数学理论。不过，我们还是值得花点精力来处理这些行话。这些定义的精准性和严谨性让我们能更清晰地传达社会结构的重要属性，而且往往能让我们获得一些从不够正式的方法中难以得到的见解。

社会网络分析学者一致认为，人类和社会活动（如学习、创造、教学、交流）使各系统相互接触——这种接触在其价值、频率、持续时长和方向上存在结构性差异。这些学者还一致认为，这种相互作用是系统之间建立关系纽带的基础（Wasserman & Faust，1994）。仅就方向性这一维度而言，网络中节点之间可以是不定向关系，例如站在同一房间中的两个人都是接收者；可以是从一个节点到另一节点的单向关系，例如信息从一个实体传递到另一实体；可以是对称和互惠关系，例如两个组织交换商品或服务；甚至可以是过渡性质的关系，例如两个节点之间的关系首先要通过另一节点（Kadushin，2012；Yang et al.，2017）。显然，社会网络分析可以用来研究多种维度和形式的关系型数据，而每种关系结构（如社会关系网图中的关系结构）的版式和架构也会相应地有所不同。

为了说明社会网络分析如何帮助模拟不同的关系信息，让我们思考一下中心性的概念。中心性通常是单个节点的属性，指节点在网络中的关系普遍程度或重要程度，这是由该节点与其他节点之间的联系数量（又称“度”）决定的（Everett & Borgatti，2005）。当一个节点（如小组领导者）与所有或几乎所有其他节点存在联系，该节点就被看作具有高中心性。相反，在网络中与任何或几乎任何其他节点都不存在联系的被称为孤立节点。图 9.2 举例说明了这种情况的极端表现：一位在社交媒体上拥有众多粉丝的意见领袖，除非该意见领袖（节点 8）充当中间人，否则其粉丝不会与其他任何人互动。此处的意见领袖可以看作网络中的明星引力（Scott，2017），如果这仅仅是嵌套在更大社交媒体网络中的一个网络，那么该社交明星就被称作枢纽。

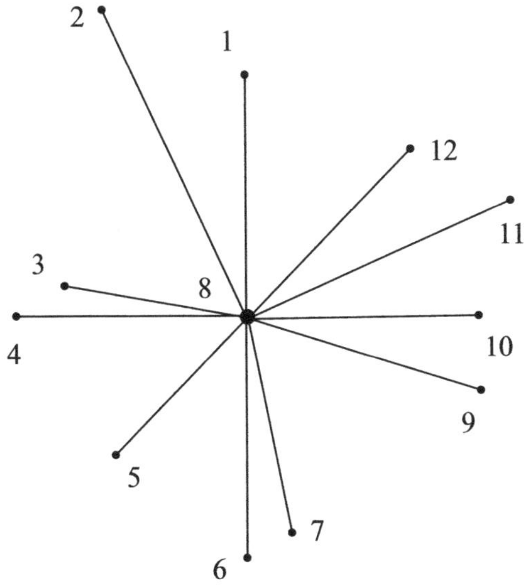

图 9.2 显示单一节点的强中心性的社会关系网图

中心性并非个体节点或行动者独有（Kadushin，2012），我们可以将这一概念扩展为网络中一组节点的属性，例如为会议中同事之间的互动建模，或者为跨国联盟中国家之间的互动建模（图 9.3）。这种网络不仅关系密度较高，而且还具备一个特征，即当相互依存关系在整个网络中达到平衡时，中心性是分散的，并不依赖于中心节点。虽然更高密度的联系会使网络更具凝聚性——或者说，在更大网络的一部分中形成更具凝聚性的“群”——但中心性越分散，出现结构漏洞、弱联系和孤立节点的可能性就越大（Carolan，2014；Knoke & Yang，2008）。考虑到这一点，相较于代表着共同朋友、形状更可预测的社会关系网图（图 9.1），这些互动建模结构描绘的关系信息模型截然不同，使研究者能够探索关于这些系统的完全不同的问题。

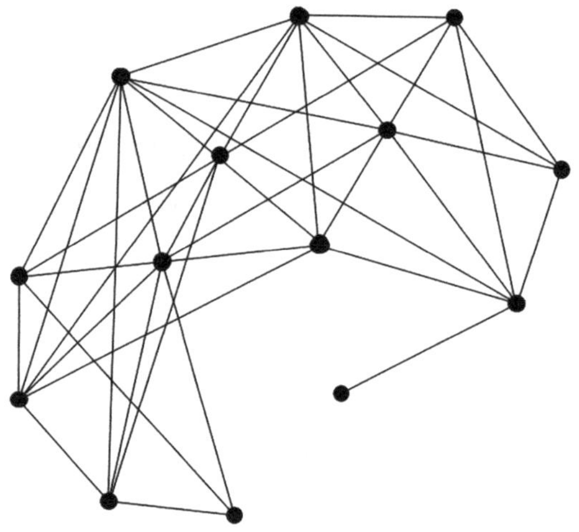

图 9.3　显示分散的中心性和孤立节点的社会关系网图

大多数网络研究者认为，个体嵌套在系统中，系统嵌套在网络中，而网络又嵌套在其他网络中（Borgatti et al.，2018）。网络分析者将这种分层或嵌套结构描述为多模态。例如，在多语言环境中，语言使用者个体形成了嵌套在小型家庭团体中的第一种“模式”，小型家庭团体继而形成了嵌套在社会社群中的第二种“模式”，而社会社群则是嵌套在民族国家中的第三种“模式”，依此类推。尽管这种多模态网络极具前景，但构建和理解这些网络需要有能力处理嵌套层次的数据和分析。由于这种较高的要求，许多社会网络分析学者在操作时假定他们的网络可能与其他网络构成嵌套结构，但在研究设计中并未明确利用这一点（Hanneman &

Riddle，2005；Scott，2017）。也就是说，尽管人类和社会世界的现实是系统处于其他系统之中，而这些系统又组成了更大的系统，但使用边界规范会有助于使社会网络分析研究者的研究工作易于操作。

幸运的是，社会网络分析作为复杂动态系统理论研究方法之一，已经在应用语言学中得到了足够的（即使尚未广泛）应用。一个典型例子是《国际语言社会学杂志》（*International Journal of the Sociology of Language*）的一期特刊，这是将社会网络分析应用于语言发展（de Bot & Stoessel，2002；Wiklund，2002）、语言处理（Hulsen et al.，2002）、语言保持（Raschka et al.，2002；Stoessel，2002）、语言能力及运用（Smith，2002）等问题的早期例证。社会网络分析在该领域的最新应用是更为正式的社会网络分析方法，例如将其应用于交流感知与行为的研究中（Gallagher，2019；Gallagher & Robins，2015）。

社会网络分析最近一个激动人心的发展是研究网络如何随时间变化，以及利用模拟来探索和解决网络动态中的问题。这一新兴领域被称为动态网络分析，它使用复杂的数学模型——目前对于非专业人士来说仍有些困难——来研究具有适应性和时间依赖性（即时变性）的网络。鉴于这些动态网络分析方法前景广阔，密切关注它们在我们邻近领域中的应用，并衡量其在研究应用语言学主题和问题方面的效用，将是一件十分有趣的事。随着大数据以及更强大的自动化分析的发展，另一项有前景的进展是能够对网络中的全网络数据（又称元网络或高维网络）进行建模，该网络包含成千上万个节点和综合关系。只需在谷歌图片搜索中输入关键词“社会网络分析”，就能找到这方面的一些可视化应用。

◎ 实例研究

盖勒格（Gallagher）和罗宾斯（Robins）（2015）设计了一项研究，探讨第二语言（L2）课堂上如何建立交流网络，以及这种关系纽带如何影响学习者在学术英语课程（EAP）中的交流意愿（WTC）（另见 Gallagher，2019）。在这样的课堂环境中，通过一对一和小组活动以及课堂演讲，学生们有很多正式和非正式的机会接触第二语言。在该情境中，研究者更关注二语学习者与谁讨论个人重要事项。他们研究了这种关系型信息，以对比同一文化语言群体成员之间以及具有跨文化社会纽带的学习者之间是如何自组织网络的。研究者假设，学习者的二语交流意愿会根据社交网络中的相对位置进行社会性分布，并且在小组互动和大型团体互动之间存在显著差异。

研究者从英国一所大学的预科（即不计学分）学术英语课程中抽取了 75 名学生，并推断学术英语课程构成了一个相对完善的成员个体系统，这些成员个体为了共同目标而相互交流。通过开放式回忆，研究者要求学生们至少提名十个人，这些人曾在过去两周内与他们讨论过“对你重要的事”（Gallagher & Robins，2015：942）。在对这些关系型数据编码时，文化内联系被定义为受访者和被提名者具有相同的文化背景。跨文化联系是指被提名者与受访者具有不同的文化背景。研究者还通过使用经改编的交流意愿问卷，来测量受访者的二语交流意愿。这些多题项答复量表要求学生自行汇报他们在不同社交情境下，选择主动发起二语交流的时间比例。

盖勒格和罗宾斯利用 XPNet 数据分析包，将模型指定为：（1）同时具有两种网络联系类型，以便研究文化内联系和跨文化联系；（2）具有定向关系，即参与者定向提名他人或向他人发起联系。然后，他们规定了整体网络效应，包括基线联系效应、明星效应、三角效应和双路径效应在其数据集中的形式。他们选择进一步明确网络联系与二语交流意愿之间的互动效应（如发送者效应 / 接收者效应、负差效应 / 正产品效应），以检验他们的研究假设。研究者预测：

- 二语交流意愿通常与更大的网络活动有关；
- 大型团体的二语交流意愿与更高的网络地位有关；
- 小组的二语交流意愿在不同的网络联系中是相似的。

他们的总体研究结果表明，群体结构主要是由文化内联系组建起来的，但跨文化联系似乎没有表现出同等的自组织属性。伴随着许多关于网络内结构和关系纽带的详细发现（Gallagher & Robins，2015：947，949），他们的研究结果还表明，在一对一和小组情境中，拥有相似二语交流意愿的个体共享网络中特定的社交载体，而在大型团体和演讲情境中，二语交流意愿根据受欢迎程度 / 地位分布，尽管这仅限于参与者的文化内联系。然而，他们并未发现支持以下观点的证据：即在任何沟通环境中，二语交流意愿高的参与者在其网络联系中更为活跃。

◎ 扩展阅读

Carolan，B.（2014）*Social Network Analysis and Education：Theory，Methods and Applications*. Thousand Oaks，CA：SAGE.

本书的优势在于它能够将社会网络分析概念和实践与教育研究领域联系起来。尤其是，由于它以实例和应用来说明与应用语言学领域邻近的或许多人最不熟悉的主题（如交流、群体动力学和群体成员、互动、学习），因此本书比任何一本将网络与犯罪学研究联系起来的书更有意义。本书适合中等及以上水平的读者阅读。

Kadushin，C.（2012）*Understanding Social Networks：Theories，Concepts，and Findings*. Oxford：Oxford University Press.

本书通俗易懂的写作风格可能会造成些许误解——它似乎适用于大众媒体。但是，其中的技术细节水平同样令人印象深刻，卡杜辛（Kadushin）甚至用了一章的篇幅来讨论社会网络分析研究中的伦理问题。本书对术语和概念的讨论逐步深入，最后一章介绍了10个主要观点，但没有耐心的读者也可以先阅读结尾部分，然后再跳回本书的开头。本书既是网络新人的入门读物，也可作为熟悉社会网络分析的读者的复习用书。

Scott，J. and Carrington，P.（eds）（2011）*The SAGE Handbook of Social Network Analysis*. Thousand Oaks，CA：SAGE.

对于正在积极学习某一种方法或学科的普通读者，作者建议其将这类手册视为一站式商店，可以在其中找到曾经不熟悉却想了解的所有信息。这本手册就是一个很好的例子，它以600多页的篇幅介绍了社会网络分析的基本概念和术语、建立在社会网络分析基础上的许多学科和专题领域的实质性主题，以及社会网络分析研究各个阶段和类型的应用和技术——任何专业水平的社会网络分析者都能在这里找到适合自己的内容。

◎ 参考文献

Borgatti, S., Everett, M. and Johnson, J. (2018) *Analyzing Social Networks* (2nd edn). Thousand Oaks, CA: SAGE.

Carolan, B. (2014) *Social Network Analysis and Education: Theory, Methods and Applications*. Thousand Oaks, CA: SAGE.

de Bot, K. and Stoessel, S. (2002) Introduction: Language change and social networks. *International Journal of the Sociology of Language* 153, 1–7. doi:10.1515/ijsl.2002.003.

Everett, M. and Borgatti, S. (2005) Extending centrality. In P. Carrington, J. Scott and S. Wasserman (eds) *Models and Methods in Social Network Analysis* (pp. 57–76). Cambridge: Cambridge University Press.

Gallagher, H. C. (2019) Social networks and the willingness to communicate: Reciprocity and brokerage. *Journal of Language and Social Psychology* 38 (2), 194–214. doi:10.1177/0261927X18809146.

Gallagher, H. C. and Robins, G. (2015) Network statistical models for language learning contexts: Exponential random graph models and willingness to communicate. *Language Learning* 65, 929–962. doi:10.1111/lang.12130.

Hanneman, R. and Riddle, M. (2005) *Introduction to Social Network Methods*. See http: //faculty.ucr.edu/~hanneman/nettext/Introduction_to_Social_Network_Methods.pdf (accessed 30 June 2019).

Hulsen, M., de Bot, K. and Weltens, B. (2002) Between two worlds. Social networks, language shift, and language processing in three generations of Dutch migrants in New Zealand. *International Journal of the Sociology of Language* 153, 27–52. doi:10.1515/ ijsl.2002.004.

Kadushin, C. (2012) *Understanding Social Networks: Theories, Concepts, and Findings*. Oxford: Oxford University Press.

Knoke, D. and Yang, S. (2008) *Social Network Analysis* (2nd edn). Thousand Oaks, CA: SAGE.

Marsden, P. (2005) Recent advances in network measurement. In P. Carrington, J. Scott and S. Wasserman (eds) *Models and Methods in Social Network Analysis* (pp. 8–30). Cambridge: Cambridge University Press.

Mercer, S. (2015) Social network analysis and complex dynamic systems. In Z. Dörnyei, P.D. MacIntyre and A. Henry (eds) *Motivational Dynamics in Language Learning* (pp. 73–82). Bristol: Multilingual Matters.

Prell, C. (2012) *Social Network Analysis: History, Theory, and Methodology*. Thousand Oaks, CA: SAGE.

Raschka, C., Wei, L. and Lee, S. (2002) Bilingual development and social networks of British-born Chinese children. *International Journal of the Sociology of Language* 153, 9–25. doi:10.1515/ijsl.2002.007.

Scott, J. (2017) *Social Network Analysis* (4th edn). Thousand Oaks, CA: SAGE.

Scott, J. and Carrington, P. (eds) (2011) *The SAGE Handbook of Social Network Analysis*. Thousand Oaks, CA: SAGE.

Smith, L. R. (2002) The social architecture of communicative competence: A methodology for social-network research in sociolinguistics. *International Journal of the Sociology of Language* 153, 133–160. doi:10.1515/ijsl.2002.001.

Stoessel, S. (2002) Investigating the role of social networks in language maintenance and shift. *International Journal of the Sociology of Language* 153, 93–131. doi:10.1515/ ijsl.2002.006.

Yang, S., Keller, F. and Zheng. L. (2017) *Social Network Analysis: Methods and Examples*. Thousand Oaks, CA: SAGE.

Wasserman, S. and Faust, K. (1994) *Social Network Analysis: Methods and Applications*. Cambridge: Cambridge University Press.

Wiklund, I. (2002) Social networks from a sociolinguistic perspective: The relationship between characteristics of the social networks of bilingual adolescents and their language proficiency. *International Journal of the Sociology of Language* 153, 53–92. doi:10.1515/ijsl.2002.005

第十章　设计研究法

◎ 概述

设计研究法（design-based research，简称 DBR）是指在过去几十年间学习科学领域的研究者采用的一组方法——学习科学是一门交叉学科，专注于科学理解学习以及学习创新的设计与实施（Barab & Squire，2004）。这种干预性方法的初衷旨在弥合教育领域的研究与实践之间的差距。本章中，我们将使用一些与教育系统相关的示例。本书读者也将注意到，使用混合方法进行数据抽取与分析，以更好地理解现实世界中发生的混乱情况，同时将情境看作混乱的核心部分，可以应用于许多社会和人文领域。

让我们先来看看“设计研究法”（design-based research）这个名称。“设计”（design）一词源于拉丁语 designare，意思是“标出”。尽管这个词可能会使某些人联想到其在工业应用和视觉应用中的概念，比如设计美学（如当代建筑），但在设计研究法这一情境中，这个词的用法是指标出或指定一系列行动，以达到预期结果（Collins et al.，2004）。从这个意义上说，设计研究法是一种研究方法，它有意识地将研究重点从考虑社会背景下“什么有效”这一狭隘想法中扩大，转而鼓励研究者开发与更复杂和动态问题相关的证据，例如什么对谁有效、什么时候有效、在什么环境中有效、在什么条件下有效以及为什么有效（Fishman et al.，2013）。

追溯设计研究法的起源，这些方法及其变体（例如基于设计的实施研究）都要归功于艾伦·科林斯（Allen Collins）（1990）和安·布朗（Ann Brown）（1992）

等研究者的开创性研究，他们提出需要有能够适用于教育现象中更加复杂和动态观点的方法。这一观点明确借鉴了复杂性理论，将学习、认知、了解和情境视为彼此不可分割的部分，而不是孤立的实体或过程（Bell，2004）。这些学者将这种用于研究复杂系统的方法论工具称为“设计实验”，这些复杂系统具有由多个已知和未知变量相互作用而产生的涌现属性（DBR Collective，2003）。

设计研究法与非复杂动态系统理论的实验设计（即随机对照试验，又称RCT）有许多相似之处。然而，设计研究法并不像随机对照试验那样试图将影响系统变化或研究结果的因素隔离开，而是以一种更生态化、更情境化的方法，接纳系统的复杂本质及其涌现结果（Tabak，2004）。我们还可以再进行一些对比。首先，随机对照试验的目的是检验理论和证伪假设，而设计研究法的目的是检验理论的同时发展理论。其次，随机对照试验的设计还取决于随机样本和实验组与对照组的系统比较，以获取有效因素的证据，设计研究法则试图设计必要的环境和条件，以实现局部（即特定情境或特定系统）洞察，了解某些因素如何以及为何有效——正如现场试验那样。最后，虽然设计研究法的确试图普适化，但这更接近理论性、分析性的普适化（更多讨论，参见第三章），这涉及研究的可转移性和扩展性（参见例如 Yin，2018），而不是随机对照试验的统计归纳（关于统计意义和实验设计的更多内容，参见第十六章）。

稍后，我们将从更务实的角度探讨这些问题，但现在，让我们简要谈谈几乎所有设计研究法都必须努力解决的方法论问题——是什么让某一系列意欲达成某一结果的行动在某一时间某一地点取得成功（Barab，2014）。这涉及复杂的因果解释（另见第三章），以及使干预措施在复杂环境中“起效”与研究者对实证控制的需求之间的矛盾。第一个条件往往要求随着设计的展开而改变设计，这种方式直接反映了系统的动态性质和偶然性质。而第二个条件则警告人们不要改变计划好的设计或研究方案。正如科布（Cobb）等人（2003）所提出的，许多设计研究法学者采取的折中方案是，任何方法要想完全接纳所研究系统的复杂本质及其涌现结果，还应该采取务实的自适应（即涌现）操作方式。

科布（Cobb）、孔弗雷（Confrey）、迪赛萨（diSessa）、莱勒（Lehrer）和朔伊布勒（Schäuble）（2003：9）就设计研究方法与其他教育研究方法的区别提出了自己的看法：

设计实验的理想结果是，通过设计学习生态要素，并预测这些要素将如何共同发挥作用来支持学习，从而加深对学习生态（一个复杂的、相互作用的系统，涉及不同类型和层次的多种要素）的理解。因此，设计实验就成为解决教育环境复杂性问题的一种手段。学习生态的要素……强调将设计的情境概念化为相互作用的系统，而不是一系列活动或一系列影响学习的独立因素。除了创造出有效且有时能因“修修补补而臻于完美”的设计，【设计研究法】还解释了设计为何有效，并指出如何使其适应新环境。

应用语言学研究横跨许多具体学科，其采用的研究方法能够发挥许多不同作用。这既适用于传统研究，也适用于基于复杂动态系统理论的研究。与更广泛的研究方法一样，设计研究法也有很多功能（Shavelson et al.，2003）。对于复杂动态系统理论研究而言，最常见的一些功能包括：

- 描述（例如，系统及其运行的重要特征是什么？）
- 比较（例如，在 Y 情境中，系统 A 与系统 B 的功能是否不同？）
- 评估（例如，一个行动方案在系统中产生预期结果的效果有多好？）
- 解释（例如，我们可以把系统发展中的变化归因于什么？为什么系统的发展过程会以此方式展开？）
- 预测（例如，在一系列特定条件下，系统发展可能是什么样子的？）
- 发展（例如，在系统中产生预期变化的有效方式是什么？）
- 建议（例如，如何改造未发挥其潜力的系统？）

除了应用语言学研究项目具有总体功能或目标之外，大型项目的各个中间阶段也可能具有各自的附属目标。设计研究法也具有类似的层次，但其最终的变革计划侧重于研究的发展和建议功能（Bell，2004）。举例来说，这意味着如果一个设计研究法项目旨在为改造系统提出新颖的想法，那么它很可能首先以描述、比较和评估为目标。同样，如果一个设计研究法项目旨在为如何在许多系统中应用某一特定过程的条件提供建议，那么它必须通过描述、比较、评估等才能达到这一目标。这样，设计研究法在实现其核心目标——即发展系统变化和新结果并对其提出建议——的过程中，就瞄准了这些其他子目标（Collins et al.，2004）。

◎ 研究问题

将我们之前关于设计研究法目标的论述扩展来说，通过设计研究法能够调查的许多研究问题都是“大”问题，因为它们探索的问题是，在应用环境中的某事物对谁、如何、何时以及为何有效或无效（Bell，2004；Penuel et al.，2011）。这让我们意识到，这是一种典型的跨学科研究方式。能够利用设计研究法有目的地解决的其他问题，是那些与理论发展相关的问题。但是，与其说这些是宏大理论，不如说它们是中等范围的理论，涉及特定领域的过程和涌现结果。这种理论发展（非常类似于基础理论发展）可以通过研究的发展和建议功能，为更进一步的前瞻性设计提供信息（DBR Collective，2003）。

- 如何在研究中识别并解决系统层面的问题？
- 当在时间和环境中遇到意料之外的过程或结果时，系统层面的精确性会发生什么变化？
- 不同的时间尺度和反馈回环如何提高我们对环境中系统的理解？
- 初始条件如何迭代地促进系统变化？
- 为实现系统层面的变化，可以建立哪些创新的合作关系？
- 要实现系统层面的改进，需要哪些设计以及哪些主体？
- 如何调整这些设计以适应特定环境的需求和特征？
- 系统变化在何种条件、何种环境下有效？
- 系统层面的变化如何在不同时间、不同环境中展开？
- 如何跨环境、跨条件建立持续发展的能力或过程？
- 关于解决系统层面问题的可用工具和实际解决方法，设计的迭代循环能为我们提供什么？

- 设计的迭代循环如何使通常不可见的系统协调工作更加明显？
- 支持局部适应性能以何种方式塑造系统层面的创新？
- 哪些基础设施可以促成系统发展和涌现结果中的自组织转变？
- 在局部层面实施的变化如何扩散或扩大到系统层面？

鉴于这些重大问题，霍德利（Hoadley）（2004：205）警告道，设计研究法学者必须仔细检查其设计中的“系统有效性”，确保研究能够充分地指导理论，而理论又能继而指导实践。换句话说，如果系统有效性是设计研究法真正追求的目标，那么从设计研究法中得出的推论就应该能为最初激发研究的问题提供答案。

◎ 技术特点

就如何设计构建研究这一问题，设计研究法的几个关键原则发挥着重要的作用（O’Donnell，2004；Sandoval，2004）。其中最基本的原则大概是，研究团队（而不是单个研究者）围绕一个持续存在的问题进行组建，并致力于采用设计研究法专注于解决该问题（Anderson & Shattuck，2012）。这通常是通过借鉴多方利益相关者的观点来实现的。诸如此类的做法在应用语言学研究中并不罕见，而且这在一些方法论创新的群体（例如许多实验室和多站点研究）中也越来越广泛。例如，在语言教师教育的情境中，可以开发一个模型，用来描述教师的思维和行动如何创造条件，让学生对新观点有更深入的理解，并解释哪些类型的任务和教师实践能够支持这种学习，以及教师在哪些情境中发展完善这些教学实践之间的关系。此外，设计研究法在真实的（即非实验室的）环境中进行，并选择在其自然发生的情境内研究现象（Collins et al.，2004；DBR Collective，2003）。这种设计使设计研究法能够对情境中涌现的特征做出反应。

此外，设计研究法的研究选择调查反映系统复杂性及其运行的多种因素，包括情境变量（如初始条件、可用资源、现有约束）、结果变量（如自组织变化、涌现模式、系统转变）和系统变量（如适应性、协调性、可持续性）（Barab & Squire，2004）。设计研究法的另一个指导原则是，研究者应致力于面向过程的、迭代的、协作的设计（Cobb et al.，2003）。我们从前面的研究问题中能看出，这使得设计研究法能够在多重时间维度上考虑多个问题（即对谁、如何、在何种条件下、为何），但这需要研究者对迭代过程做出关键的早期决策，并选择哪些证据和理由将构成修改设计的基础。设计研究法在发展维持系统变化的能力和扩大跨情境变化的规模方面具有巨大的潜力，主要是因为采用了迭代设计（Fishman et al.，2013）。

设计研究法联盟（Design-Based Research Collective）（DBR，2003：5）阐述了基于设计研究法的基本原则：

脱离实践的教育研究可能无法解释情境的影响、结果的涌现性与复杂性，也无法解释哪些因素的相关的知识具有不完整性……我们认为，优秀的设计研究应具备以下五个特征。第一，设计学习环境和发展关于学习的理论或“原型理论”的核心目标是相互交织的。第二，发展和研究是通过设计、实施、分析和再设计的不断循环进行的（Cobb，2001；Collins，1992）。第三，对设计的研究必须产生可共享理论，以助于向实践者和其他教育设计者传达相关信息（参见 Brophy，2002）。第四，研究必须说明设计如何在真实环境中运行。研究不仅要记录成败，还要关注互动，以完善我们对相关学习问题的理解。第五，这种说明依赖于能记录实施过程并将其与研究结果联系起来的方法。

在开始设计研究法的研究时，关键的第一步是明确研究的具体目的，并具体说明对所研究系统的起点、发展路径和预期终点或目标的假设（Joseph，2004）。一旦研究团队阐明了这些假设，下一步就是制定一种能在实际环境中体现这些假设的设计方案。这意味着研究者将标出一系列旨在有意实现预期结果的行动（Sandoval，2004）。

为了说明这些步骤，我们可以假设一个研究目标，例如应对某些环境中语言课程报名人数和投入急剧下降的问题（American Academy of Arts and Sciences，2017）。在这种情况下，与多数其他研究环境一样，设计研究法被定义为在系统中产生预期变化的过程。在本示例中，这可能意味着要找到提高个人参与度并支持学生在该领域学习的方法。设计研究法团队牢记这一目的，着手利用语言学习者的实际能力、教育历史、需求分析、当前实践与政策主张以及其他资源，由此建立他们预想的起点（Barab，2014）。一旦起点大致明确，那么设计研究法团队还必须就构成预期终点的理念或目标达成共识，以便在系统中产生期望的变化。换句话说，成功的要素是什么？尽管并非总是如此，但通常情况下，这需要综合先前的研究文献，以确定某一领域的核心组织思想，并建立能够证明质变或新设想结果模式的系统表现指标（Cobb et al.，2003）。此时，设计研究法团队可以参阅指导语言学习的大量文献，参考最佳语言发展所需的条件，同时还要对系统预期经历的变化层面和类型设定基准。研究者们将利用这个机会，关注支持学生课堂学习所需的条件，并最大限度地提高持续语言学习的价值感。他们还将规划他们打算测试并反复修改的过程，以提高个人对语言学习的参与度。最后，研究团队将需要生成多种形式的数据，这不仅仅是出于安排协调方面的原因，也是为了在研究过程中记录系统变化，并对学习生态形成复杂理解（Fishman et al.，2013）。

一旦研究有了计划和结构，设计研究法就会采用混合方法进行数据收集与分析（另见第十八章）。对十年来被引用次数最多的设计研究法的研究进行的一项回顾（Anderson & Shattuck，2012）显示，大多数设计研究法的实证性研究所采用的研究工具都是混合型的，且同时展示了质性方法与量化方法的结果。设计研究法建立在一种应用实用主义的基础上，这种应用实用主义密切反映了我们对复杂动态系统理论跨学科研究方法的论证（见第三章），通常涉及使用多种研究工具和技术的混合方法（Collins et al.，2004）。安德森（Anderson）和沙塔克（Shattuck）（2012：17）认为，设计研究法“在涉及对所使用方法的选择提出认知论挑战时，很大程度上是不可知的”，而且通过这种更加以问题为导向的方法，“研究者完全可以根据需求选择和使用不同的方法”。

除了对多种方法混合持开放态度之外，设计研究法还希望研究者生成一个广泛的纵向数据集。正是这类数据集支持着对所研究现象进行系统而复杂的分析（Cobb et al.，2003）。在实践中，设计研究法需要收集和编制一系列数据源（O' Donnell，2004）。例如，在语言教学环境中，这可能包括整合数据源，如正在进行的学生作业样本或学生从任务和其他教学材料中获得的学习成果、对采访和日志提示的反应、观察协议的记录、互动模式和课堂话语以及对其他更量化方法（如问卷或评估）的评分等（Barab，2014）。

正如我们所强调的，设计研究法的设计是迭代的，也就是说，数据为后续的设计周期提供支持。然而，从设计研究法的研究中产生的大量纵向数据集通常要进行回溯分析，以便对研究过程和结果进行情境化且动态化的描述，并确保由此产生的推断是有效且有依据的（Tabak，2004）。作为该过程的一部分，从设计研究法的最初阶段开始，研究者就必须明确用于做出某类推论的证据标准及类型（Penuel et al.，2011）。这样，研究团队就能够提交他们的分析和结论，以供其他学者监督和审查。回溯分析也可以与当前的迭代分析进行对比，从而使所研究的结果（即被修改的方面）具有连贯性。这种层次分析的比较还有一个好处，就是将研究框定为某些更广泛现象的原型案例，并使得在未来的设计中能够预见结果。

当然，设计研究法学者们强调，设计研究"并不是……'研究一切'的委婉说法"（DBR Collective，2003）。设计研究法的优势（例如 Shavelson et al.，2003：25）在于，它能帮助研究者应对现实世界的复杂性和需求，共同构建涌现系统及其运行的知识，在生态背景的"严酷考验"中检验并发展理论，促进并采用能在这种条件下维持适应性变化的创新方式。

◎ 实例研究

如本章前文所述，设计研究法主要用于教育领域研究。我们的实例研究自然也与教育领域有关。派克（Parker）等人（2013）对一门高注册率的大学预科课程进行了一项有趣的设计研究法的研究：大学先修课程（AP）美国政府与政治。他们要解决的问题是，此类 AP 课程的注册人数迅速攀升，而学生在高风险 AP 课程结业测试中的不及格率令人担忧，二者之间存在不匹配关系。研究者还关注到，这类课程涵盖的知识博而不精，且经常忽视当前关于学习行为如何发生的思考和证据。这些日积月累的问题导致了针对所研究 AP 课程的质量和严谨性的批判浪潮。研究者在这项设计研究法的研究中的宏伟目标是：（a）深化学生在这门高级课程中的概念学习和自适应迁移能力；（b）帮助学生在 AP 课程测试中取得相同或更高的分数；（c）鼓励更多 AP 课程学生投入课程并取得成功；（d）通过设计研究来开发一种可持续、可扩展的课程结构。

这些学者首先明确了他们的设计原则，并通过在郊区学区的两所高中（学校 A 和学校 B）开展基于项目的合作干预，将这些规范应用于 AP 课程。派克等人（2013）选择了几个研究问题来指导本研究中的分析：

- 研究问题 1：能否开设一门基于项目的 AP 课程，使学生在该课程测试中取得与传统 AP 课程学生相同或更好的成绩？
- 研究问题 2：通过复杂情景测试的评估，学生是否能表现出更高的知识水平？
- 研究问题 3：学生是否会在课堂内外对他们的学习经历表现出更高的投入程度？

在为期一年的课程中，我们从这些高中收集了质性数据和量化数据，并与邻州的两所传统教学高中（学校 C 和学校 D）进行了比较。这样就得到了一个包括 12 个班和 5 位教师的 289 名学生的样本。量化数据包括官方 AP 考试以及课程结束时进行的考察学生知识应用的复杂情景测试。关于质性数据，在课程期间，我们在每个班中抽取学生进行了三次单独采访，并在两次测试之后以大组形式对每个班级进行了采访。

关于第一个研究问题，结果显示，与传统教学班的学生相比，采用非传统基于项目教学模式的两个班的学生均在 AP 课程测试中取得了更高的分数（$d = 0.25$）。此外，与传统教学的学校 C 和学校 D（5.7%）的学生相比，基于项目教学的学校 A（47.7%）和学校 B（16.8%）中高分通过考试（$d = 0.78$）的学生明显更多，从而有资格获得大学学分。

关于第二个研究问题，与传统课程的学生相比（$d = 0.50$），学校 A（整体成绩较好的学校）中项目教学的学生在复杂情景测试四个维度中的三个维度上的得分明显更高；学校 B（成绩中等的学校）中项目教学的学生在该测试中的得分与传统课程的学生得分并无明显差异。这些结果表明，部分基于项目教学的学生对课程内容的理解更加深入，这使得他们能够将这些内容应用于新情景来解决复杂问题。

最后，质性数据显示，在设计实验的早期阶段，很多学生认为项目作业令人感到沮丧，认为自身欠缺背景信息，因而宁愿坚持更传统的课程结构。在后期阶段，一旦学生适应了 AP 课程新的学习方式，他们就开始比较课程的基于项目教学法和直接高效的应试教学法。与传统 AP 课程的目的和教学法相比，项目作业对一些学生来说似乎是模糊的、不直接的，甚至是毫无意义的。尽管许多学生表示这种建构主义的学习方式令人耳目一新、乐在其中，但该课程中近似于周期性的项目循环和持续探究似乎也加剧了学生心中为掌握技能而学习和为考试成绩而学习的差异。

◎ 扩展阅读

The Design-Based Research Collective（DBR）（2003）Design-based research：An emerging paradigm for educational inquiry. *Educational Researcher* 32，5–8. doi：10.3102/0013189X032001005.

在这篇简短的文章中，10 位设计研究法的先锋学者明确阐述了一种对变化和复杂性现实世界情境敏感的方法的理论依据。他们认为，有意识的设计是创造可用知识的核心，也是推进对复杂环境中什么方法有效，对谁、在何种条件下有效，如何及为何有效的实证理解的核心。对于不了解该方法的人来说，这是一篇简单易懂的入门读物。

Collins，A.，Joseph，D. and Bielaczyc，K.（2004）Design research：Theoretical and methodological issues. *Journal of the Learning Sciences* 13，15–42. doi：10.1207/ s15327809jls1301_2.

这些学者概述了设计研究法的目标和应用，以及该方法与其他方法的联系。然后，他们利用与学习科学相关的各种实例，说明了如何开展设计研究法研究。根据这些例子，他们最后为开展设计研究法的研究提供了普遍的指导原则。读者们会发现，这是一篇描述性和实用性很强的文章。

Tabak，I.（2004）Reconstructing context：Negotiating the tension between exogenous and endogenous educational design. *Educational Psychologist* 39，225–233. doi：10.1207/ s15326985ep3904_4.

在这篇文章中，塔巴克（Tabak）批判性地研究了她所谓的研究中的“设计立场”。与其他人一样，她同样以教育研究为例，说明了一些可能会在无意中威胁到设计研究法有效性的特征。她提出，当设计和干预成为研究过程的核心时（正如在设计研究法中那样），要构建关于复杂系统如何运行和变化的丰富而真实的描述，情境是至关重要的。

Bell，P.（2004）On the theoretical breadth of design-based research in education. *Educational Psychologist* 39，243–253. doi：10.1207/s15326985ep3904_6

本文的前提是，通过尝试在日常环境中有意识地设计并维持创新，可以了解到关于系统变化和运行的本质和条件的重要信息。贝尔（Bell）相当清晰地阐述了如何在教育研究的背景下实现这一目标，但他的观点适用于更广泛的领域。这是一篇在理论上很先进的文章。

◎ 参考文献

American Academy of Arts and Sciences (2017) America's languages: Investing in language education for the 21st century. See https://www.amacad.org/sites/default/files/pu blication/downloads/Commission-on-Language-Learning_Americas-Languages.pdf (accessed 5 August 2019).

Anderson, T. and Shattuck, J. (2012) Design-based research: A decade of progress in education research? *Educational Researcher* 41, 16–25. doi:10.3102/0013189X11428813.

Barab, S. (2014) Design-based research: A methodological toolkit for engineering change. In R.K. Sawyer (ed.) *The Cambridge Handbook of the Learning Sciences* (pp. 151– 170). Cambridge: Cambridge University Press.

Barab, S. and Squire, K. (2004) Design-based research: Putting astake in the ground. *Journal of the Learning Sciences* 13, 1–14. doi:10.1207/s15327809jls1301_1.

Bell, P. (2004) On the theoretical breadth of design-based research in education. *Educational Psychologist* 39, 243–253. doi:10.1207/s15326985ep3904_6.

Brown, A. L. (1992) Design experiments: Theoretical and methodological challenges in creating complex interventions in classroom settings. *Journal of the Learning Sciences* 2, 141–178. doi:10.1207/s15327809jls0202_2.

Cobb, P., Confrey, J., diSessa, A., Lehrer, R. and Schauble, L. (2003) Design experiments in education research. *Educational Researcher* 32, 9–13. doi:10.3102/0013189X032001009.

Collins, A. (1990) *Toward a Design Science of Education*. New York: Center for Technology in Education.

Collins, A., Joseph, D. and Bielaczyc, K. (2004) Design research: Theoretical and methodological issues. *Journal of the Learning Sciences* 13, 15–42. doi:10.1207/s15327809jls1301_2.

DBR Collective (2003) Design-based research: An emerging paradigm for educational inquiry. *Educational Researcher* 32, 5–8. doi:10.3102/0013189X032001005.

Fishman, B. J., Penuel, W. R., Allen, A. R., Cheng, B.H. and Sabelli, N. (2013) Designbased implementation research: An emerging model for transforming the relationship of research and practice. *National Society for the Study of Education Yearbook* 112 (2), 136–156.

Hoadley, C. (2004) Methodological alignment in design-based research. *Educational Psychologist* 39, 203–212. doi:10.1207/s15326985ep3904_2.

Joseph, D. (2004) The practice of design-based research: Uncovering the interplay between design, research, and the real-world context. *Educational Psychologist* 39, 235–242. doi:10.1207/s15326985ep3904_5.

O' Donnell, A. M. (2004) A commentary on design research. *Educational Psychologist* 39, 255–260. doi:10.1207/s15326985ep3904_7.

Parker, W. C., Lo, J., Yeo, A. J., Valencia, S.W., Nguyen, D., Abbott, R.D., Nolen. S.B., Bransford. J.D. and Vye, N.J. (2013) Beyond breadth-speed-test: Toward deeper knowing and engagement in an advanced placement course. *American Educational Research Journal* 50, 1424–1459. doi:10.3102/0002831213504237.

Penuel, W. R., Fishman, B. J., Cheng, B.H. and Sabelli, N. (2011) Organizing research and development at the intersection of learning, implementation, and design. *Educational Researcher* 40, 331–337. doi:10.3102/0013189X11421826.

Sandoval, W. A. (2004) Developing learning theory by refining conjectures embodied in educational designs. *Educational Psychologist* 39, 213–223. doi:10.1207/s15326985ep3904_3.

Shavelson, R. J., Phillips, D. C., Towne, L. and Feuer, M. J. (2003) On the science of education design studies. *Educational Researcher* 32 (1), 25–28. doi:10.3102/0013189X032001025.

Tabak, I. (2004) Reconstructing context: Negotiating the tension between exogenous and endogenous educational design. *Educational Psychologist* 39, 225–233. doi:10.1207/s15326985ep3904_4.

Yin, R. K. (2018) *Case Study Research and Applications: Design and Methods* (6th edn). Thousand Oaks, CA: SAGE.

第三部分

量化研究方法

第十一章　面板设计

◎ 概述

面板设计是一种纵向研究形式，是复杂动态系统理论研究者能够借鉴的一种重要工具。遗憾的是，这一工具在应用语言学中似乎并不受重视。相对于普遍存在的一次性横截面研究（one-shot cross-sectional research），很少有实证研究使用面板数据。考虑到语言学习更关注的是变化而不是稳定，这就很具有讽刺意味。这就是为什么拉森－弗里曼（2015）认为“语言习得”是一个误称，应该改称为“语言发展”。

纵向研究是一个相当广泛的领域，涵盖了包括面板设计在内的多种方法。从本质上讲，面板数据是指在一段时间内对同一组个体（或其他单位，如学校）收集数据的情况。这就暗示了为什么这类研究并不常见。它涉及更多关于可行性、设计、分析和耐心的问题，而横截面研究者则无须担心这些问题。

面板设计也有别于重复横截面设计。在重复横截面设计（包括时间序列分析，见第十四章）中，研究者对不同时间的不同个体进行相同变量的测量。例如，研究者可能有兴趣比较人们在2000年、2005年、2010年、2015年和2020年对计算机辅助语言教学（CALL）的态度。然而，在面板设计中，研究者要在一段时间内对相同个体测量相同的变量。所以，研究者必须在这五次数据收集中追踪相同个体，才能更清晰地了解他们的发展模式。与标准的前测—后测—延后测设计相比，面板分析在研究变化动态方面具有更大的灵活性。典型的面板分析方法还可与时间序列分析（见第十四章）进行对比，后者涉及在更多次的数据收集（例如超过 50 次）中对少数个体（甚至仅一个个体）的多个变量进行测量（Menard，2002）。

辛格（Singer）和威尔利特（Willett）（2003：9-10，原文强调）对纵向面板数据所能提供的独特见解进行了分析：

要对变化建模，就需要使用纵向数据来描述样本中每个人随着时间的推移是如何变化的。我们之所以从这一明显多余的重复开始，是因为太多实证研究者似乎想仅用描述不同年龄段个体差异的横截面数据一跃升级为对时间变化的概括。例如，许多发展心理学家分析了由不同年龄儿童组成的横截面数据集，由此得出结论：各年龄组之间的结果差异——例如反社会行为——反映了随着时间推移而发生的真实变化。虽然对于这种情况来说，变化是一个令人信服的解释——甚至可能是正确的解释——但横截面数据永远无法证实这种可能性，因为同样有效却与之矛盾的解释比比皆是。即使是从同一所学校抽取的样本，高年级儿童的随机样本与低年级儿童的随机样本也可能在一些重要方面存在差异：两组儿童的入学年份不同，他们经历了不同的课程和日常事件，而且，如果数据收集工作持续足够长的时间，高年级样本就会遗漏辍学的同龄儿童。在不同年级群体之间观察到的任何结果差异都可能是由这些原因造成的，而不是系统的个体变化。从统计学角度看，横断面研究混淆了年龄和同辈效应（以及年龄和历史效应），容易产生选择偏差。

请注意，由于能够从面板数据中获得丰富见解，因此人们开发了不同的统计应用以处理各种情况。可用于面板数据的应用实例包括潜在增长曲线模型（见第十二章）和多层次模型（见第十三章）。因此，读者们最好能对多元回归和因果模型有一定的了解。克莱恩（Kline）（2016）提供了一个有帮助的介绍，罗素（Russo）（2009）则提供了更高级的处理方式。在本章中，我们将重点讨论面板数据的一个具体应用，即交叉滞后面板模型。

◎ 研究问题

交叉滞后面板设计有助于回答各种关于所关注变量之间因果关系（的合理性）的问题，包括：

- 是否有证据表明变量之间存在因果关系？
- 是否有证据表明变量之间存在交互因果关系？
- 这种关系模式在数据收集过程中是始终如一，还是随时间而变化？
- 对于数据中的不同子群，这种模式是否一致？

交叉滞后面板设计通常用于两个变量或两组数据收集批次——尽管它可以容纳更多的变量和批次。此外，正如我们之后会详细讨论的，这种设计不能提供明确的因果关系证据，但它强调了因果关系的合理性，因此最好与其他实证理论思想结合使用。

◎ 技术特点

实验是获得因果推断的典型方法，但这种方法在很多情况下并不可行，比如当研究者无法自由控制条件时。例如，在研究自然环境下的语言学习时，往往就会遇到这种情况。当变量之间随着时间的推移存在多种复杂相互作用时，也会出现这种情况。获得因果推断的另一种方法是交叉滞后面板设计（cross-lagged panel design）。面板设计有助于阐明短期和长期动态，以及因素之间（包括个体内部随时间的变化）因果相互关系的合理性。因此，面板设计既能处理变化，又能处理相互联系，这是复杂动态系统理论适用方法的两个关键标准。

为了说明面板设计，请看这样一个例子：一位研究者对以下问题很感兴趣：是更高的二语动机促成了更高的二语学业成绩，还是更高的二语学业成绩促成了更高的二语学习动机。在收集了两个区间的数据后，交叉滞后研究者会对以下问题进行分析：如果对先前的成就水平进行控制，动机是否能预测成就；如果对先前的动机水平进行控制，成绩是否能预测动机。这个过程可以用两个相互交叉的箭头来表示（“交叉滞后”由此得名；见图 11.1）。（关于因果关系的更多信息，请参见第三章和第十六章。）

根据图 11.1，我们可以计算出总共六种相互关系：动机 1 与成绩 1 之间的相互关系（称为同步相关），动机 1 与动机 2 之间的相互关系、成绩 1 与成绩 2 之间的相互关系（均称为自相关），以及动机 1 与成绩 2 之间的相互关系、成绩 1 与动机 2 之间的相互关系（模型中的交叉滞后相关）。图 11.1 中的基本模型可以根据研究问题的需要扩展到更多变量和更多时间点。包含两个以上时间点可以提高结果的准确性和可信度（Singer & Willett，2003）。

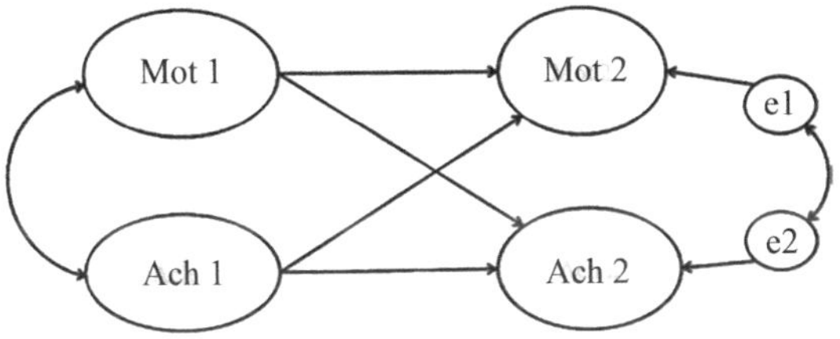

图表 11.1 一个包含两轮数据的交叉滞后面板设计的基本结构（ACH= 学业成绩，Mot = 动机）

图 11.1 还指出了交叉滞后面板设计的另一个优势，即对互为因果关系的研究。有时，因果关系的方向是非常明确的。例如，举一个具体领域的例子，在第一语言与口音或性别与态度之间的关系中，单向因果关系是合理的（前者导致后者，而非后者导致前者）。然而，在现实生活中的很多情境中，互为因果关系的可能性更大。在图 11.1 的例子中，动机与学业成绩随着时间的推移相互协同影响，这强调了复杂动态系统理论中的相互关联性概念，而不是一个单向影响另一个。面板设计对这一假设进行实证检验，并预估这种相互关系在不同测量批次中的程度（Finkel，1995）。

在很多情况下，因果推断是一个复杂的问题。在交叉滞后分析中，需要满足一些假设才能有把握地做出因果解释，比如减少测量误差（可以用潜变量改善）、未测量的第三变量（或第三变量问题，通常通过实验操作来解决）的缺失以及选择合适的时间间隔来实现效果（Finkel，1995；Kenny，2005）。由于其中一些假设（尤其是第三变量问题）在实际研究中可能无法得到满足，因此，一些方法论主义者提醒人们不要过度解读研究结果，并建议将结果仅视作具有提示性意义（Shadish et al.，2002）。

尽管如此，研究者刻意的实验操作并不是排除未测量第三变量可能性的唯一方法。在某些情况下，研究者可能会找到一个有用的工具变量。“自然界力量或政府政策共同创造了一个有点类似于随机实验的环境”（Angrist & Krueger，2001:

73），在这种情况下，就可能存在工具变量。在前面提到的例子中，人们可能会认为，动机与成就之间的关系可能是虚假的；可能存在一个“遗漏变量”导致了这两个变量。例如，一位具有批判思维的读者可能想知道，是否可能只是使用了有效的学习策略影响了这两个变量。那些使用了有效策略的人取得了更好的成绩，同时也感到满意并显示出了更高的动机。对于从观察数据中得出的关联，具有批判思维的读者可能会想到一系列可能的解释。尽管这些遗漏变量可以事先指定，但由于其数量过多，所以通常无法将其全部纳入任何一项研究中。然而，如果我们恰好找到一个工具变量，我们或许就能揭示出一些因果关系。例如，假设本研究中假定的学习者所使用的教科书出版商决定出版第二版彩色教科书。我们还可以假设，第二版教科书除了色彩丰富之外，没有添加任何其他内容。如果动机 2（见图 11.1）在引进第二版教材后有所提高，那么我们就可以有把握地认为动机 2 与成绩 2 之间存在因果关系。简而言之，使用工具变量需要研究者善于把握时机。这种工具变量可以揭示罕见且独特的见解，而这种见解在一般情况下难以获得。迄今为止，这种自然实验（参见例如 Dunning，2012；Gerber & Green，2012；Rutter，2007）在应用语言学文献中并未得到充分利用。

◎ 实例研究

格尔林斯（Geerlings）等人（2015）试图调查民族自我认同与继承语使用之间的关系。格尔林斯等人指出，对该主题的研究很少，而且相互矛盾。他们提交的结果表明，美国的少数族裔倾向于获得美国社会的更多认同，而其他研究则显示，民族认同正在随着时间的推移而加强。不同的理论也往往支持不同的预测。格尔林斯及其同事详细地回顾称，一些理论认为，幼年时期的语言社会化会导致对继承语和身份认同的偏好；而另一些理论则认为，对自身身份认同的渴望导致了对继承语的使用偏好，以使自身变得独一无二。第三套理论认为，这两个方向并不相互排斥。

格尔林斯及其同事分析了在两次调查（1992 年和 1996 年）中收集的 5262 名美国青少年（女性 = 2687 人）的数据。其中一些参与者具有亚洲背景（如来自越南、柬埔寨），另一些则具有拉丁美洲背景（如来自墨西哥、哥伦比亚）。

研究者还考虑了其他重要的背景变量，比如在美国居住的时间、继承语的熟练程度以及父母双方是否来自相同背景。研究者还利用多层次模型（嵌套于个体内的重复测量；参见第十三章）来处理数据。

这些分析表明，两个子样本（亚裔和拉美裔）的结果不同。对于拉美裔来说，两种交叉滞后效应都很明显。也就是说，继承语的使用偏好能够预测民族自我认同，而民族自我认同也同样能够预测继承语的使用偏好。因此，有证据表明互为因果关系的存在。然而，亚裔子样本的结果并非如此。对于亚裔青少年来说，语言偏好可以预测民族自我认同，民族自我认同却无法预测语言偏好。这一子样本的因果关系是单向的。

◎ 扩展阅读

Ruspini，E.（2002）*Introduction to Longitudinal Research*. London：Routledge.

正如书名所示，本书介绍了与纵向研究有关的各种问题，包括术语、特点、数据收集与分析，以及关于不同纵向方法的问题。书中列举了大量实例。

Menard，S.（2002）*Longitudinal Research*（2nd edn）. Thousand Oaks，CA：SAGE.

这是另一本关于纵向研究的入门读物。它是"小绿书"系列之一。尽管该书非常简短，但对各种问题的讨论却非常详细。

Shadish，W.R.，Cook，T.D. and Campbell，D.T.（2002）*Experimental and Quasi-Experimental Designs for Generalized Causal Inference*. Belmont，CA：Wadsworth，Cengage Learning.

本书可以说是研究设计方面的经典著作之一。第十二章涉及因果模型，包括对交叉滞后分析及其潜在局限性的简洁而清晰的讨论，以及对工具变量的详细阐述。

Finkel，S.E.（1995）*Causal Analysis with Panel Data*. Thousand Oaks，CA：SAGE.

这本简短的书专门探讨面板数据中包括交叉滞后设计在内的各种问题。通过讨论用于评估不同模型的各种方程，本书倾向于采用一些技术性的方法，从而让读者获取“皮相之下”的信息。

Angrist，J.D. and Krueger，A.B.（2001）Instrumental variables and the search for identification：From supply and demand to natural experiments. *Journal of Economic Perspectives* 15（4），69–85. doi：10.1257/jep.15.4.69.

这篇文章通俗易懂地介绍了工具变量，包括其定义、解释和陷阱。它还提供了一份多年来利用工具变量进行研究的范例清单，实用性很强。

Glenn，N.D.（2005）*Cohort Analysis*（2nd edn）. Thousand Oaks，CA：SAGE.

本书详细讨论了研究者在处理群体时面临的各种问题。其中一个章节是关于数据要求和可用性的，非常有帮助。

Andreß，H.-J.，Golsch，K. and Schmidt，A.（2013）*Applied Panel Data Analysis for Economic and Social Surveys*. Heidelberg：Springer.

本书中，作者讨论了管理分析不同结果变量的面板数据，还提供了 Stata 统计软件应用的介绍。

Longhi，S. and Nandi，A.（2015）*A Practical Guide to Using Panel Data*. Thousand Oaks，CA：SAGE.

这是一本专门介绍面板数据及其不同应用的书。书中提供的 Stata 应用侧重于社会学研究课题。

Baltagi，B.H.（2013）*Econometric Analysis of Panel Data*（5th edn）. Chichester：Wiley.

本书以数学为导向讨论该主题，更适合熟悉面板设计核心问题的高阶读者。

◎ 参考文献

Angrist, J. D. and Krueger, A. B. (2001) Instrumental variables and the search for identification: From supply and demand to natural experiments. *Journal of Economic Perspectives* 15 (4), 69–85. doi:10.1257/jep.15.4.69.

Dunning, T. (2012) *Natural Experiments in the Social Sciences: A Design-Based Approach*. Cambridge: Cambridge University Press.

Finkel, S.E. (1995) *Causal Analysis with Panel Data*. Thousand Oaks, CA: SAGE.

Geerlings, J., Verkuyten, M. and Thijs, J. (2015) Changes in ethnic self-identification and heritage language preference in adolescence: A cross-lagged panel study. *Journal of Language and Social Psychology* 34 (5), 501–520. doi:10.1177/0261927x14564467.

Gerber, A. S. and Green, D. P. (2012) *Field Experiments: Design, Analysis, and Interpretation*. New York: Norton.

Kenny, D. A. (2005) Cross-lagged panel design. In B.S. Everitt and D.C. Howell (eds) *Encyclopedia of Statistics in Behavioral Science* (Vol. 1; pp. 450–451). Hoboken, NJ: John Wiley & Sons.

Kline, R. B. (2016) *Principles and Practice of Structural Equation Modeling* (4th edn). New York: Guilford Press.

Larsen-Freeman, D. (2015) Saying what we mean: Making a case for 'language acquisition' to become 'language development' . *Language Teaching* 48 (4), 491–505. doi:10.1017/ S0261444814000019

Menard, S. (2002) *Longitudinal Research* (2nd edn). Thousand Oaks, CA: SAGE.

Russo, F. (2009) *Causality and Causal Modelling in the Social Sciences: Measuring Variations*. Dordrecht: Springer.

Rutter, M. (2007) Proceeding from observed correlation to causal inference: The use of natural experiments. *Perspectives on Psychological Science* 2 (4), 377–395. doi:10.1111/j.1745-6916.2007.00050.x.

Shadish, W. R., Cook, T. D. and Campbell, D.T. (2002) *Experimental and Quasi-Experimental Designs for Generalized Causal Inference*. Belmont, CA: Wadsworth,Cengage Learning.

Singer, J. D. and Willett, J. B. (2003) *Applied Longitudinal Data Analysis: Modeling Change and Event Occurrence*. Oxford: Oxford University Press.

第十二章　潜在增长曲线模型

◎ 概述

本章我们将回顾潜在增长曲线模型（LGCM）。潜在增长曲线模型可以看作是面板数据（第十一章）的一种应用，也可以看作结构方程模型（SEM）的纵向版本。因为近几年结构方程模型越来越流行，许多应用语言学家对结构方程模型已经有了一定程度的了解。但是，结构方程模型主要关注的是横截面数据。为了处理纵向数据和随时间推移而发生的变化，应用语言学家频繁地使用传统的方法，如前测—后测设计和重复测量方差分析（ANOVA）。然而，这些传统方法提供的数据视角相当有限，尤其是考虑到复杂动态系统理论（CDST）关注的是系统的持续变化和相互联系。本章将说明应用语言学研究者如何利用潜在增长曲线模型从数据中获得各种应用和有趣的见解。

潜在增长曲线模型中的“潜（在）”一词是指，在数据分析中观察到的随时间变化的轨迹被认为是潜在过程的体现。通常情况下，我们更感兴趣的是产生该观察轨迹的潜在过程。因此，我们对可观察指标的重复测量的兴趣是次要的，更重要的是，我们用重复测量来估计无法观察到的（潜在的）轨迹。这样，我们就能够描述时间轨迹，并随后尝试通过将解释变量纳入模型来解读时间轨迹（Bollen & Curran，2006）。

举个例子，让我们思考一下课堂教学环境中的阅读能力。在适当的指导下，阅读能力可能会随着时间的推移而提高。当我们在不同的时间点评估阅读能力时，我们最终会得出一个趋势。潜在增长曲线模型假设这个趋势是潜在阅读能力的一种（不完全）体现。然后，潜在增长曲线模型试图预估这种能力的发展模式。这也正是结构方程模型处理潜变量的方式。在结构方程模型中，研究者通常使用几个观察指标来估计一个潜变量。研究者认为，与这些指标的简单平均值相比，潜变量是更精确的测量方法，因为潜变量考虑到了其指标的可靠性。

潜在增长曲线模型的另一个重要优势在于，它使研究者能够对所有案例的全部轨迹进行建模，也能够对每个案例的单独轨迹进行建模。后者涉及个体间差异，而这正是复杂动态系统理论研究试图解决的问题之一。事实上，科伦（Curran）和威洛比（Willoughby）（2003）提出了一个论点，即潜在增长曲线模型结合了以变量为中心的方法和以个体为中心的方法这两种截然不同的发展观。以变量为中心的方法（又称通则式方法）强调所有案例的总体平均轨迹，而以个体为中心的方法（又称特殊规律方法）则强调每个个体独特、异质的发展轨迹。潜在增长曲线模型能够通过这两种方法为应用语言学家的数据提供丰富的启示。它可以模拟每个案例的独特轨迹、所有案例的平均轨迹以及围绕平均轨迹的变化。

由于潜在增长曲线模型是结构方程模型的延伸，因此理想情况是读者已经熟悉了结构方程模型，包括软件、术语、参数和标识以及路径图规则等。读者可以在伯恩（Byrne，2012）和克莱恩（Kline，2016）的章节中找到有助于了解结构方程模型主题的介绍。

◎ 研究问题

研究者可以利用潜在增长曲线模型提出一些有趣的新问题，例如：

- 某一给定过程何时开始（即截距）？发展的初始状态是怎样的？
- 围绕这种初始状态是否存在显著差异？个体间（初始状态）是否存在差异？
- 是否存在随着时间的变化（即斜率）？这种变化是线性的还是非线性的？它是否在某一点达到增长后的稳定期？（斜率）是否存在个体内差异？
- 个体内的变化是否存在个体间差异？

- （随着时间的推移）整体变化趋势如何？是增加还是减少？
- 变化的速度有多快？剧烈程度如何？
- 初始状态能否预测变化的剧烈程度？
- 数据中的两个或多个子群的变化轨迹是否存在差异？如果是，这种差异是怎样的？
- 如何解释初始状态的个体间差异？哪些解释变量可以解释初始状态的差异？
- 如何解释个体内部发展的变化？哪些解释变量有助于解释随时间变化的速率？
- 如何解释个体内变化的个体间差异？数据背后是否存在引起这种差异的独特子群？
- 某一变量的变化率（斜率）是否与另一变量的变化率（斜率）有关？

起初，这一连串的问题可能会令人感到困惑，这并不奇怪。这些关于随时间变化的复杂问题有很多是传统的统计方法（例如，前测—后测设计和重复测量方差分析）无法解决的。尽管多元回归可以解决其中一些问题，但潜在增长曲线模型提供了更大的灵活性。

以上述问题中的最后一点为例，让我们将前面的说明扩展一下，这个研究问题可能是，阅读能力是否与随着时间的推移而积累的努力程度有关。从表面上看，这似乎是一个可以通过简单的皮尔逊相关系数解决的问题。但是，请注意，在这里我们的问题是纵向的。阅读成绩的变化是否与努力程度的变化有关？像皮尔逊相关系数这样的方法处理的是一次性的横截面数据，无法解释这种纵向问题。

◎ 技术特点

图 12.1 展示了一个阅读发展的基本潜在增长曲线模型，该图基于假设四次年度收集的数据。图中两个主要部分是截距和斜率。截距代表发展的初始状态，斜率代表随时间变化的速率。四个方框是对学习者在四个年度收集批次中的实际测量值。每个方框下方都有一个特定时间的误差项，该误差项兼顾了测量的可靠性。

除了四次阅读测量外，图 12.1 中的其他部分都以椭圆形表示。按照惯例，椭圆形意味着该部分是推断出来的，而不是直接测量出来的。在图 12.1 中，实际测量的成分只有四次阅读分数。这也是箭头指向四个方框的原因。这意味着，基本的发展过程（由截距和斜率代表）和某些测量误差造成了观察到的阅读分数。连接截距和斜率的双向曲线箭头是协方差，是衡量两个变量之间关联性的指标。正协方差表示，在截距上开始时阅读分数较高的个体，随着时间的推移，阅读分数的增长速度也较快——类似于高成就者的优势。另一方面，负协方差则表明，开始时阅读分数较低的学生会有较快的增长——最初分数较低的学生会赶上其他学生。有时，截距和斜率的均值和方差也会显示在图中。

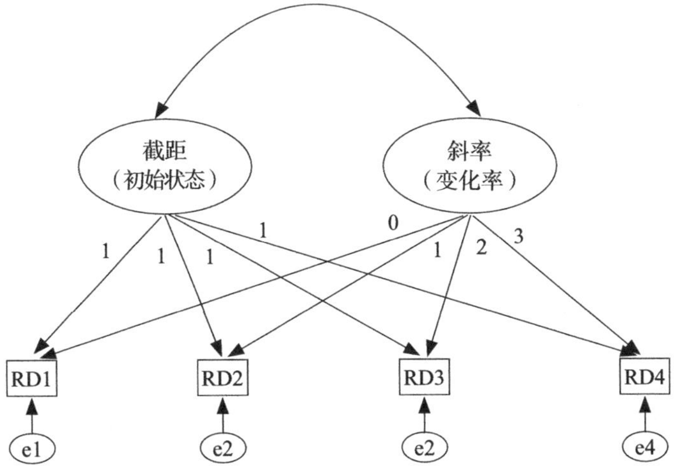

图 12.1　一个假设的潜在增长曲线模型示例

图 12.1 中一个有趣的部分是箭头旁边的数字。对于截距来说，所有箭头旁边的数值都是 1。这是因为该数值仅代表初始状态（有时又称常数）。另一方面，斜率代表增长，所以第一次阅读分数的数值是 0——尚未增长。然后，随着每一次阅读分数的增加，斜率也随之增长。在本例中，增长是线性的（1，2，3）。但是，如果增长是非线性的（这很有可能），那么我们就会需要另一个数值合适的斜率，比如原始斜率的平方（如 1，4，9）。如果我们的数据收集遗漏了一年，那么该图就会显示 0，1，2，4 这些数值，以此表示遗漏了第三年。

如前所述，图 12.1 是潜在增长曲线模型的一个基本版本。研究者可能需要根据研究问题添加其他部分。例如，研究者可能对阅读进行四次以上的测量。研究者收集数据的次数越多，对潜在轨迹的估计就越准确。在任何情况下，潜在增长曲线模型都要求至少三次数据收集。仅凭借两次数据无法判断趋势是线性还是非线性的，而且许多相互关联性的假设和持续变化也不易被发现。

另外，研究者可以在潜在增长曲线模型中增加其他变量。前面的例子有时被称为无条件模型。如果研究者加入了预测变量，则称为有条件模型。潜在增长曲线模型可以容纳稳定的或随时间变化的预测变量。时变协变量可能包括学习态度、学习动机或学习者口语表达中某一语言特征（如第三人称单数 -s）的发展。这些变量会在不同数据收集阶段发生变化，所以需要在每个阶段重新测量。相比之下，时不变协变量只需评估一次。例如，性别（最典型）、第一语言和学习之前接触该语言的程度。有趣的是，潜在增长曲线模型让研究者能够用这些预测变量来解释初始状态和随时间的发展变化，从而将两者都视为因变量加以考虑。

潜在增长曲线模型的另一个有趣应用是混合建模。关于这一点，我们假设数据中包含不同群体，而每个群体都有不同的发展轨迹。该应用密切反映了所研究情境可能存在的复杂性和动态性，而且它在很多情况下都是非常有用的——比如理解个体间的变异性——尽管一些方法论者提醒过我们不要过度使用这一特征[见下面 Nagin & Tremblay（2005）的引用]。潜在增长曲线模型的另一个有用特征是可以使用分段建模。这适用于发展轨迹具有不同阶段的情况。例如，如果一个轨迹显示出一段时间的增长，然后是增长后的稳定期，最后是下降期，那么我们就可以将该轨迹分成三个独立的时间段。出于分析目的，该模式的每一部分都会被单独处理。

纳金（Nagin）和特瑞布雷（Tremblay）（2005：882-883）论述了将基于统计的群体具体化的风险：

我们直截了当地承认，使用统计方法确定群体时，具体化的风险尤为巨大。伴随统计分析而来的科学客观性这一光环，以及用来描述统计发现结果的语言（例如，“占总人数的 x% 的群体 1，最好加以描述”），强化了群体的现实性……

将群体具体化的趋势存在重大风险。其一是公共政策实施。如果群体体量小，且其行为在社会上是不受欢迎的，比如犯罪行为，那么将该群体具体化为一个独特的实体——而不是一个连续体上的极端——可能会引起对该行为的强烈反应，因为这在"他们"和"我们"之间制造了一条明显的分割线。在人类历史上，基于群体的虚构分割是使"他们"非人化的第一步，这样的悲剧不胜枚举。另外两个风险本身并不可怕，但仍然很重要。其一是具体化会给人造成群体不可改变的印象，我们将在后面讨论这种风险。其二是具体化可能引起人们为了将个体归入其真正的轨迹群体，而不切实际地探求评估工具……

我们必须补充一点，这种方法并非没有争议。一些复杂性学者对变量（尤其是潜变量）的具体化表示担忧。根据伯恩（2002：117）的观点，这种担忧是指"一套我一直认为是错误且危险的程序——将被测'变量'解读为'真正的'潜'变量'的指标——以及结构方程模型中具体化的平方和具体化的立方"。米歇尔（Michell）（2003，2008）将另一个问题描述为潜在的自我重复错误，即假设所有变量都是可量化的，但从实证上看，某些属性本质上是非量化的。这种盲目的具体化突出了许多应用语言学研究中'对简单性方法论假说的偏爱'（Larsen-Freeman & Cameron，2008：1）。"

另一方面，有一种观点认为，一种思想在现实生活中不存在并不会使其完全失去效用。因此，即使一个潜变量在现实世界中并不存在，它在理解、预测和处理各种现实世界中的问题时，仍然可能具有重要的分析价值。同样的原则也适用于我们从"圆"中学到的东西，即使宇宙中可能不存在完美的圆——正如休谟（Hume）（1921/1748：23）所说，"即使自然界中从未有圆形或三角形存在，但欧几里得证明的真理【将】永远保有其确定性和显著性"。

◎ 实例研究

沃克（Walker）等人（1996）进行了一项研究，这项研究有助于解释使用潜在增长曲线模型的一些重要益处。这些研究者希望在特定群体（即照顾年迈母亲的女儿）中研究看护量和看护满意度之间的关系。正如我们在上文所强调的，这个问题是纵向的，需要采用适当的方法。沃克及其同事注意到，当时的研究结果十分混杂。他们推测，之所以出现这些相互矛盾的结果，可能是由于所使用的统计方法以及这些方法未能考虑到所研究样本中的变异性。

沃克等人招募了 130 名照顾年迈母亲的女儿。研究者向这些女儿询问了她们对母亲的看护量和满意程度，以及一些背景信息（尤其是她们与母亲的居住情况和至今为止的看护持续时间）。换句话说，这项研究的主要结果变量是满意度，而解释变量是看护量和其他背景特征（共同居住情况和看护持续时间）。研究者共收集了四次数据，每次数据收集间隔约为一年。研究者们提出了九个假设——其中一些与初始状态有关，而另一些则与随时间变化的性质有关：

假设 1：随着时间的推移，满意度的变化存在个体差异性。这意味着，有些女儿的满意度会随着时间提高，有些会下降，还有一些会保持不变。

假设 2：随着母亲年龄的增长，看护量的整体趋势会随着时间增加。

假设 3：尽管存在假设 1 中提出的差异性，但满意度的整体趋势会随着时间的推移而下降。

假设 4：初始看护水平会受到共同居住情况的正向影响。也就是说，与母亲同住的女儿会提供更多看护。

假设 5：一个人提供看护时间越久（即在研究开始之前），其初始满意度越低。

假设 6：在第一次数据中提供看护量最大的人，其初始满意度也会最低。

假设 7：与假设 5 相似，一个人提供看护的时间越久，其满意度随时间推移降低的幅度越大。

假设 8：与假设 6 相似，在第一次数据中提供看护量最大的人，其满意度的下降最急剧。

假设 9：看护量的增加越剧烈，满意度的下降就越急剧。

正如这些不同的假设所显示的，沃克等人能够利用在四个时间点上收集的数据（代表四年多的数据价值），对他们所关注的现象提出丰富的问题。除了主要结果变量（满意度）外，研究者们还提出了关于看护量、共同居住情况和看护持续时间的问题。他们的问题从初始状态（截距）和随时间的交互变化（斜率）两个方面探讨了这些变量之间的关系。尽管他们的研究没有明确地以复杂动态系统理论为框架架构，但这些问题准确地表达了复杂动态系统理论研究所关注的问题。

沃克等人在其文章中表示，他们的一些假设得到了支持，而有些假设则没有（关于结果的完整讨论，请参阅他们的文章）。图 12.2 是沃克等人研究结果的简化版。例如，与沃克等人的预期相反，看护持续时间与初始满意度（0.007）和满意度变化值（0.001）都不相关。这两个数值都太小，不具有统计学意义。相比之下，看护时间与共同居住情况的确显示出较强的关联，且在统计学上具有显著意义。

关于看护量和满意度之间的关系，沃克等人也发现了一些有趣的结果。初始看护量和初始满意度之间成负相关（-0.541），这表明在研究开始时提供最多看护的人的初始满意度最低。同样，看护量的变化与满意度的变化也成负相关（-0.638），这表明看护量增加幅度较大的人，其满意度会随着时间的推移下降得更快。图 12.2 还显示了一个从初始看护量到满意度变化（0.090）的对角线箭头。这个对角箭头表明，初始看护量本身与满意度变化率无关。只有看护量随着时间的变化与满意度随着时间的变化率是相关的。

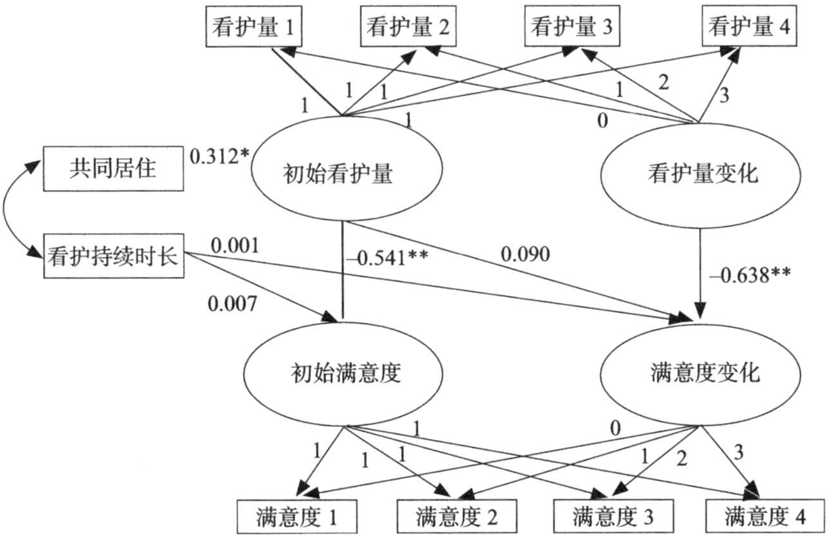

图 12.2　沃克等人研究结果的简化版本（注释：$^{*}p < 0.05$，$^{**}p < 0.01$）

虽然这项研究不是由应用语言学家开展的，但其相关性不难理解。应用语言学中的许多问题都可以进行纵向研究。例如，我们可能会对学习者语言熟练程度的发展感兴趣，这种发展可以是总体语言能力的发展，也可以是与某一特定语言学特征相关的技能发展，如口语表达的准确性或对某些形态词形变化的掌握能力。利用潜在增长曲线模型，研究者能够研究该特征如何随着时间发展，以及其发展轨迹与其他解释变量的相关程度，这些解释变量可以是随着时间变化的，也可以是不随时间变化的。同样，研究者可以研究这些解释变量与熟练程度的初始状态及其随时间变化的速率之间的关系。

潜在增长曲线模型还可以用于实验研究。在应用语言学中，典型的实验研究方法是前测—后测设计，可能还需要延后测。但是，研究者可以通过使用潜在增长曲线模型从数据中了解更多信息。例如，研究者可能希望使用两种（或更多）复杂的实验处理方法，而不是一种实验处理方法：研究者可以引入一种教学干预方法来提高某一方面的熟练程度，同时引入另一种环境处理方法来提高学习者的满意度。这样，研究者就可以研究满意度的变化（对于那些满意度确实有所提升的人）与熟练程度随时间的变化之间的关系。然后，研究者可以分析满意度的变化与初始熟练程度之间的关系以及满意度的变化与熟练程度随时间的变化率之间的关系。该模型还可以容纳与研究问题有关的其他解释变量，包括时变协变量和时不变协变量。由此可见，潜在增长曲线模型显然有潜力拓宽应用语言学家可支配的工具范围，进而扩大他们能够研究的问题范围。

◎ 扩展阅读

Burchinal，M.R.，Nelson，L. and Poe，M.（2006）IV. Growth curve analysis：An introduction to various methods for analyzing longitudinal data. *Monographs of the Society for Research in Child Development* 71（3），65–87. doi：10.1111/j.1540-5834.2006.00405.x.

这篇文章概述了纵向数据分析中需要满足的假设，对读者十分有帮助。这篇文章还比较了潜在增长曲线模型与其他可用方法（单变量和多变量重复测量方差分析、分层线性模型和增长混合模型方法）的特点。文章还概述了用于这些方法的一些常用软件程序。

Lowry，P.B. and Gaskin，J.（2014）Partial least squares（PLS）structural equation modeling（SEM）for building and testing behavioral causal theory：When to choose it and how to use it. *IEEE Transactions on Professional Communication* 57（2），123–146. doi：10.1109/TPC.2014.2312452.

这本书清晰易懂地介绍了结构方程模型的关键概念，作者们将其描述为第二代（G2）技术。作者们将 G2 技术与诸如 t 检验和方差分析（均称为一代）等相关性检验、回归检验和均值差检验进行了比较。詹姆斯·戈斯金（James Gaskin）还开发了一个 Excel 统计工具包（Excel Stats Tools Package），可以方便地计算结构方程模型所需的许多重要指标。读者可以在 www.statwiki.kolobkreations.com 网站免费下载。戈斯金还有一个 YouTube 频道，里面有许多有用的视频，任何对如何进行结构方程模型感兴趣的人都应该观看（www.youtube.com/user/Gaskination/playlists）。

Byrne，B.M.（2012）*Structural Equation Modeling with Mplus：Basic Concepts，Applications，and Programming*. New York：Routledge.

这本书主要涉及结构方程模型，但作者专门用一章介绍了潜在增长曲线模型的应用。这一章首先提供了一个简要概述，然后逐步指导读者如何使用 Mplus 分析数据。伯恩还编写了基于其他软件的相似书籍，包括 AMOS、EQS 和 LISREL。

Preacher，K.J.，Wichman，A.L.，MacCallum，R.C. and Briggs，N.E.（2008）*Latent Growth Curve Modeling*. Los Angeles，CA：SAGE.

这本书是 SAGE 出版的“小绿书”系列之一。它涉及与潜在增长曲线模型有关的许多问题，并清晰地阐释了术语。书中还概述了可应用潜在增长曲线模型的各种模型。这本书最后一章专门比较了潜在增长曲线模型和多层次模型。

Singer，J.D. and Willett，J.B.（2003）*Applied Longitudinal Data Analysis：Modeling Change and Event Occurrence*. Oxford：Oxford University Press.

这是一本涉及不同纵向方法的重要著作。其中一章题为“使用协方差结构分析建立变化模型”，专门讨论潜变量增长曲线模型，尽管这一章的标题并没有透露这一点。这本书在某种程度上是以数学为导向的。

Duncan，T.E.，Duncan，S.C. and Strycker，L.A.（2006）*An Introduction to*

Latent Variable Growth Curve Modeling：Concepts，Issues，and Applications（2nd edn）. Mahwah，NJ：Lawrence Erlbaum.

这是一本全面探讨该主题的长篇巨著。作者们还提供了不同软件程序的示例句法。这本书及其对该方法的探讨相当高阶。

Bollen，K.A. and Curran，P.J.（2006）*Latent Curve Models：A Structural Equation Perspective*. Hoboken，NJ：Wiley.

这本书是该领域的权威著作之一，由两位结构方程模型和潜在增长曲线模型的权威人士撰写。这是另一本为那些真正想要深入了解该方法的高级读者准备的书。

Winter，B. and Wieling，M.（2016）How to analyze linguistic change using mixed models，growth curve analysis and generalized additive modeling. *Journal of Language Evolution* 1（1），7–18. doi：10.1093/jole/lzv003.

这篇文章为语言研究者提供了关于混合模型、增长曲线分析以及广义加性模型的实用教程，这些模型都非常适合分析随时间发生的非线性变化。此外，作者还提供了示例中的 R 代码，以便读者将其用于自己的分析。

◎ 参考文献

Bollen, K. A. and Curran, P. J. (2006) *Latent Curve Models: A Structural Equation Perspective*. Hoboken, NJ: Wiley.

Byrne, B. M. (2012) *Structural Equation Modeling with Mplus: Basic Concepts, Applications,and Programming*. New York: Routledge.

Byrne, D. (2002) *Interpreting Quantitative Data*. London: SAGE.

Curran, P. J. and Willoughby, M.T. (2003) Implications of latent trajectory models for the study of developmental psychopathology. *Development and Psychopathology* 15 (3), 581–512. doi:10.1017/S0954579403000300.

Hume, D. (1921/1748) *An Enquiry Concerning Human Understanding*. Chicago, IL: Open Court.

Kline, R. B. (2016) *Principles and Practice of Structural Equation Modeling* (4th edn).

New York: Guilford Press.

Larsen-Freeman, D. and Cameron, L. (2008) *Complex Systems and Applied Linguistics*. Oxford: Oxford University Press.

Michell, J. (2003) The quantitative imperative: Positivism, naive realism and the place of qualitative methods in psychology. *Theory and Psychology* 13 (1), 5–31.

Michell, J. (2008) Is psychometrics pathological science? *Measurement* 6, 7–24.

Nagin, D. S. and Tremblay, R.E. (2005) Developmental trajectory groups: Fact or a useful statistical fiction? *Criminology* 43 (4), 873–904. doi:10.1111/j.1745-9125.2005.00026.x.

Walker, A. J., Acock, A. C., Bowman, S. R. and Li, F. (1996) Amount of care given and caregiving satisfaction: A latent growth curve analysis. *The Journals of Gerontology: Series B* 51B (3), P130–P142. doi:10.1093/geronb/51B.3.P130.

第十三章　多层次模型

◎ 概述

本章对多层次模型（MLM）进行了概述，首先让我们了解一下这种方法在复杂社会世界中是如何发挥作用的。社会科学领域的学者们早已认识到，我们的世界是一个受多层次影响的复杂结构（Bronfenbrenner，1979）。例如，在医疗保健领域，不同医院的病人很可能会接受到略有不同的治疗，因为每所医院都有不同的医生、护士和其他工作人员，拥有不同的设施，遵循不同的流程等。这会影响每所医院的治疗结果。同样，在公司、银行、监狱（并不是说我们对其有过亲身经历）等不同机构中，我们也会发现独特的环境。甚至在农业方面，农场的动物和植物也会因为其所在农场的不同，而影响到它们的健康状况及其产出的产品。

这种多层次的影响同样适用于教育机构。学校能够且确实为学生创造不同的环境，这取决于许多因素，如校长和行政人员的态度、对规章制度的遵守以及许多其他社会化过程。许多有经验的教师都认同，不同学校，甚至同一学校的不同班级，其社会环境都会大相径庭。这种环境不仅仅是学生背景或他们入校前能力的结果。即使学生没有选择他们的环境（例如，由于当地的一些规定，他们被随机分配到班级），通过这种分配后的社会化过程，这些环境中有形的差异依然会存在。

这些例子说明了高层次单位下的聚类。在具有随机效应的多层次模型背景下，这种聚类被称为嵌套（nesting）。例如，一名学生可以嵌套在一个班级内，班级嵌套于学校，学校又嵌套于社区。每一个较高层次的单位都包含较低层次单位，并对它们产生向下的影响。复杂动态系统理论（CDST）与之相似的概念就是具有层级性质的嵌套系统。多层次模型是一种检验这类嵌套系统的有效方法，并能够对可归因于这些层级的差异进行建模和分割。

带有随机效应的多层模型可以看作是面板数据（见第十一章）的一种应用，也可以看作是多元回归的一种特殊扩展。因此，本章作为该方法的入门介绍，涉及多元回归的相关问题，如系数、协变量、虚拟变量和R的平方，读者也应该对此有一定的掌握。在埃利森（Allison）（1999）的文章和迈尔斯（Miles）与舍夫林（Shevlin）（2001）的文章中都有通俗易懂的介绍。贝里（Berry）（1993）对回归分析所需的假设进行了详细论述。

◎ 研究问题

多层次模型是一个灵活的程序，研究者可以提出各种各样的问题。试想一下，一位在教育环境中的研究者对学业成绩感兴趣。该研究者可以收集学生在一段时间内的纵向数据（即重复测量），也可以决定从不同学校收集这些数据。在本例中，研究者可以从重复测量（第一层）、诸如性别和动机等学生特点（第二层）和诸如公立或私立等学校特点（第三层）中获得信息。研究问题举例如下（Rasbash，2008）：

- 是否存在个体内部随时间的变化（平均值）？
- 个体内部进步的可变性有多大（方差）？
- 是否存在个体间变量（如性别、动机）可以预测随时间的变化？男性进步更快还是更慢？
- 是否存在个体间变量（如性别、动机）可以预测随时间变化的变异性？具有某些特点的个体（如女性）的进步在整体上是否更统一？
- 与其他学校相比，某些学校的进步是否更大（第三层）？
- 这种进步是否可以用某些学生特点（如性别、动机）来解释？
- 这种进步是否可以用某些学校特点（如公立或私立）来解释？
- 这种进步是否可以用学生特点与学校特点之间的相互作用来解释？例如，私立学校中的女性是否进步更快？
- 不同学校的进步是否存在变异性？

- 这种变异性是否可以用学生特点（如性别、动机）来解释？
- 这种变异性是否可以用学校特点（如公立或私立）来解释？
- 这种变异性是否可以用学生特点与学校特点之间的相互作用来解释？例如，公立学校中男性的变异性是否更大？
- 这三个层次各自占多少方差？较高层次是否会大幅增加由较低层次解释的方差？

正如上述许多研究问题所表明的那样，多层次模型的一个重要特征在于，它不仅能够对所研究属性的平均值建模，还能对其变异性建模。多层次模型还让研究者能够在不同分析层次中纳入解释变量（多层次模型也称之为协变量）。这些解释变量可能不会随着时间变化（例如性别），也可能会随着时间变化（例如动机）。关于研究者可利用多层次模型研究的其他问题，请参见塔巴奇尼克和菲德尔（Tabachnick & Fidell）（2013：789–791）。

◎ 技术特点

在某些情况下，多层次模型更像是一种必需品，而非奢侈品。如果数据集含有聚类（例如从多个班级中抽样的学生），那么来自同一班级的学生之间可能比来自不同班级的学生之间相似度更高。这就在数据中产生了依赖性。但是，标准的方差分析（ANOVA）和回归模型都建立在独立性假设的基础上，违反这个假设会使第一类统计错误率上升。多层次模型也可以处理这种依赖性并对其进行调整，从而使标准误差和显著性检验更加准确。

因此，多层次模型的一个重要特征是它明确地将情境因素考虑在内。当然，这也是复杂动态系统理论的主要经验之一，它为兼容的研究方法提供了参考——另一条主要经验是动态变化（参见本书第一部分中的讨论）。与其对所有参与者一视同仁，不如关注每个学生来自哪个班级和哪所学校。事实上，多层次模型有时又称情境分析（Diez Roux，2002；Iversen，1991）。多层次模型可以研究开放系统，而无须“控制、限制或消除外部情境影响”（Luke，2004：2）。无视情境因素可能会导致在概念和方法论上得出不恰当的结论（Hox，2010）。例如，研究者可能会陷入生态谬误，即在个体层面应用群体数据得出结论（参见例如 Larsen-Freeman，2006）。反之，将个体分析得出的结论应用于群体层面，可能会因忽略了涌现结果而导致原子谬误。

罗布森（Robson）和佩瓦林（Pevalin）（2016：6–7）认为必须考虑到大局的复杂性：

你的模型应始终以理论为导向，最好的选择是与合理的理论依据相对应的模型。一个经常被忽视的问题是围绕如何描述社会世界的一般理论论点。布朗芬布伦纳（Bronfenbrenner）（1977，2001）等教育研究者认为，如果不考虑不同的情境，就无法理解个体（尤其是儿童）的结果。他的生态系统方法确定了一些需要纳入考虑的不同情境，即这些情境如何独立或共同创造儿童的生活环境。通过观察来自个体的数据，我们关注的是某些特征在微观（即个体）层面对研究结果的影响，但更可能的情况是，这些微观层面的影响在中观（学校或社区）和宏观（城市或国家）层面的更大单位中存在显著差异。微观和宏观（以及微观和中观）是相互作用的。这种理论观点最容易通过承认这些重要区别的统计方法来检验……那些只关注个体或只关注较高层面（群体、公司、国家）的理论，正逐渐被试图将这两者混合起来的方法所取代，这些方法可能会更准确地描述社会世界中的复杂性。

多层次模型的一个重要概念在于，系数是固定的还是随机的。当一个较高层变量（如学校）代表所有分析单位时（即我们要研究的是某一地区的所有学校，并且我们已经对所有学校进行了抽样），该系数被称为固定系数。另一方面，如果数据集中的学校只是我们要研究的学校中的一个样本，而不是该地区的所有学校，那么该系数就被称为随机系数。多层次模型会根据这些学校是代表所有学校还是仅代表其中的一个样本，来对分析进行一定的调整。在多层次模型术语中，还存在固定截距与随机截距以及固定斜率与随机斜率的区别［参见例如 Robson & Pevalin（2016）的讨论］。

层次不仅可以出现于自然界中，也可以作为研究者强加的结构出现。举例来说，设想一下以下情景：

- 重复测量或面板设计：个体内可以嵌套多重观察结果，如语言使用准确性随时间的变化。在这种情况下，个体并不是最低的分析层次。
- 多变量数据：我们可能希望对每个个体进行不止一个方面的测量，例如语言表达的准确性和流利程度。同样，此时的个体是较高层次的单位。
- 多阶段调查设计：研究者可以将感兴趣的研究对象分成若干单位（如100个地区或城市），然后仅从其中一些单位（如其中30个）进行抽样，以尽量降低成本。
- 干预措施：干预可以在群体层面（如班级）而非个体层面（学生）中进行。这在应用语言学研究中很常见，因为干预措施经常是在整个班级中实施的。

多层次模型的一个有趣优势在于，它还可以灵活处理随机缺失的数据。事实上，这种方法甚至允许研究者故意放弃某些测量。例如，一位研究第二语言学习成果的研究者可能有一个相当长的语言测试，但由于时间限制，实施整个测试可能不切实际。在这种情况下，研究者可以决定，有一组所有参与者都必须回答的核心问题（例如关于词汇的问题）以及自选回答的关于其他方面（例如语法、阅读和听力）的问题。在这里，研究者可以先进行核心问题的测量，然后再对不同参与者进行其他方面的测量。换句话说，每个参与者都要回答词汇部分的问题，再随机选择一个方面的问题。

回到系统嵌套性和伴随的层次结构的概念，多层次模型的另一个优势在于，它能够处理不同类型的复杂分层。生活并不总是如我们希望的那样整洁。在某些情况下，可能存在一个严格层次结构，比如学校中班级里的学生。在此情况下，每个学生都属于一个班级，每个班级都属于一所学校。但是，在某些情况下，这种层次结构并不成立：

- 交叉分类结构：试想一下，我们希望研究学生在校（中学）的表现和后来在大学的表现之间的关系。我们可能会发现，来自同一所学校（中学）的学生会进入同一所大学（见图13.1a）。然而，更接近现实的情况是，来自同一所学校（中学）的学生会进入不同的大学。在图13.1b中，学生5和学生6去了大学2，而学生 7 和学生 8 则去了大学 1。请注意，在这两种情况下，学生依然是最低的分析层次。

● 多成员结构：试想一下，我们希望研究学生特征和教师特征之间的关系。我们可能会发现，每个学生都有一位教师（图 13.2a）。但更可能的情况是，负责教授全部学生（或部分学生）的教师不止一位。如图 13.2b 所示，学生 1 只有一位教师，而学生 2 则有两位教师，学生 6 甚至有三位教师。多层次模型也可以对分配给每位教师的（教学量）比例建模。对于学生 2 来说，两位教师的教学量相等。而对于学生 6 来说，三位教师教学量的分配比例为 40-20-20。

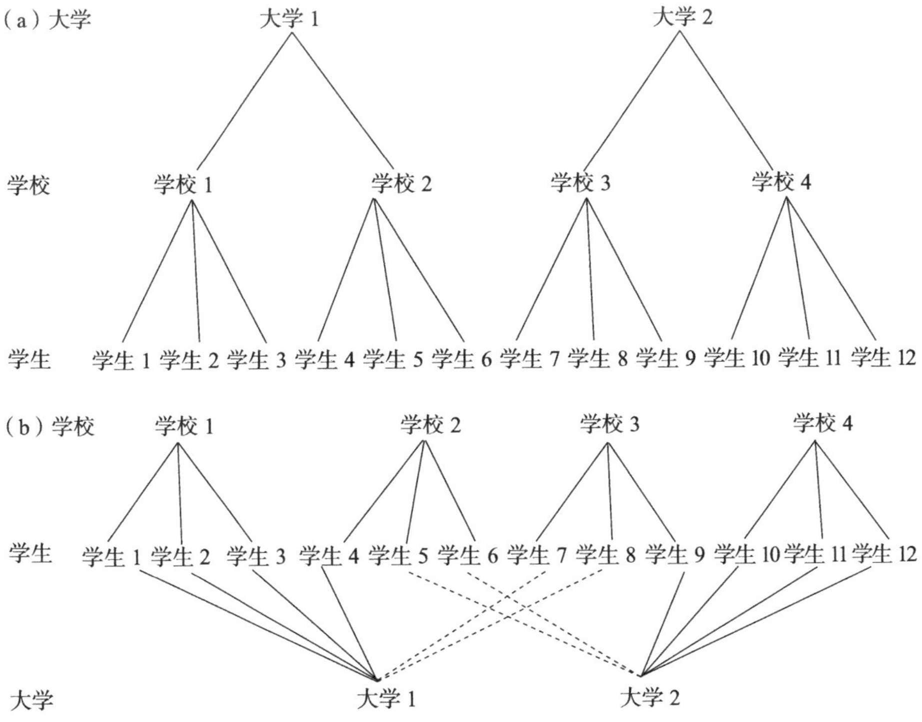

图 13.1　严格的层级结构与交叉分类结构

多层次模型可以处理所有这些复杂结构。它还能处理由交叉分类和多成员组合的结构。因此，很多研究者倾向于避免使用层次建模一词来描述多层次模型，因为多层次模型可以处理的结构并不局限于绝对的层次结构。

◎ 实例研究

特劳特温（Trautwein）和路德克（Lüdtke）（2007）的一项研究对多层次模型的效用提供了一些启示。特劳特温和路德克观察到，尽管关于作业的研究越来越多，但作业与学业成绩之间的关系仍存在争议。特劳特温和路德克认为，作业是一个复杂的问题，涉及学生、同伴、课堂和家庭等因素之间的相互作用，所有这些因素都可能对学生如何完成作业并从中受益发挥作用。特劳特温和路德克还认为，学生对不同学科作业的投入程度可能有所不同——这是一个合理的假设。因此，研究者着手研究作业与成绩之间的复杂联系。

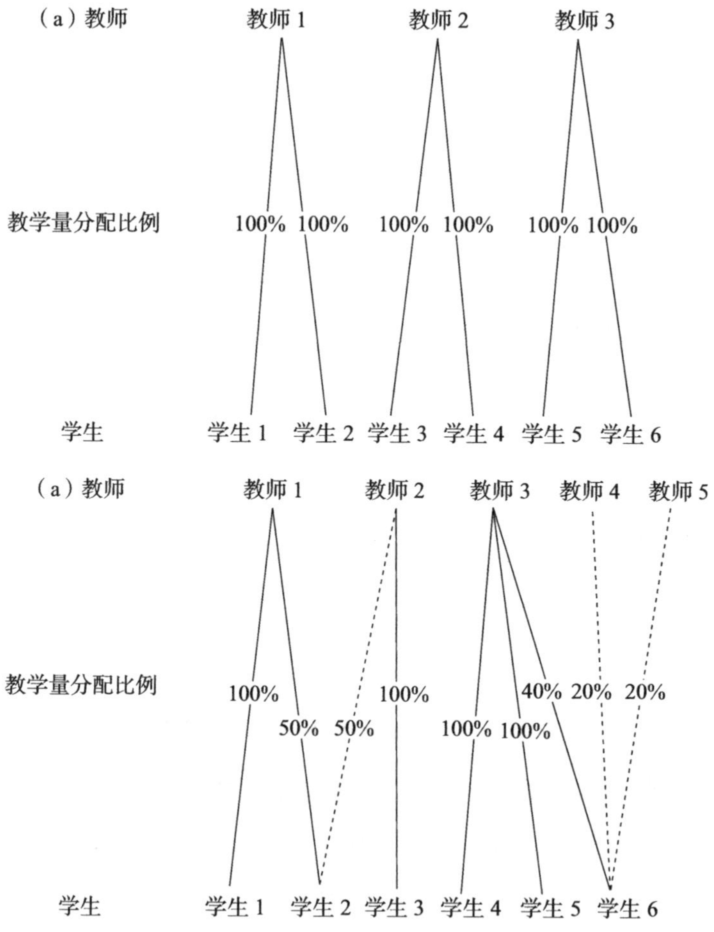

图 13.2　严格的层级结构与多重隶属结构

特劳特温和路德克对六个不同学科（德语、英语、历史、生物、数学和物理）的作业进行了研究。他们对 511 名八年级和九年级学生进行了问卷调查，询问他们在这六个学科的作业上分别花费的时间和精力，以及其他一些动机、人口学变量和基本认知能力测试。因此，在该研究中，学科是第一层次，学生是第二层次。这些学生来自德国教育系统的42个班级和三大轨道（学术、中级和低级）。因此，这两个变量（班级和教育轨道）代表第三层次。

特劳特温和路德克使用多层次模型检验了一些假设：

- 第一层次（学科的个体内差异）：

假设 1：学生会在其期望信念（即成功完成）较高的学科作业上投入更多精力。

假设 2：学生会在其价值信念（效用和成本）较高的学科作业上投入更多精力。

假设 3：学生会在其认为的作业特征（有趣）较高的学科作业上投入更多精力。

假设 4：学生会在其感知到的教师掌控力（对服从的认知）较高的学科作业上投入更多精力。

假设 5：学生感知到的作业质量的影响一定程度上受作业动机变量（期望值和价值）的中介效应影响。

假设 6：家长认为某个学科的作业越重要，学生在该学科中投入的精力就越多。

假设 7：与假设 6 相反，家长为各科作业提供的实际帮助量越大，学生在该学科中投入的精力就越少。

- 第二层次（不同学生的个体间差异）：

假设 8：学生的责任心越强，在作业上投入的精力就越多。

假设 9：亲子沟通的支持性越强，学生在作业上投入的精力就越多。

假设 10：学生成绩越高，在作业上投入的精力就越少。

- 学科与学生水平之间的相互作用：

假设 11：学生的责任心会与他们感知的作业掌控力相互作用，即其影响对责任心强的学生较低，而对责任心弱的学生较高。

- 学生在作业上花费的时间是一个因变量：

假设 12：在学科层面，作业动机不能很好地预测学生在作业上花费的时间，因为仅仅花费在作业上的时间并不能很好地反映作业质量。

假设 13：在学科层面，学生先前的成绩对于作业时间的预测作用不显著或为负。

假设 14：在学生层面，责任心对于基本认知能力的预测作用不显著或为负。

假设 15：由于作业花费时间的复杂性，相对于作业花费时间的差异，模型中的变量更能解释作业投入精力的差异。

特劳特温和路德克由此提出了关于不同层次的丰富问题。在每个层次上，都有各种变量被假设为显示某种关系或不显示某种关系。其中大多数假设都得到了结果的支持（关于这些结果的完整报告，参见他们的文章）。例如，关于作业投入精力，研究者发现，53% 的作业差异可以由个体内差异解释，而 47% 则由个体间差异解释。关于作业花费时间，67% 的差异可以归因于个体内差异，而 31% 则归因于个体间差异，还有 2% 归因于班级层次。

这个例子说明了多层次模型如何让研究者建立起一个复杂的模型。研究者不必局限于少数几个变量，而是可以在不同分析层次上纳入更多变量。多层次模型还让研究者能够检验跨层次的相互作用，从而为所研究的现象提供真正独特的见解。

从复杂动态系统理论的角度来看，事件完全独立的可能性极小，我们无法从分析一个层次的关系来推断其在另一个层次的关系。忽略这一事实可能会导致我们从实证数据中得出不准确的推论，除非在试图解释这些复杂现象时就对变异性进行明确的划分和考虑。多层模型让研究者能够在高度复杂的层次上做到这一点。

◎ 扩展阅读

Robson，K. and Pevalin，D.J.（2016）*Multilevel Modeling in Plain Language.*

Los Angeles，CA：SAGE.

这是一本非常通俗易懂的多层次模型入门读物。正如书名所示，作者们用简洁的语言十分极好地解释了多层次模型概念。对于有兴趣进一步了解该话题的读者来说，这本书或许应该是他们的首选资源。

Diez Roux，A.V.（2002）A glossary for multilevel analysis. *Journal of Epidemiology and Community Health* 56（8），588–594. doi：10.1136/jech.56.8.588.

多层次模型的挑战之一是掌握该领域的术语。正因如此，多层次模型起初可能会让人困惑不解。蒂埃兹·胡（Diez Roux）提供了一份十分有帮助的常用术语词汇表。

LEMMA（Learning Environment for Multilevel Methodology and Applications）virtual learning environment，Bristol University. http：//www.bristol.ac.uk/cmm/learning/on line-course/.

这是关于多层次模型及该领域不同主题和应用的免费在线课程。该课程由该领域的专家策划，内容包括使用不同软件包的实际案例。

Peugh，J.L.（2010）A practical guide to multilevel modeling. *Journal of School Psychology* 48（1），85–112. doi：10.1016/j.jsp.2009.09.002.

这篇文章的作者为建立不同类型的多层次模型提供了逐步指导。虽然文中有一些假设的基础背景知识，但也提供了有用的实际例子。附录中还包括这些模型的 SAS 和 SPSS 句法。

Singer，J.D. and Willett，J.B.（2003）*Applied Longitudinal Data Analysis：Modeling Change and Event Occurrence*. Oxford：Oxford University Press.

We would recommend it to those generally familiar with conventional modeling methods.

这本书大体上是关于纵向数据的，而其中一些章节则更具体地关注多层次模型。这本书对该主题的探讨相当高阶，所以我们将其推荐给大致熟悉传统建模方法的读者。

Goldstein，H.（2011）*Multilevel Statistical Models*（4th edn）. Chichester：Wiley.

Hox，J.J.（2010）*Multilevel Analysis：Techniques and Applications*（2nd edn）. New York：Routledge.

Rabe-Hesketh，S. and Skrondal，A.（2012）*Multilevel and Longitudinal Modeling Using Stata*（3rd edn）. College Station，TX：Stata Press Publication.

Hox，J.J. and Roberts，J.K.（eds）（2011）*Handbook of Advanced Multilevel Analysis*. New York：Routledge.

这是一套相当高阶的文献，有助于深入研究与多层次模型有关的各种问题的细节。感兴趣的读者可以先学习我们推荐的其他资料，掌握多层次模型基础知识之后，再将这套文献作为最佳实践的入门读物。

Preacher，K.J.，Wichman，A.L.，MacCallum，R.C. and Briggs，N.E.（2008）*Latent Growth Curve Modeling*. Los Angeles，CA：SAGE.

这本书的最后一章对多层次模型和潜变量增长曲线模型进行了有益的比较。

◎ 参考文献

Allison, P. D. (1999) *Multiple Regression: A Primer*. Thousand Oaks, CA: Pine Forge Press.

Berry, W. D. (1993) *Understanding Regression Assumptions*. Newbury Park, CA: SAGE.

Bronfenbrenner, U. (1979) *The Ecology of Human Development: Experiments by Nature and Design*. Cambridge, MA: Harvard University Press.

Diez Roux, A. V. (2002) A glossary for multilevel analysis. *Journal of Epidemiology and Community Health* 56 (8), 588–594. doi:10.1136/jech.56.8.588.

Hox, J. J. (2010) *Multilevel Analysis: Techniques and Applications* (2nd edn). New York: Routledge.

Iversen, G. R. (1991) *Contextual Analysis*. Newbury Park: SAGE.

Larsen-Freeman, D. (2006) The emergence of complexity, fluency, and accuracy in the oral and written production of five Chinese learners of English. *Applied Linguistics* 27 (4), 590–619. doi:10.1093/applin/aml029.

Luke, D. A. (2004) *Multilevel Modeling*. Thousand Oaks, CA: SAGE.

Miles, J. and Shevlin, M. (2001) *Applying Regression & Correlation: A Guide for Students and Researchers*. London: SAGE.

Rasbash, J. (2008) *Module 4: Multilevel Structures and Classifications*. LEMMA VLE, University of Bristol, Centre for Multilevel Modelling. See http://www.bristol.ac.uk/ cmm/ (accessed 30 June 2019).

Robson, K. and Pevalin, D.J. (2016) *Multilevel Modeling in Plain Language*. Los Angeles, CA: SAGE.

Tabachnick, B. G. and Fidell, L.S. (2013) *Using Multivariate Statistics* (6th edn). Boston, MA: Pearson.

Trautwein, U. and Lüdtke, O. (2007) Students' self-reported effort and time on homework in six school subjects: Between-students differences and within-student variation. *Journal of Educational Psychology* 99 (2), 432–444. doi:10.1037/0022-0663.99.2.432.

第十四章　时间序列分析

◎ 概述

第十一章到第十三章中所讨论的方法假定在一段时间内追踪相同的单位。然而，有时研究者能够收集到一段时间内的数据，但并非来自相同的单位。例如，从几年的全国范围样本中获得的测量数据。时间序列分析（TSA）的一个显著特征在于，它通常涉及大量时间有序、间距相等的观测数据。这使研究者能够处理成百上千个不同时间段收集到的数据点。因此，相对于潜在增长曲线模型（第十二章），时间序列分析的另一个优势是能够轻松处理更多收集到的数据点——尽管它通常使用较少的变量。显然，这对复杂动态系统理论（CDST）研究者来说是一个非常有用的工具，因为他们通常希望充分了解所研究现象的历时发展的方方面面。

有了足够的不同时间点的数据集，我们就有可能在概率上预测变量在未来可能的表现，并推测它们在过去可能的表现（Ostrom，1978）。这一特征为我们提供了建立、检验和发展理论的宝贵方法。尽管我们已经说过复杂动态系统理论多么重视情境的开放性、初始条件的重要性、相互关联性、软组装性以及非线性变化和自组织性，但是能够进行预测无疑是以实证方式检验理论的最重要方式之一。换句话说，正所谓“布丁好坏，不尝不知”。

关于预测在非线性时间序列分析中的作用，坎兹（Kantz）和薛伯（Schreiber）（2003：48）认为：

在本书中，我们关注的是信息中可能存在的复杂结构的检测和量化。我们希望能够说服读者们，我们发现的结构是真实存在的，而不仅仅是波动。要证明某种模式存在，最令人信服的论据就是能否利用它来更好地进行预测。对于一项理论来说，与已知数据兼容是必要条件，但这还不够。一个理论要想被接受，就必须成功地预测一些随后可以得到验证的事物。在时间序列分析中，我们可以从字面上理解这种对预测质量的要求。

时间序列分析主要涉及收集大量观测数据，并将其绘制成时间序列图。然后，以一种不同于标准回归分析的方法对数据进行分析。这种分析的不同之处在于误差项的自相关问题。也就是说，在许多统计程序中，观测数据都是从一个群体中随机抽取的。然而，当收集长期数据时，自相关现象就会发生，数据也就不能再被视为随机的了。正如复杂动态系统理论的相互依存关系原则和复杂因果关系原则一样，每个数据点都会变得与之前和之后的数据点极为相似（在时间序列分析中又称序列依赖性）。这种相似性违反了回归分析和许多其他统计程序中的非自相关假设，并扩大了显著性检验的范围。因此，如果时间序列分析不考虑这一原则，研究者就会得到本不应当得到的显著性结果（Ostrom，1978）。

时间序列分析有几种不同的方法（参见例如 Montgomery et al.，2008）。其中两种常用方法是时间序列回归分析和博克斯 – 詹金斯（Box-Jenkins）时间序列（Ostrom，1978）。时间序列回归分析的运作方式类似于结构方程模型：研究者事先指定某些预测，然后用数据来检验这些预测。而博克斯 – 詹金斯时间序列则以实证为基础。这意味着，博克斯 – 詹金斯时间序列首先看的是数据，然后建立一个模型来归纳性地描述这些数据。其他方法包括研究者刻意操纵某些变量，以研究干预措施的有效性。这种方法有时被称为中断时间序列（参见第十六章的单一被试设计）。

时间序列分析主题因严重依赖技术细节和数学符号而声名狼藉。关于时间序列分析，很难找到一本能让初学者轻松入门并了解这种方法的书，让读者不会在几乎每一页都遇到复杂的方程——这可能会使一些读者望而却步。但是，在本章中，正如本书的其他章节一样，我们试图为时间序列分析提供一个概念性介绍，这种介绍通俗易懂，且不涉及任何方程。因此，如果专业的时间序列分析使用者希望了解构成时间序列分析基础的方程（例如非线性微分方程），他们可能会认为本章的内容太过基础，甚至有时过分简化。然而，我们的目的是向读者解释与时间序列分析相关的特定术语，以此作为进一步阅读的起点。在本章结尾，正如我们在其他章节中所做的那样，我们会向感兴趣的读者推荐一些扩展阅读读物，以提供进一步的技术细节。

◎ 研究问题

时间序列分析让研究者能够研究关于预测复杂动态现象的一些有趣问题。以下研究问题涉及的某些主题对一些读者来说可能并不熟悉，不过我们会在本章后面对其进行讨论。

- 根据现有数据，我们可以在多大程度上预测该数据未来可能的情况？
- 根据现有数据，我们可以在多大程度上推测该数据过去可能的情况？
- 现有数据能让我们在多大程度上预测（或回溯）其未来（或过去）？
- 除了点估计，时间序列分析预测的范围或区间（见下文）是什么？
- 数据的趋势是什么？是线性的还是非线性的？
- 数据波动的性质是什么？是平稳性的、季节性的、周期性的还是随机的？
- 是否存在证明模式中因果关系的证据？是否存在以“格兰杰原因”方式引起该模式的变量（见下文）？

正如这些例子所示，这些问题围绕着两个主要目的：确定数据序列的性质和根据数据的已知内容进行预测。但是，我们必须在本章尽早明确，预测和推测在现实生活中很少是确定性的（Bisgaard & Kulahci，2011）。更现实的是，模型应该是随机的（即概率性的），这样实际上就与复杂动态系统理论兼容了。这是因为总有一些未知的潜在影响因素——也许是事先不可知的——会将随机因素引入到分析中。相反，时间序列分析使用者可以获得一个预测区间，并计算出观测结果落入该区间的概率。

◎ 技术特点

当所关注的现象适合反复收集数据时，就可以使用时间序列分析。研究者应该能够回到现象本身进行研究，并随时间进行测量，或者能够访问已经包含此类数据的数据库。例如，研究者可能会研究一个第二语言（L2）学习者某些方面的发展情况，如在二语话语中特定语法结构的使用、代码转换倾向或 T 单位长度。

在收集到时间序列数据之后，研究者可以通过绘制直观图来研究数据的发展轨迹。或者，研究者也可以计算不同数据点之间的相关性（在时间序列分析中称为自相关图和偏自相关图）。由此得到的形状可能呈现出平稳性、季节性、周期性或随机性。随着本章内容的推进，我们将用实例解释这些不同类型。

假设一所学校的图书馆有关于其每月用户的统计数据。图 14.1 显示了图书馆用户在十年间的一个假定实例。这种模式被称为平稳模式，因为它的均值、方差和自相关性始终保持恒定。尽管有一些波动，但显然用户人数的均值在大多数时间都趋于 60 到 70 之间。这种平稳的趋势使预测未来趋势相对容易、直接。用于此目的的一种常用方法被称为自回归移动平均模型（ARIMA，Box & Jenkins，1976）。

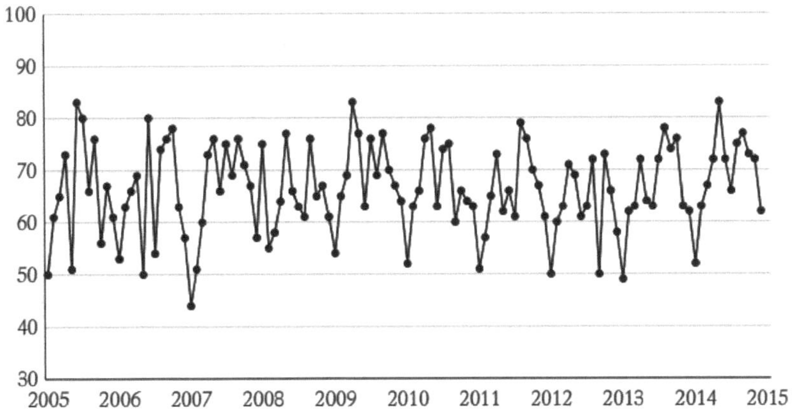

图 14.1　显示图书馆用户数量呈平稳趋势的假设数据

现在想象一下，这所学校图书馆也有其二语学习者借阅记录的时间序列数据。图 14.2 描绘了这一假设数据。我们可以看出，这十年间的借阅量显然呈上升趋势。如果我们观察一下每一年内的借阅趋势，我们也会注意到一个周期性的模式。在每年年中，学习者借阅图书的兴趣最大。

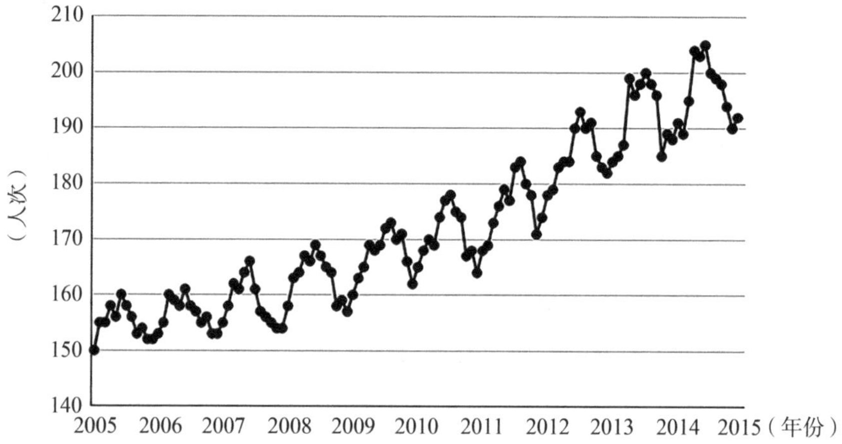

图 14.2　显示学校图书馆借阅记录呈季节性趋势的假设数据

通过观察这一趋势，我们可以推测 2005 年之前和 2015 年之后的借阅情况。例如，我们可以预测不久后某个月份的需求量。这是一种点预测。或者，我们可以进行范围预测，比如预测几个月（即要研究的时间范围）的模式。我们预计借阅记录将遵循相似的模式，年中仍然是需求最高的时段。统计程序已经在时间序列分析内展开，以正式确定诸如此类的预测。近几十年来，收集密集数据的现成技术不断改进，软件包的进步也使这些新的分析技术能够越来越多地为研究者所用：常见的统计软件包（例如 MATLAB、R、SAS、SPSS 和 STATA）都具备可用于此类预测的模块。

此外，我们还可以假设，这种增长趋势与学校图书馆近年来接收越来越多的学生有关。那么，基于这一假设，我们可以预测，随着学校图书馆接收学生人数的不断增加，这种趋势也将继续上升。这就是格兰杰因果关系（Granger causality）（参见后面实例研究中的说明）的一个例子。

现在，让我们考虑一下这所假设的学校图书馆多年来购置图书的数量（图 14.3）。这次的模式不像之前那么简单。图书购置记录似乎确实显示出一种趋势，但并不像借阅记录（图 14.2）那样有规律可循。我们在这里可以看到，前三年代表了一种模式，接下来的四年则显示出图书购置量暴跌（也许是由于财政紧缩），然后图书购置量又在最后几年恢复。在时间序列文献中，这种趋势被称为周期性趋势。与图 14.2 中的季节性趋势不同，周期性趋势没有固定的周期（如每月、每年等重复周期）。我们可以尝试预测接下来几年的图书购置情况，但如果暴跌的购置量是由于教育资金危机，那我们就很难预先知道何时会发生这种情况。我们也许可以预知数字的变化，但无法得知具体时间。

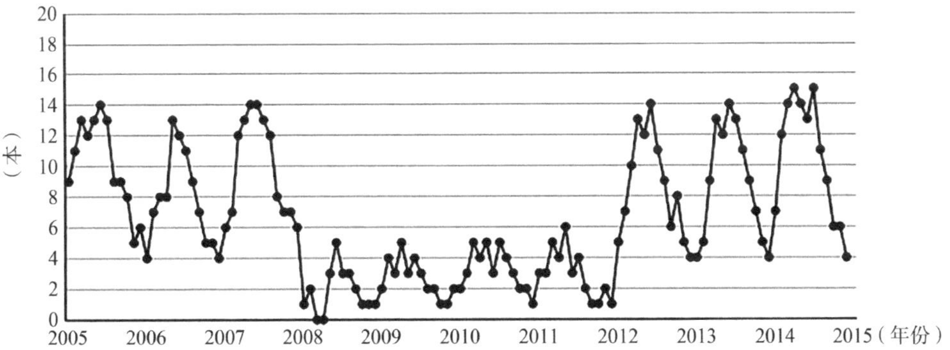

图 14.3　显示图书购置数量呈周期性趋势的假设数据

现在，让我们来看看这一时期受损图书的数量。与之前的情况不同，图 14.4 并没有显示出一个明显趋势。平均值在整个期间不断变化。有时没有图书受损，有时则有 20 本图书受损（相当多！）。方差也在变化，变化幅度时大时小。这种明显的随机模式让预测变得困难。不过，在最后三年里，我们还是有可能看到一种趋势，即这种模式似乎在减少。如果是这样，那么图中对预测最有用的部分可能是过去时间趋势的图表。

时间序列分析涉及多种统计程序（参见例如 Hill & Lewicki，2006）。其中一个例子就是平滑法。平滑是将相邻数据点平均化的过程，这样我们就得到了通常所说的移动平均，来代表有关现象的发展轨迹。这种分析还可以揭示数据表现出加法季节性或乘法季节性。加法季节性表示一种按一定的数字增加的趋势。例如，如果我学校的图书馆每个月都购置几本新书，但在九月又额外购置了 20 本，那么我们就得到了一种加法模式（即在总数的基础上增加了20本书）。另一方面，如果学校图书馆有足够的资金在九月增购现有图书数量的20%，那么我们就得到了一种乘法模式（即将现有图书数量乘以0.2）。这两种模式会导致不同的轨迹，从而导致不同的预测。随着时间的推移，加法模式保持线性趋势，而乘法模式则会变成非线性（或指数性）模式。

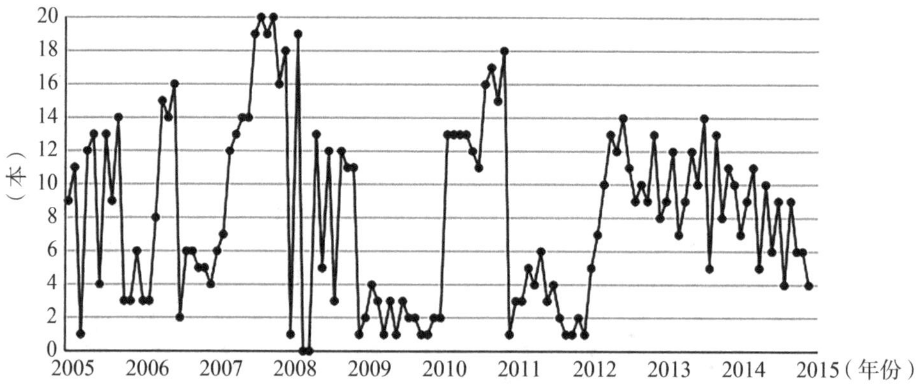

图 14.4　显示受损图书数量记录呈随机模式的假设数据

时间序列研究者经常观察到的一种模式被称为阻尼趋势。这种趋势通过一个随机过程，随着时间的推移呈现出成比例的下降。例如，我们学校的图书馆可能会意识到，图书购置量增加20%的目标过高，因此他们可能会决定在下一个周期增加18%。之后，增幅可能会降至16%，以此类推。因此，随着时间的推移，增长轨迹似乎会“阻尼化”，而这是系统应对负反馈（参见第二章中的相关内容）时常见的发展模式。

比斯加德（Bisgaard）和库拉奇（Kulahci）（2011：22）论述了数据可视化的重要性：

在大多数情况下，图形建模和数学建模是相辅相成的。在任何统计分析中，对数据进行仔细的图形检查始终是第一步，而且往往是关键的一步。事实上，数据可视化在分析的所有步骤中都很重要，并且通常应作为最后一步进行“合理性检查”，以避免尴尬的错误。我们需要培养对数据的“感觉”，并对我们正在处理的数据产生直觉。这种“感觉”和直觉来源于对数据的实际操作和处理。统计图形也许是我们了解过程行为和发现关系的最重要手段。图形在数据清洗中也很重要。然而，对时间序列数据进行图形数据分析并不一定是显而易见的小事。这需要技巧和技术。有些方式方法比其他方式方法更好。数据可视化是一门艺术，也是一门科学……数据总是包含奇特的模式。大多数都值得仔细研究。当然，有些模式可能并不重要。但在许多情况下，离群值和奇特的模式预示着一些重要的或不同寻常的信息，在某些情况下可能是整个数据集中最重要的部分。因此，我们不应该轻易忽略或否定它们。正如纽约洋基队的尤吉·贝拉（Yogi Berra）在1963年的一次新闻发布会上所说，“通过观察，你可以发现很多东西”。对于时间序列数据分析而言，这尤为正确！

◎ 实例研究

时间序列分析中的一个重要探寻领域是如何调查因果关系（第三章对该主题进行了更详细的阐述）。通过纯粹的描述性方法来理解模式，以及对模式进行令人满意的准确预测，无疑是理想的时间序列分析特征。但是，如果时间序列分析能够进一步揭示所得模式的内在机制，尤其是可能引起该模式的原因，那么它将变得更加有效。这是复杂动态系统理论研究的关键，其中大部分研究旨在了解导致特定结果的复杂因果机制在情境中的相互作用。在时间序列分析中，此类应用已广为人知，例如克莱夫·格兰杰爵士（Sir Clive Granger）（1969）证明了如何利用一个先验时间序列对另一个时间序列进行因果推断，并因此获得了诺贝尔奖。

马拉佐（Marazzo）等人（2010）运用时间序列和格兰杰因果关系——以诺贝尔奖获得者命名——来理解巴西的航空运输需求问题。作者们认为，航空运输在任何国家都是最重要的领域之一。对于预算方案及其巨大的经济影响而言，了解当前的航空运输需求并预测其未来增长至关重要。马拉佐及其同事从巴西的市场中获得了数据，并运用了一系列时间序列分析。他们发现，航空运输的年增长率较高，并预测，按照这一增长率，巴西主要机场的吞吐量将在某一时刻达到饱和。这一预测在短期和长期都有重要意义，因为它能够帮助官方人员制定战略计划，更好地利用国家的可用资源。

重要的是，马拉佐等人（2010）想要了解是哪些因素可能促成了航空运输需求的增长，尤其是促成经济增长［国内生产总值（GDP）］的贡献。为此，研究者运用格兰杰因果关系检验，分析了1966年至2006年间航空运输需求与国内生产总值之间的关系。他们在文章中比较详细地介绍了他们使用的统计方程。我们在此不做介绍，因为这些数学符号对一些读者来说完全是陌生的，可能会让他们有点不知所措。

在概念层面上，这项任务相当简单明了：为了使“国内生产总值的变化引起航空运输需求的变化”这一假设成立，格兰杰因果关系要求，与仅从先前的航空运输需求水平中得出的预测相比，先前的国内生产总值水平可以提高对航空运输需求的预测。

在分析了这两个时间序列趋势之间的关系之后，马拉佐及其同事发现，国内生产总值是解释所观察到的航空运输需求增长率的一个合理备选因素。事实上，他们的分析表明，国内生产总值需要两年左右的时间才能对航空运输需求产生最大影响。这为复杂因果条件提供了一个特别的复杂动态系统理论概念说明，即随着时间的推移，复杂因果条件具有延迟效应和非比例效应。

◎ 扩展阅读

StatSoft Inc.（2013）*Electronic Statistics Textbook*. Tulsa，OK：StatSoft. See http：//www. statsoft.com/Textbook/Time-Series-Analysis（accessed 30 June 2019）.

如本章前面所述，即使是在该主题的介绍性文章中，读者也会遇到一些技术细节。因此，从免费的在线文章开始学习可能是个好主意。这本书有一章是关于时间序列分析的，读者可以从中获得关于该领域更详细的概况。

Bisgaard，S. and Kulahci，M.（2011）*Time Series Analysis and Forecasting by Example*. Hoboken，NJ：Wiley.

比斯加德和库拉奇承认，很难找到一本通俗易懂的时间序列分析教科书，这也正是他们撰写这本书的动机。读者们会发现这本书相对容易理解，尽管其中并非完全没有技术方程。作者们还用一个有趣的章节介绍了时间序列的可视化及其注意事项。

Montgomery，D.C.，Jennings，C.L. and Kulahci，M.（2008）*Introduction to Time Series Analysis and Forecasting*. Hoboken，NJ：Wiley.

这是一篇技术性没有那么强的文章，详细介绍了时间序列分析方法。作者们还展示了使用三个软件包（Minitab、JMP 和 SAS）的应用实例。

Schelter，B.，Winterhalder，M. and Timmer，J.（eds）（2006）*Handbook of Time Series Analysis*：*Recent Theoretical Developments and Applications*. Weinheim：Wiley-VCH.

这本书汇集了关于时间序列分析中相当高级的主题，包括非线性动态模型、确定性预测和概率预测，以及动态关系的图形建模。

Kantz，H. and Schreiber，T.（2003）*Nonlinear Time Series Analysis*（2nd edn）. Cambridge：Cambridge University Press.

这本书专门介绍非线性时间序列分析。它所涉及的高级主题包括混沌数据与噪声、遍历性和奇异吸引子，以及非线性系统的耦合和同步。

Box，G.E.P. and Jenkins，G.M.（1976）*Time Series Analysis*：*Forecasting and Control*. Oakland，CA：Holden-Day.

这是时间序列分析方面的一本重要著作。作者们探讨了当时具有开创性的模型，如自回归移动平均模型及其统计性估计。博克斯与詹金斯对这些问题的论述无疑是针对高阶读者的。

◎ 参考文献

Bisgaard, S. and Kulahci, M. (2011) *Time Series Analysis and Forecasting by Example*. Hoboken, NJ: Wiley.

Box, G. E. P. and Jenkins, G.M. (1976) *Time Series Analysis: Forecasting and Control*. Oakland, CA: Holden-Day.

Granger, C. W. J. (1969) Investigating causal relations by econometric models and cross- spectral methods. *Econometrica* 37 (3), 424–438. doi:10.2307/1912791.

Hill, T. and Lewicki, P. (2006) *Statistics: Methods and Applications: A Comprehensive Reference for Science, Industry, and Data Mining*. Tulsa, OK: StatSoft.

Kantz, H. and Schreiber, T. (2003) *Nonlinear Time Series Analysis* (2nd edn). Cambridge: Cambridge University Press.

Marazzo, M., Scherre, R. and Fernandes, E. (2010) Air transport demand and economic growth in Brazil: A time series analysis. *Transportation Research PartE: Logistics and Transportation Review* 46 (2), 261–269. doi:10.1016/j.tre.2009.08.008.

Montgomery, D. C., Jennings, C.L. and Kulahci, M. (2008) *Introduction to Time Series Analysis and Forecasting*. Hoboken, NJ: Wiley.

Ostrom, C. W. (1978) *Time Series Analysis: Regression Techniques*. Beverly Hills, CA: SAGE.

第十五章　经验取样法

◎ 概述

米哈里·契克森米哈赖（Mihaly Csikszentmihalyi）（2014）在回顾经验取样法（ESM）的起源时，强调了研究人文社会现象的主观方法与客观方法之间长期存在的矛盾。前者在本质上更注重质性，以主观经验和个人意义优先，而更注重量化的方法则倾向于将受控实验的更严格结果视为有效。他认为，由于人类体验和这种体验的质量是所有社会科学都关注的问题，因此，人文社会学科只有找到一种方法，平等地借鉴主观方法和客观方法来探究生活的所有复杂性，才能成为一门完全成熟的学科（参见 Mehl & Conner，2012）。

为了将这一点与复杂动态系统理论明确联系起来，近年来的观点（LeDoux，2002）和早先的观点（James，1890/2013）都强调了两个需要考虑的因素：第一，个人体验是复杂且独特的；第二，个人体验在结构上是动态的，经历着不断的变化。正因为如此，经验取样法学者认识到了将体验视为一个复杂综合体的重要性，它源于情感、动机和认知之间的相互作用，而不仅仅源于生理输入内容（Bolger et al.，2003；Feldman Barrett & Barrett，2001）。

就其设计而言，经验取样数据是复杂且动态的（Brose & Ram，2012）。在完整的环境中（例如在工作、家庭、课堂以及社会机构中），人们对定义明确的复杂系统或感兴趣的发展问题有一定程度的了解，收集这种现场的和时间密集的数据确实是研究人类功能与行为在时间和现象学方面的方法之一，这种方法与复杂动态系统理论更加兼容（Deboeck，2012）。

鉴于这一点，方法论方面的主要挑战转向了通过结合对生活体验的关注和方法论学者尝试使用的实证研究工具——包括可用的设计、数据抽取技术和统计分析——对短时的经历和伴随事件进行可靠的测量（Csikszentmihalyi & Larson，1987）。因此，经验取样法是为应对这一挑战而设计的，正如赫克特纳（Hektner）等人（2007：6）的戏言，经验取样法已经成为"对表意方法的常规污染"。

这种方法在实践中是怎样的呢？经验取样法的最大特点在于，它促使个体以固定的时间间隔对数据抽取的刺激因素做出反应（例如，在每次收到信号时，个体都会在一天内表明自己的情感状态或警觉程度）（Reis & Gable，2000）。这种重复测量产生的数据类型让研究者能够对个体变化的不同过程建模，因为时间是赋予数据意义和连贯性的主轴（Bolger & Laurenceau，2013）。举一个经典的例子，由契克森米哈赖与他的两位研究生里德·拉森（Reed Larson）和苏珊娜·普莱斯考特（Suzanne Prescott）（Csikszentmihalyi et al.，1977）使用经验取样法完成的第一项研究，该研究主要探究青少年如何度过清醒时间以及他们在清醒时间内的活动在一周内的变化情况。因此，经验取样法是收集人类生活背景和内容相关信息的一种手段。"经验取样法很像报社记者收集关于人物、事件、地点和时间的信息，它提供了一份关于……日常生活景观的记录。"（Hektner et al.，2007：125）

然而，除了对人们参与的活动、地点和共同参与对象进行简单列举之外，伴随这些体验样本的情感、认知和动机才是了解这些体验性质的窗口（Mehl & Conner，2012）。换句话说，人们在日常生活中自然发生的情境下的行为可以揭示出大量人类思想、情感和发展背后的复杂性，因为这些行为捕捉到了这些相互关联的各种元素和相互作用，这些因素和相互作用带来了性质上截然不同的结果（例如专注、学习、投入、理解、享受、友谊和成功）（Bolger et al.，2003）。

尽管经验取样法和生活经历研究在某些方面与混合方法产生了共鸣（我们将在本章的后面讨论这一点），但在实践中，经验取样法涵盖了在个体层面某一时间跨度内纵向收集的密集数据点。这意味着，经验取样法就像本书中提到的许多其他量化方法一样，会产生大量的数据，这也给分析带来了挑战，包括应对数据缺失、创建总结数据流中有意义事件的策略，以及处理时间序列中的自相关影响。基于这些原因，我们将经验取样法列入了本书的量化研究方法部分。

◎ 研究问题

赫克特纳（Hektner）等人（2007：12）提出，“大多数重要的问题……都能从系统的经验取样中受益”。其他学者（例如，Bolger & Laurenceau，2013；Mehl & Conner，2012）也表达过同样的观点。使用经验取样数据，可以使研究者在研究复杂情况、涌现结果和动态发展模式中采取多种途径。

在极大的时间尺度和背景下，经验取样法的一个焦点涉及个体与环境的相互作用。适合这一研究线索的问题包括：

- 人类行为、功能或表现（如学习、交流、语言使用）的具体特征是如何受到互动环境影响的塑造呢？
- 这种行为或活动及其引起的社会互动有哪些情境限制和相互影响？
- 个体在功能系统和改变社会环境中起到怎样的作用？

随着人们强调个体及其情感、动机和认知因素如何共存并对个体经历产生影响，其他更微观层面的问题也随之而来：

- 个体如何体验不同性质的情境（如身处第二语言课堂、海外学习环境中）、活动（如消耗精力、分配注意力、交流互动）和结果（如成功、失败、兴奋、兴趣、理解）？
- 在这样的情境中，个体思想、情感和行动之间会产生哪些复杂的联系？
- 这些联系如何随着时间而波动？
- 个体对突出事件（如学习、互动）的体验最突出的表现形式是什么？
- 在某一设定的情境中，不同个体之间会出现哪些大致稳定的结果？
- 不同个体对相似情境的体验有何不同？这种体验和结果如何随着时间而变化？
- 对于某一与目标相关的行为（如达成某事、完成某项任务），这些经历中包含哪些变化过程？

关于人与人之间的互动以及人文社会系统中固有的人际动态性问题，在更群体性的层面上分析更加贴切：

- 在构成有意义系统的个体之间存在哪些类型的相互作用规则或参数？
- 这种相互适应的交流如何体现和影响系统行为 / 系统变化？
- 这种人与人之间的相互作用有什么特点，会产生什么结果？
- 这些相互作用及其规范如何随着时间变化？

◎ 技术特点

虽然经验取样法起源于心理学现象研究，但对于任何致力于探索个体、情境和过程（如学习、发展或更广泛的人类行为）之间相互作用的学科，经验取样法都具有潜力（Trull & Ebner-Priemer，2014）。这种方法通过要求个体在某一特定时间段内回应研究者根据其兴趣和目标量身定制的问题，从而在一个或多个时间尺度上突出这些过程中的波动。我们将在下文中详细说明其工作原理。

经验取样法的取样方式——也是其名称的由来——包含要求个体进行系统的自我报告，可以是定期报告（如固定时间触发取样），可以是在被发出信号时报告（即信号触发取样）或是在发生某一关注的特定事件之后（如每次用餐后）进行自我报告（即事件触发取样）（Goetz et al.，2016）。在最常用的技术中，只要有信号装置提示，个体就会对这些刺激因素做出反应。在过去的几十年里，这主要依赖于参与者携带的电子传呼机或寻呼机（类似于医生随身携带的那种）（Conner Christensen et al.，2003），但是这种信号现在可以完全自动化，并通过兼容的应用程序（例如 LifeData LLC 开发的 RealLife Exp）发送到任何一种最新的智能设备或可穿戴设备上，或作为“推送”提醒发送到个人的电话短信服务中［参见 Kubiak & Krog（2012）的评论］。该信号在精准的时刻提示完成自我报告问卷，时间间隔可根据研究范围和时间窗口的需要被设置为定期或不定期

（Feldman Barret & Barret，2001）。一些变化包括在一小时内每 5 或 10 分钟、在小组会议或项目的每个独立活动之间、在一天内每两小时或一周内每天三次。

举个特定领域的例子，我们可以假设这样一项研究：通过在课堂上每 5 或 10 分钟提示学生进行回应，来探索二语课堂的结构以及学生在课堂上的主观体验。通过利用这种重复取样的数据，经验取样法设计可以探索参与者在课堂上参与不同教学配置时的实时体验质量，并研究这种体验与某特定教学实践或条件相关的持续注意力、兴趣或表现的变化之间的联系。

可以提示参与者对多种多样、数量众多的测量做出反应。考虑到这种灵活性，经验取样法最适合测量即时情景体验的维度（例如，你对自己现在的表现感觉如何？），这些体验往往取决于情境，而不是更全局的维度（例如，你对自己的表现能力总体感觉如何？）或更回溯性的维度（你对自己上次的表现感觉如何？）（Bolger & Laurenceau，2013）。尽管目前任何用于自我报告数据的问题格式都可用于经验取样法（包括一系列开放式或封闭式问题），但这些问题的设计应能捕捉参与者的瞬间感知或反应。这些问题构成了所谓的经验抽样表（ESF）。经验抽样表可能包括一些针对物理环境（如地点、时刻）和社会情境（如分享这一时刻的其他人的数量和描述），以及行动、思想、感受的强度及任何其他相关的自我评价（Hektner et al.，2007；Reis & Gable，2000）。

让我们扩展一下二语课堂的例子，假设学生们要在每个时间间隔回答有关他们情绪的语义差异量表（例如，警觉 – 困倦，放松 – 焦虑，困惑 – 清晰，参与 – 疏离），表示他们对课堂任务挑战性、重要性、满意度或感兴趣程度等观点的李克特（Likert）式题目（例如，非常同意到非常不同意），或表示学生接收到信号时正在做什么、为什么、与谁一起、正在考虑什么等自由回答的问题。

虽然经验取样表通常被设计成可以在几分钟甚至几秒钟之内完成，但我们仍应根据研究的目的和范围对其进行调整（Conner Christensen et al.，2003）。当然，设计取样过程中的时间间隔也必须考虑到经验取样表的长度。如果一项研究中的经验取样表非常简短（例如在几秒内即可完成），那么研究者就可以更频繁地向受访者发出信号。但是，如果参与者要花几分钟以上的时间才能完成经验取样表，那么为了降低对受访者的要求，研究者就需要降低取样频率（Bolger &

Laurenceau，2013）。

> **关于参与者和经验取样法研究者之间的“研究联盟”，米哈里·契克森米哈赖（2014：24）认为：**
>
> 获得【经验取样法】数据需要一定的谨慎和关注。经验取样法是一种与人交流日常生活的手段，这种交流需要奥弗尔（Offer）和萨布新（Sabshin）（1967）所说的研究联盟——一种对研究程序和目的的相互理解。（关于我们是联邦调查局特工的笑话暗示了产生误解的可能性。）大多数参与者认为，这一程序在某种程度上是有益的，而且大多数人都愿意分享他们的体验。但是，合作与否不但取决于他们的信任，也取决于他们是否相信这项研究是有价值的。在开始之前，我们会先向每个人解释我们的研究目的，即我们有兴趣了解他们的日常体验。事实证明，对于青少年来说，更个人化一点的表达效果是有效的。我们会说：“我们对你的故事感兴趣，无论是什么故事。”……在结束时，我们会与每个人一起坐下来，回顾这一周的经历，讨论这一周的进展，并分享从他们的体验中获得的样本。

相比之下，完全依靠自然主义的行为观察方法（例如参与观察法）所获得的关于个体活动及其发生情境的信息更为有限（Bolger et al.，2003；Shiffman et al.，2008）。经验取样，就像我们上述假设的例子一样，通过利用个体实际体验这些活动和情境的方式，可以被视为在此基础上增加了一个新的维度。而且，与大多数传统的自我报告技术不同，这种方法并不依赖于单一的评估，而是在多个场合收集重复的测量。通过这种做法，经验取样法将自然主义行为观察的生态有效性、日记的非侵入性以及心理测量技术的严谨性和精确性结合起来（Csikszentmihalyi，2014：23）。

为了更好地理解收集到的数据，人们按照不同的外部属性、内部属性或“经验坐标”对其进行编码（Hektner et al.，2007：63）。这里的外部经验坐标是指做出反馈的时间、日期和地点等方面，以及做出反馈时活动的具体内容和与之一起的人。这些编码方案——通常但不总是质性的——可以以一种更自下而上的方式从数据中得出，也可以是在收集数据之前就已明确定义的既定分类。对这种外部属性进行编码的特异性程度，主要取决于研究问题和研究目的。无论是哪种情况，这些编码往往都是相当复杂和具有描述性的，而且为了系统性起见，通常会在编码手册中进行细分。

另一方面，内部坐标是主要以量化方式进行评估的措施，比如通过语义差异或李克特式评分量表进行评估。例如，受访者对某一活动期间的专注度、参与度和注意力水平的报告。与外部坐标相比，这些量化数据带来的问题较少，因为它们可以以一种相当简单直接的方式进行分析。但是，使用开放格式评估的内部经验的编码方面可能会比较棘手（Bolger & Laurenceau，2013）。在这些情况下，数据往往以参与者在回答问题时的想法形式呈现。许多研究最初通过使用更精细的代码对有关活动和思维的开放式回答进行编码，然后将这些代码归纳为功能性更强的类别［参见 Mehl & Conner（2012）的说明］。随着分析的深入，这些代码往往会合并成更大的类别；在这种情况下，编码者间的一致性是一个重要的考虑因素。不言而喻，为数据分配代码和原始分数，以及任何后续的格式化、查询和分析都很可能在数据分析软件包中进行。用于质性分析和量化分析的此类平台有很多。

关于经验取样法是质性方法，还是量化方法，或者两者皆有，赫克特纳等人（2007：81-82）认为：

> 经验取样研究产生的大量数据非常适合进行一些复杂的统计分析。日常生活中表现出来的人格方面，比如自尊，可以通过多个项目在多个时间点、多个情境中进行测量。因此，经验取样法对于量化研究人类生活和条件的效用不容小觑。
>
> 然而，经验取样法也可以是一种重要的质性研究工具，它让我们通过参与者自己的口吻，来了解他们在做什么、想什么、感觉如何，以及他们如何看待自己的社会环境和物理环境……这个双管齐下的例子并不意味着质性研究者应该设计他们自己的质性经验取样法，也不意味着量化研究者应该仅关注数字量表和百分比。事实上，经验取样法的最佳使用方法是将其提供的质性信息和量化信息共同用于解决一个广泛的问题。

当然，经验取样法绝不是一个完美的方法，它同样必须努力解决实际执行中的问题（Goetz et al.，2016）。我们之前暗示过的最大劣势或许是，这种对数据抽取刺激因素（即问题或项目）的定期反应是强加于受访者的繁重需求。这可能会打击潜在参与者的积极性、降低整体完成率、导致数据质量随着时间的推移而下降。契克森米哈赖（2014）报告说，在已发表的经验取样研究中，受访者年龄从 10 岁到 85 岁不等，根据情境和受访者的背景（如蓝领工人、小学生、退休人员），70% 到 85% 的完成率是合宜的。

另一个主要劣势是干扰性的问题，即重复测量程序是否会对被测量现象产生过度影响（Shiffman et al.，2008）。鉴于经验取样法所蕴含的人类体验的复杂性和动态性，我们不禁要问，这种抽取数据的方法是否会对个体体验产生实质性的反作用？此外，人们对自己评价（即自我报告数据）的客观性也让人担忧。毕竟，即使是经验取样数据也很容易受参与者偏见的影响，比如人们会出于社会期望而选择性地编辑他们的回答。不过，采用合理的测量工具和谨慎的设计，可以最大限度地减少这种对经验取样法有效性的威胁，并减少这些担忧。

最后一个挑战是这种时间序列测量所产生的大量数据。一个由 20 人组成的样本在一周内每天四次回答 15 个项目 / 问题（20 × 15 × 4 × 7），将产生 8400 个数据点。一些综述显示，经验取样研究平均持续一到两周，其间平均每天发送 8 到 12 次信号（Reis & Gable，2000），10 倍于此的数据量并不罕见。

◎ 实例研究

托马斯·高兹（Thomas Goetz）及其在德国和加拿大的同事们（Goetz et al.，2013）设计了一项经验取样法研究，该研究重点关注人们在教育环境中体验到的离散情绪。他们首先提出了一个有趣的问题（“女生在数学学习中真的会体验到更多的焦虑吗?”），并将经验取样法状态评估的情绪和自我认知与“经典”的特质评估进行比较，来尝试回答这个问题。这项研究的目的不仅在于揭示数学焦虑中的性别差异，还在于将反映“真实”体验的即时状态水平报告和更受主观信念影响的特质水平报告进行对比。

尽管男生和女生的成绩相近，但高兹等人在学业情绪相关文献中发现了一个令人遗憾的观点，即与男生相比，女生的数学学术自我概念通常较低，对数学的焦虑程度更高。高兹等人假设，这种差异只会在特质测量（即受到持久的自我认知影响较大的测量）中体现出来，但在对现场数学焦虑的经验取样测量中，可能观察不到。

他们从 41 个班级中分别随机抽取了 2 到 4 名高中生作为样本（$n = 111$ 名学生），这些学生首先填写了一份标准化问卷，对特质数学焦虑、学术自我概念和成绩进行了自我报告。在接下来的两周里，在每堂数学课，通过经验取样法在随机时间对学生的数学焦虑进行现场评估。个人数字助理（PDA）平均每堂课向参与学生发出五次信号。

研究者利用多层线性模型，在三个层面上进行了多层次分析（见第十三章）：测量嵌套于学生中，学生嵌套于课堂中。关于特质数学焦虑，他们的结果与之前的研究结果一致，即女生的数学焦虑水平高于男生。但是，关于课内（即状态层面）数学焦虑，在任何经验取样测量中，都没有观测到性别差异。因此，与横截面数据所能显示的情况相比，经验取样数据能够显示出更加复杂的课堂中随着时间推移而变化的情绪。

高兹等人（2013，2016）采用的经验取样法还让研究者能够考察以下情绪特征：

- 情绪所经历的时长；
- 情绪的不稳定性和反应性（即情绪体验中的极端变化）；
- 情绪脉冲（即情绪强度变化的频率和类型）；
- 情绪自旋（即情绪体验的质变程度）。

◎ 扩展阅读

Bolger，N. and Laurenceau，J.-P.（2013）*Intensive Longitudinal Methods：An Introduction to Diary and Experience Sampling Research*. New York：Guilford Press.

这本深入浅出的专著对纵向设计和数据分析进行了真正的应用性探讨——经验取样法是其中的一个主要例子。该书各章节先列出了关键定义，并讨论了研究问题与研究设计的选择、构建纵向数据集的最佳做法（包括抽样考虑因素和功效分析），以及主体内分析与主体间分析的实际讨论。各章节还包括研究实例、样本数据集和随附的分析输出（例如在 SPSS、R 和 Mplus 中）。

Csikszentmihalyi，M.（ed.）（2014）*Flow and the Foundations of Positive Psychology*：*The Collected Works of Mihaly Csikszentmihalyi*. New York：Springer.

这本论文集中的部分章节从方法论角度概述了经验取样法的起源、用途、优势和缺陷。这本论文集中的内容有的是回顾性的，有的是更具实践性的，对于任何有兴趣开展经验取样研究的人来说，它都是一本背景知识读物。

Hektner，J.，Schmidt，J. and Csikszentmihalyi，M.（2007）*Experience Sampling Method*：*Measuring the Quality of Everyday Life*. Thousand Oaks，CA：SAGE.

这是一本关于经验取样的出色介绍，分为三个部分：第一部分讲述了经验取样的基础和目的，第二部分涉及经验取样特有的方法论问题，第三部分通过分享社会科学研究领域积累的经验取样研究的具体实例和研究发现，对这些方法论问题进行了深入探讨。

Mehl，M.R. and Conner，T.S.（eds）（2012）*Handbook of Research Methods for Studying Daily Life*. New York：Guilford Press.

这本手册受契克森米哈赖在经验取样方面的研究成果启发，汇集了 50 多位学者的专业知识和方法论技术。这本书的风格极其生动，内容涉及此类方法的理论和概念逻辑依据、到研究设计考虑因素、数据收集方法、数据分析方法以及涉及多个学科和主题角度的实际应用。

◎ 参考文献

Bolger, N. and Laurenceau, J.-P. (2013) *Intensive Longitudinal Methods: An Introduction to Diary and Experience Sampling Research*. New York: Guilford Press.

Bolger, N., Davis, A. and Rafaeli, E. (2003) Diary methods: Capturing life as it is lived. *Annual Review of Psychology* 54, 579–616. doi:10.1146/annurev.psych. 54. 101601.145030.

Brose, A. and Ram, N. (2012) Within-person factor analysis: Modeling how the individual fluctuates and changes across time. In M.R. Mehl and T.S. Conner (eds)

Handbook of Research Methods for Studying Daily Life (pp. 459–478). New York: Guilford Press.

Conner Christensen, T.S., Feldman Barrett, L., Bliss-Moreau, E., Lebo, K. and Kaschub, C. (2003) A practical guide to experience-sampling procedures. *Journal of Happiness Studies* 4, 53–78. doi:10.1023/A:1023609306024.

Csikszentmihalyi, M. (ed.) (2014) *Flow and the Foundations of Positive Psychology: The Collected Works of Mihaly Csikszentmihalyi*. New York: Springer.

Csikszentmihalyi, M. and Larson, R.W. (1987) Validity and reliability of the experience sampling method. *Journal of Nervous and Mental Disease* 175, 526–536.

Csikszentmihalyi, M., Larson, R. W. and Prescott, S. (1977) The ecology of adolescent activities and experiences. *Journal of Youth and Adolescence* 6, 281–294. doi:10.1007/ BF02138940.

Deboeck, P. R. (2012) Modeling nonlinear dynamics in intraindividual variability. In M.R. Mehl and T.S. Conner (eds) *Handbook of Research Methods for Studying Daily Life* (pp. 440–458). New York: Guilford Press.

Feldman Barrett, L. and Barrett,D. J. (2001) An introduction to experience sampling in psychology. *Social Science Computer Review* 19, 175–185. doi:10.1177/089443930101900204.

Goetz, T., Bieg, M., Lüdtke, O., Pekrun, R. and Hall, N.C. (2013) Do girls really experience more anxiety in mathematics? *Psychological Science* 24, 2079–2087. doi:10.1177/0956797613486989.

Goetz, T., Bieg, M. and Hall, N. C. (2016) Assessing academic emotions via the experience sampling method. In M. Zembylas and P.A. Shutz (eds) *Methodological Advances in Research on Emotion and Education* (pp. 244–258). New York: Springer.

Hektner, J., Schmidt, J. and Csikszentmihalyi, M. (2007) *Experience Sampling Method: Measuring the Quality of Everyday Life*. Thousand Oaks, CA: SAGE.

James, W. (1890/2013) *Principles of Psychology (Vol. 1)*. New York: Henry Holt.

Kubiak, T. and Krog, K. (2012) Computerized sampling of experiences and behavior. In M.R. Mehl and T.S. Conner (eds) *Handbook of Research Methods for Studying Daily Life* (pp. 124–143). New York: Guilford Press.

LeDoux, J. (2002) *Synaptic Self: How Our Brains become Who We Are*. New York: Viking Penguin.

Mehl, M. R. and Conner, T. S. (eds) (2012) *Handbook of Research Methods for Studying Daily Life*. New York: Guilford Press.

Reis, H. T. and Gable, S.L. (2000) Event-sampling and other methods for studying everyday experience. In H.T. Reis and C.M. Judd (eds) *Handbook of Research Methods in Social and Personality Psychology* (pp. 190–222). New York: Cambridge University Press.

Shiffman, S., Stone, A. A. and Hufford, M. R. (2008) Ecological momentary assessment. *Annual Review of Clinical Psychology* 4, 1–32. doi:10.1146/annurev.clinpsy.3.022806.091415.

Trull, T. and Ebner-Priemer, U. (2014) The role of ambulatory assessment in psychological science. *Psychological Science* 23, 466–470. doi:10.1177/0963721414550706.

第十六章　单一被试设计

◎ 概述

组间设计有时被用于描述将实验组与对照组进行比较的传统方法。推论统计的出现巩固了基于组的设计在许多学科中的地位（Barlow et al.，2009；Kazdin，2011）。其大部分早期进展归功于罗纳德·费希尔爵士（Sir Ronald A. Fisher）（1890—1962），他几乎凭一己之力奠定了现代统计学的基础，而且他没有深入研究同时代的人或前辈（Hald，2007）。他的天资部分归因于他童年时期的视力不佳。根据萨尔斯伯格（Salsburg）（2001）的记述，由于费希尔的近视问题，他的医生禁止他在人造光下阅读。他的私人教师不得不在黑暗中教他数学，因此费希尔也只能依靠自己的想象力来学习。这帮助他培养了数学的几何感，让他能够跳过中间步骤的阐述就得出结论。对于他来说显而易见的结论，其他数学家却需要花费几年的时间才能验证出来。主流的统计学家们也承认他的贡献，包括 t 检验的发明者，他的学生威廉·希利·戈塞（William Sealy Gosset）（1876-1937），他说：“费希尔真正研究出了完整的数学。”（转引自 Salsburg，2001：28）。

然而，费希尔革命是有代价的。费希尔最富有成果的几年是在英国洛桑农业试验站度过的（见 Salsburg，2001）。费希尔广泛研究了作物的变化，以考察诸如土壤质量、降雨量等因素的影响。正如巴洛（Barlow）等人（2009）所解释的，这也是一些术语的起源，如裂区方差分析（ANOVA）。最重要的是，“就像研究个体差异一样，如果一块地里作物的平均产量比以其他方式处理的相似地块的平均产量高，那么单株作物的命运与作物群体的产量无关……”（Barlow et al.，

2009：7，原文强调）。虽然这一原理在农学中可能行之有效，但将其应用于人类却会引发一系列问题——其中一些是关于伦理道德的，我们将在本章的后面讨论，但最明显的是涉及复杂动态系统理论（CDST）关于复杂模式和动态变化过程的观点。此外，伴随组间设计而来的推论统计的优雅性也引发了替代选项（单一被式设计）的边缘化。

单一被试设计（又称单一受试者设计和被试内设计）并不依赖于计算实验组的平均值，再与对照组比较这样的传统方法。相反，单一被试研究通常将个体作为其发展轨迹的对照组（尽管也存在稍微不同的设计，见下文）。因此，推论的基础是前后对比，而不是对照组与试验组对比。这对于干预研究很有用，而且可以在研究内部复制效果。分析单位不一定是个人，也可以是集体，如班级或学校。最后，与其名称所指意义相反，单一被式设计可以包括不止一个案例。只不过每个案例都要单独分析。

艾伦·卡兹丁（Alan Kazdin）（2011：393-394，原文强调）论述了单一被式设计对个体的独特见解：

我想为其特殊优势补充一点，即对他人的同理心和关心，以及我们日常生活中的优先事项。我注意到单一被试设计可以对群体（如班级或学校、整个社区）进行评估，但让我们回到对个体的关注上来。单一被式设计的独特优势是它提供了一种方法，能够评估干预措施对某个特定个体的变化和影响。这一点非常重要，因为我们很多人在生活中都经历过或即将经历。对于指导我们日常生活的很多问题，我们都非常关心个体。从个人和理智上来说，我们对询问群体数据很感兴趣。例如，我们听说了一种新疗法（如治疗肥胖、糖尿病、高血压或脱发）。它有效吗？治疗方法的改变是否与真实的变化有关？还是说这又是一条打着“临床证据显示”（这并不意味着随机对照试验）旗号的诱导消费性的电视广告？在这里我们看到了两个模型，即接受干预措施“之前”和“之后”。

我注意到一个显而易见的事实，即我们在临床工作（如心理学和医学）中的许多进步都归功于被试间研究方法，以便帮助我们强调关于个体的观点。在我们的日常生活中，研究的对象是个体——我们自身、我们的亲人和朋友，而不是群体数据。例如，我的年度体检很容易变成一场方法论的争吵……

我的医生："你或许应该在大约五年后做一次检查，以确定你没有得……（读者，请填入你最喜欢的严重疾病——我的医生会轮流填入几种不同的癌症、心脏病和糖尿病）"

我："这听起来很严重，也许我现在就应该去做检查。"

我的医生："事实上，数据（他指的是群体数据）显示，你很可能不需要做这项检查，因为在你现在这个年龄段，这种问题的发病率极低，而且对于大部分人来说，这种问题要再过几年才会出现。"

我："笼统地说，我有没有可能是早年就患病的群体中的一员？"

我的医生："当然有，但可能性不大。"

我："我真的很想做这项检查，因为大多数人的情况可能不会发生在我身上。另外，这项检查也不疼（我怕疼），而且这些信息对我的个人优先事项（活着）也有帮助。"

我的医生："呃——你现在不做这项检查可能也没什么问题，但是在三四年后，这项检查就非常重要了。好吧，我下一位患者预约的时间到了——上帝保佑，让我们在你下次体检时再继续讨论这个问题吧。"

◎ 研究问题

单一被试设计的首要目的在于探究措施的有效性，这种方法充分考虑到了对如何产生这些结果的情境和动态理解。通常，研究者希望影响参与者的进步。这就是为什么该方法被广泛用于干预研究，包括临床治疗和特殊教育，以及教育学和心理学等各种应用领域。

研究者先确定研究问题，然后系统地引入某种研究措施，以调查其对该问题的影响。从这个意义上说，这与其他复杂的干预方法有相似之处，如设计研究法（见第十章）。问题行为最好能以多种方式进行操作，以便研究者能够更全面地了解研究措施的效果。研究问题示例包括：

- 结果的变异性如何？随着时间的推移会呈现出何种形态？
- 不同的个体是否遵循相同的发展模式？

- 如果引入一项干预措施，会对该模式有何影响？
- 这种影响是否因人而异？如果是，它是怎样的？
- 撤销该措施后，影响是否持续？
- 这种影响是否会随着时间的推移而复现？
- 这种影响是否适用于结果的不同操作？

这一简要概述展示了该研究措施与时间序列分析（见第十四章）的对比，后者通常用作描述性程序，而单一被试设计是专门为了比描述更进一步的干预而开发的。这一概述还展示了该研究措施与交叉滞后模型（见第十一章）的对比，后者通常局限于少量几个数据收集批次，而单一被式设计高度适用于持续时间较长的干预。

◎ 技术特点

随机对照试验是目前量化分析的黄金标准（Kazdin，2011；Shadish et al.，2002）。但如上文所述，单一被试设计的支持者对随机对照试验及其对显著性检验的依赖提出了许多担忧的问题（Barlow et al.，2009；Chassan，1979）：

采用传统实验设计的研究通常只需要在实验组中多做出几项改进，就可以让差异变得显著。例如，一项每组有 30 名参与者的典型研究，要求实验组（比对照组）只需多出 8 人有所改善就能达到显著性（例如，实验组中的 30 人中有 23 人有改善，而对照组中的 30 人中只有 15 人有改善，则 $p = 0.032$，双尾检验，假设方差齐或方差不齐）。在这个例子中，如果实验组的改善人数只比对照组多 7 人（即 30 人中有 22 人有改善），那么结果就不能达到显著性（$p = 0.065$）。因此，显著结果可能意味着仅有少数参与者因治疗而改善，更糟糕的是，仅有一名参与者（结果的变动）就可能引起（整体）显著结果与非显著结果之间的差异。

这 8 名改善与治疗有关的参与者分散在实验组的总共 23 位有改善的人群中。显著性检验无法将他们与其他原因引起的 15 位有所改善的参与者区分开，就像在对照组中一样。因此，尽管我们可以得出至少有 8 名参与者得益于该治疗的结论，但我们通常不会进一步定位这几个个体。相反，研究者只是得出该治疗有效的结论。

如果该研究对两种治疗方法进行比较，且结果显示在改善方面没有显著差异，那么典型的结论就是这两种治疗方法同样有效。然而，对每种治疗方式都有良好反应的个体在其特征方面可能仍然存在相当大的差异。显著性检验无法告诉我们情况是否如此。

如果这个例子中的结果显示出显著性，那么显而易见的结论就是一种治疗方式比另一种更有效。但是，另一种治疗方式可能对第二组中的一小部分参与者有效，但这部分参与者数量太少，因此无法显示出统计学意义。

讽刺的是，所讨论的治疗方式可能会使某些个体的反应恶化。由于求平均值程序的性质，我们无法识别这种模式。即使研究者进行了预先测试，并对数据集进行了逐个检验，这种设计仍然无法得出明确的结论，即观测到的恶化实际上是由治疗造成的（也就是说，这可能是一种自然恶化，就像对照组中所发生的情况那样）。

为了说明最后一点，我们不妨以随机对照试验为例，检验一种试验中药物的有效性。如果实验组的平均病情改善程度高于对照组，我们就可以得出结论：该药物有效。但是，这仍然无法排除该药物实际上使某些试验患者病情恶化的可能性（例如，某些类型的患者对这种特定药物的反应不佳）。请记住，在对照组中，研究者也可能会看到一些病情恶化的情况。该试验的设计无法让观察者对试验药物的效果得出明确的积极或消极结论。一些试验患者病情恶化的原因可能是该药物，也可能是自然原因，就像对照组中的其他患者一样。这是随机对照试验设计中的一个严重盲点，而随机对照试验被视为当今科学的黄金标准。

显而易见的是，上述大多数劣势都源于组间设计主要依赖于平均值这一事实。而单一被试设计则可以帮助避免这些问题，防止这种典型的担忧。单一被试设计还有助于减轻潜在的道德后果，比如，某些研究得出结论认为某些教学方法是有效的，却降低了样本中某一子群体的学习投入欲望或增加了他们的焦虑。

因此，采用单一被试设计进行研究的第一步就是确定适当的分析单位，通常情况下，分析单位是参与者。一些参与者可能会被单独分析，而参与者的确切数量可能很少（比如一两个学习者）。样本也可以大得多，虽然在某些情况下，这可能会造成实际限制。 无障碍技术（如录像、智能手机应用程序）的出现可以极大地帮助解决这些问题。在很多情况下，研究者需要用很多天时间向每位参与者单独收集详细的数据（如在课堂上）。在其他一些情况下，分析单位可能是一个集体（如整个班级）。如果目标是得出班级的整体改善，这种情况仍被看作“单一”被试，尽管在此过程中会不可否认地丢失一些个体层面的信息。

单一被试研究者最常用的两种设计是 A-B-A-B 设计和多基线设计。A-B-A-B 设计是相当直观的。在第一阶段，研究者反复收集所研究因变量（如学生投入）的描述性数据，直到确定基线。研究者一旦对基线的稳定程度有了不错的了解，就会引入措施（如翻转课堂），然后继续收集数据。在第三、四阶段，该措施会先被撤销，然后再恢复（见图 16.1）。

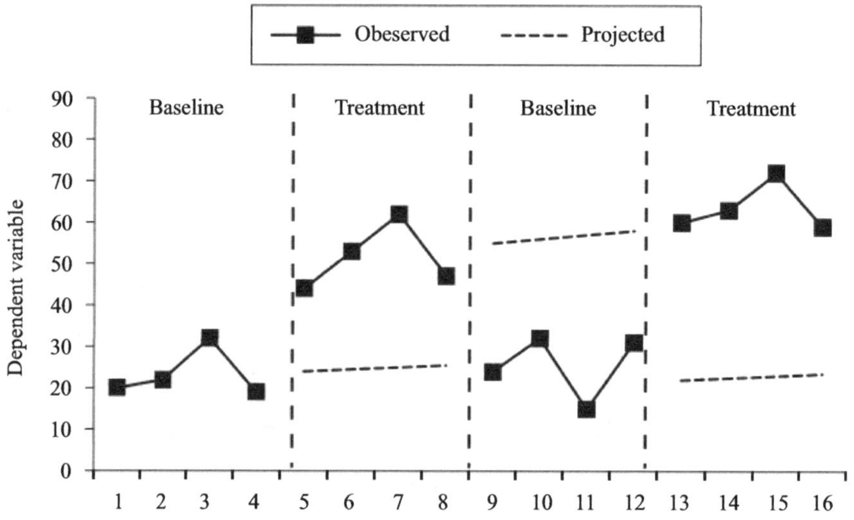

图 16.1　假设性 A–B–A–B 设计数据，显示出明显的实施效果

最后两个阶段（撤销措施和恢复措施）的基本原理是，它起到了在研究内部复制效果的作用。这也表明，当且仅当该措施存在时，变化才会发生。尽管颇具讽刺意味的是，这种设计所需的参与者要少得多，但研究者却能获得比传统的预后设计更强的内部效度。事实上，这种设计被描述为“证明行为现象与其控制条件之间功能关系的最有说服力的方式”（Bandura，1969：243）。

这种设计有一个明显的局限性，那就是撤销措施并不总是可行的或可取的。例如，在教育研究中，撤销已使学习者受益的措施，尽管可行，但不可取。针对这种局限性，单一被试研究者开发了一种替代设计，即多基线设计（图 16.2）。

在这种设计中，研究者将参与者分成不同的组，每组在不同的时间接受措施。为了得出措施有效的结论，必须观察到每组引入措施后的改善情况。

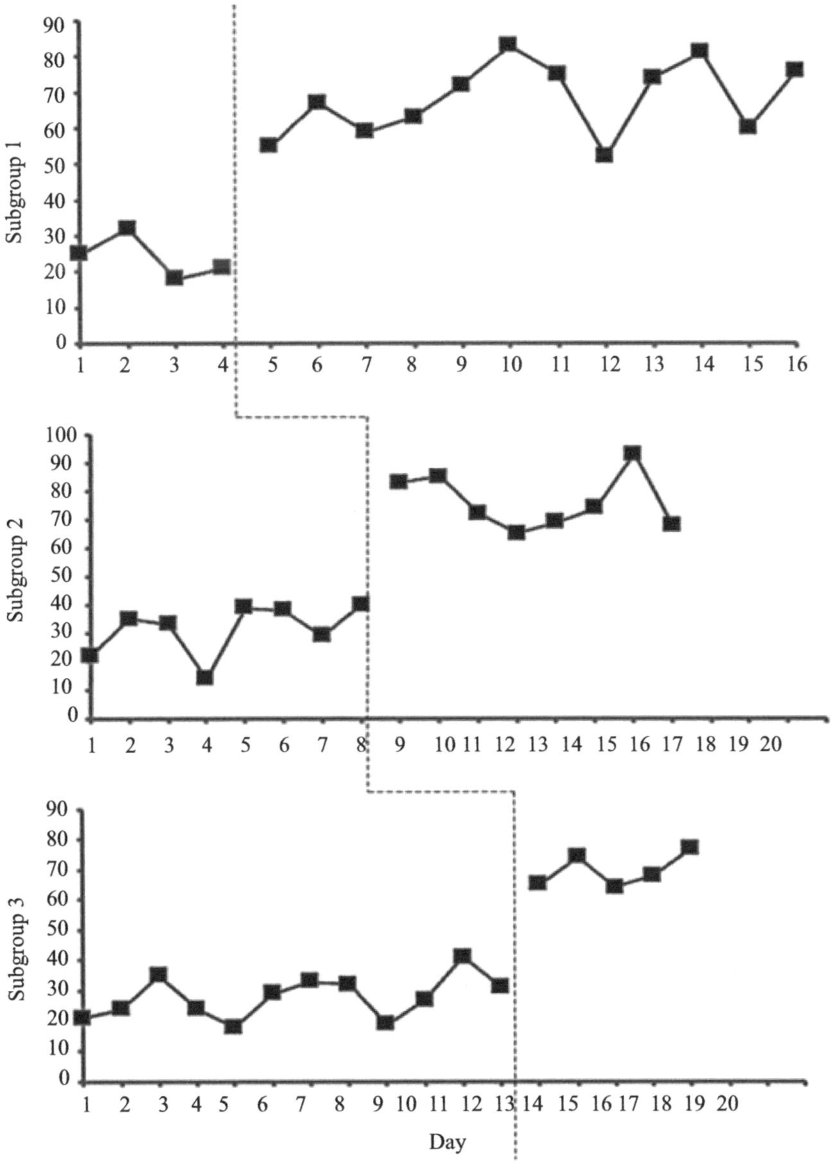

图 16.2　假设性多基线设计数据，显示出明显的措施效果

上述多基线设计示例展示了在不同参与者之间采用的措施。但是，研究者也可以选择对相同的参与者采用该措施，以完全消除组间比较。也就是说，措施可以在不同的行为中进行，针对不同的方面（如流利度与准确性）采用略微不同的措施。例如，措施可以首先以改善流利度为目标，一段时间后，再改造为改善准确性。为了使措施有效，这两种变异需要在引入后不久就分别显示出流利度和准确性的改善。同样，研究措施也可以在不同情境下进行，如不同的学校科目，但同样是针对相同的参与者。与 A-B-A-B 设计一样，多基线设计的这些变异也涉及研究内部的复制，从而提高了结果的内部效度。

除了内部效度，单一被试设计的另一个明显优势在于它要求研究者收集大量数据。与预—后设计相比，这种大量的数据不仅可以增强观察者对结果的信心，还能提供更丰富的随时间推移而发生的变化和取得进步的描述。这些显然是从复杂动态系统理论角度进行研究的必要部分。研究者将能够更清晰地看到研究过程中发生的转变和变化。因此，在明确承认现实生活的复杂性和混乱性的条件下，研究者有机会在必要时改变并调整研究设计。鉴于这些特点，单一被试设计符合设计研究法的某些特征（见第十章）。这种可能性的优势在于，研究者不必再为了客观性而做一个被动的观察者。

评估措施的有效性可能涉及目测或统计分析。在目测法中，研究者只需观察图表（如图 16.1）并确定是否存在效果。如果存在效果，观测到的模式与预测的模式之间不会有重叠。一些研究者将这种两种模式之间显然没有重叠的情况称为“明确成功”（Gilbert et al.，1975：45）。然而，由于目测可能并不总是直观的，因此人们开发了许多统计程序，作为目测的有力补充（见 Kazdin，2011：Appendix；Shadish，2014）。

◎ 实例研究

克里斯特尔（Christle）和舒斯特尔（Schuster）（2003）设计了一项研究，目的是采用单一被试设计在课堂上提高学生的数学成绩。研究者查阅了大量文献，发现积极参与课堂和学生成绩之间存在正向联系。也就是说，课堂参与度高的学生往往会取得更高的成绩。但是，克里斯特尔（Christle）和舒斯特尔（Schuster）还指出，教师在课堂上常采用的一种策略是“每次一名学生参与的方式”，即学生在教师提问后举手回答问题。研究者认为，这种方法有利于成绩优秀的学生，因为他们更倾向于多次举手，从而获得更多的参与机会。

为了给学生提供平等的机会，克里斯特尔（Christle）和舒斯特尔（Schuster）检验了答题卡的有效性。在一个由 24 名四年级学生组成的班中，每名学生都获得了单独的卡片，要求他们在回答教师的问题时在卡片上写下自己的答案。然后，学生们不用举手回答，而是举起他们的卡片，这样教师就可以四处走动，看见不同的答案。这样，每个学生都有机会回答问题，并向教师展示自己的答案。

研究者采用了 A-B-A 设计（第四个条件 B 由于时间冲突被取消）。两个条件 A 采用传统的举手（HR）方法，而条件 B 则使用答题卡。研究开始前，研究者选择了五名代表该班不同水平的学生来分析他们的表现。

在此，我们介绍其中一位参与者艾米莉（Emily）的结果。如图 16.3 所示，艾米莉几乎没有参与第一次举手条件和第二次举手条件。相反，她有机会积极参与答题卡（RC）条件。这一行为也反映在她在每次条件结束时的测验分数上：分别是 87、93 和 63。克里斯特尔（Christle）和舒斯特尔（Schuster）的研究表明，其他四名参与者也有相似的结果。研究者得出结论，这是一种更有效的替代方法，因为它让所有学生能够向教师展示他们的回答，而教师也可以高效地检查所有答案，并确定是否有必要重新解释。通过采用这种单一被试设计，让克里斯特尔（Schuster）和舒斯特尔（Schuster）能够对积极参与课堂与学生成绩之间的联系提供一种新视角，他们关注的是每个学习者而非不同学习者的平均成绩。

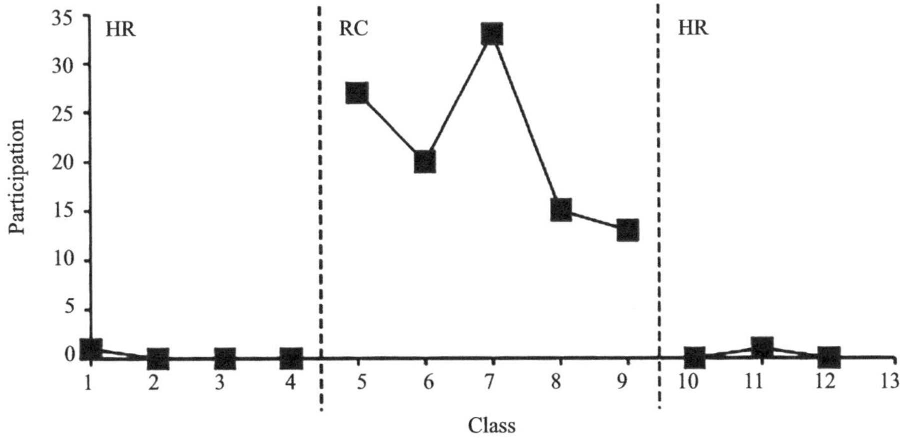

图 16.3　克里斯特尔和舒斯特尔（2003）的研究中，艾米莉的结果（HR 为举手条件，RC 为答题卡条件）

◎ 扩展阅读

Rizvi，S.L. and Nock，M.K.（2008）Single-case experimental designs for the evaluation of treatments for self-injurious and suicidal behaviors. *Suicide and Life-Threatening Behavior* 38（5），498–510. doi：10.1521/suli.2008.38.5.498.

这是一本简而精的入门书籍，介绍了不同的单一被试设计。对于这一领域的绝对初学者来说，这可能是最佳的入门读物。

Kazdin，A.E.（2011）*Single-Case Research Designs：Methods for Clinical and Applied Settings*（2nd edn）. Oxford：Oxford University Press.

这是由美国心理学会前主席，该领域权威艾伦·卡兹丁（Alan Kazdin）撰写的长篇巨著。作者论述了进行单一被试研究时与测量质量和其他考虑因素有关的问题。作者在这本书中还讨论了本章中未介绍的其他单一被试设计。附录中总结了可供单一被试研究者使用的各种统计分析方法。

Barlow，D.H.，Nock，M. and Hersen，M.（2009）*Single Case Experimental Designs：Strategies for Studying Behavior Change*（3rd edn）. Boston，MA：Allyn & Bacon.

这本书是这一领域中的又一本权威著作，详细论述了单一被试设计的原理、不同的设计方案和可用的统计检验方法。

Kennedy，C.H.（2005）*Single-Case Designs for Educational Research*. Boston，MA：Pearson/Allyn & Bacon.

与上述书目相比，这本书更具体地关注教育研究中的单一被试设计。

Shadish，W.R.（2014）Statistical analyses of single-case designs：The shape of things to come. *Current Directions in Psychological Science* 23（2），139–146. doi：10.1177/0963721414524773.

这篇文章讨论了与单一被试设计数据的统计分析有关的一些高级问题，包括影响程度、多层次模型和贝叶斯分析。推荐高阶读者阅读。

Sidman，M.（1960）*Tactics of Scientific Research：Evaluating Experimental Data in Psychology*. New York：Basic Books.

虽然这本书出版于几十年前，但它仍然是一本重要著作，为这一在很大程度上被边缘化的领域奠定了哲学基础。

Mellow，J.D.，Reeder，K. and Forster，E.（1996）Using time-series research designs to investigate the effects of instruction on SLA. *Studies in Second Language Acquisition* 18（3），325–350. doi：10.1017/S0272263100015059.

这份资料介绍了第二语言领域的一个研究案例。作者论证了在第二语言教学领域进行间断时间序列分析的必要性，并回顾了一些实证结果来说明这一点。

◎ 参考文献

Bandura, A. (1969) *Principles of Behavior Modification*. London: Holt, Rinehart & Winston.

Barlow, D. H., Nock, M. and Hersen, M. (2009) *Single Case Experimental Designs: Strategies for Studying Behavior Change* (3rdedn). Boston, MA: Allyn & Bacon.

Chassan, J. B. (1979) *Research Design in Clinical Psychology and Psychiatry* (2nd edn). New York: Halsted.

Christle, C. A. and Schuster, J. W. (2003) The effects of using response cards on student participation, academic achievement, and on-task behavior during whole-class, math instruction. *Journal of Behavioral Education* 12 (3), 147–165. doi:10.1023/a:1025577410113

Gilbert, J. P., Light, R. J. and Mosteller, F. (1975) Assessing social interventions: An empirical base for policy. In C.A. Bennett and A.A. Lumsdaine (eds) *Evaluation and Experiment: Some Critical Issues in Assessing Social Programs* (pp. 39–193). New York: Academic Press.

Hald, A. (2007) *A History of Parametric Statistical Inference from Bernoulli to Fisher,* 1713–1935. New York: Springer.

Kazdin, A. E. (2011) *Single-Case Research Designs: Methods for Clinical and Applied Settings* (2nd edn). Oxford: Oxford University Press.

Salsburg, D. (2001) *The Lady Tasting Tea: How Statistics Revolutionized Science in the Twentieth Century*. New York: Freeman.

Shadish, W. R. (2014) Statistical analyses of single-case designs: The shape of things to come. *Current Directions in Psychological Science* 23 (2), 139–146. doi:10.1177/0963721414524773.

Shadish, W. R., Cook, T. D. and Campbell, D. T. (2002) *Experimental and Quasi-Experimental Designs for Generalized Causal Inference*. Belmont, CA: Cengage Learning.

第十七章　个体动态法

◎ 概述

许多现有方法主要依赖于对来自若干单位（如个体）的数据求平均值。这些方法提供了一个假设的平均值，旨在代表这些单位的中心趋势和群体层面的变异性。这在某些情况下可能没有问题，但复杂动态系统理论研究通常要求人们对所研究现象的相关过程有更深入的理解。从复杂动态系统理论的角度来看，个体特质并不是为了要获得单一简洁平均值而需要消除的噪声。这一概念被称为遍历性问题。当一个群体的各个单位之间高度相似时，我们就得到了一个遍历性的整体，在这个整体中，由个体到群体的普适化是无可非议的。然而，数据中往往不存在这一条件。这种现象在十多年前的研究中（如 Larsen Freeman，2006）就已被明确观察到并被质疑，洛伊（Lowie）和维尔斯普尔（Verspoor）（2018）着重强调了这一点。

关于遍历性问题，万德·洛伊（Wander Lowie）和玛乔琳·维尔斯普尔（Marjolijn Verspoor）（2019）认为：

> 从根本上说，遍历性原则指出，除非群体是一个遍历性整体，否则我们无法将群体统计数据（尤其是在涉及人类时）普适化到个体统计数据，反之亦然。这就是为什么我们在应用语言学中需要两条研究路线：群体研究和单一被试研究。

例如，当复杂动态系统理论研究者具体研究一名学习者时，一个重要的考虑因素是研究的时间尺度。过程的时间尺度可以从几秒到几分钟、几天、几个月、几年不等。当时间尺度为秒和分钟时，研究可能会变得富有挑战。研究者需要一个工具来收集关于该学习者在某一语言任务（持续时间只有几分钟甚至几秒钟）过程中个体内变异性的准确、实时数据（另见 Chinn & Sherin，2014）。

个体动态法正是为此而开发的（MacIntyre，2012）。该方法旨在揭示随时间推移而出现的波动及其背后可能的原因。因此，个体动态法让复杂动态系统理论研究者在较短的时间尺度内，将现象聚焦，通过关注单个个体或单元内的时间依赖性变化来进行研究。它还能补充研究者可能希望使用的其他方法，为同一过程提供不同的视角。

读者可能会意识到，个体特征研究法一词与一般规律研究法相对。的确，个体特征研究法旨在找出每个个体的独特之处，而一般规律研究法则寻求适用于更多个体的普适化规律。但是，根据罗森茨威格（Rosenzweig）（例如 1986）的拓扑学，应该从三种而非两种互补的角度来解释行为：常规性（适用于所有或几乎所有个体的心理学原则）、群体性（由某一类个体中得出的统计普适性）和个体动态性。个体动态角度关注个体领域的标记，或个体现象学上经历的一系列事件（Rosenzweig & Hackney，2004）。

关于个体动态性的历史，索尔·罗森茨维格（Saul Rosenzweig）（1986：241–242，原文强调）认为：

五十年前，著名人格理论家高尔顿·奥尔波特（Gordon Allport）（1937）出版了《人格：一种心理学的解释》一书，在这本书中，他发表了人格理论的独立宣言。该宣言强调了德国哲学家文德尔班（Windelband）（1984）早先对两类科学的区分：一类是“建立定律的学问”，包括物理、化学、生物等学科；另一类是“个殊事件的学问”，文德尔班将历史、传记和文学囊括其中。“建立定律的学问”寻求“若 a 则 b”形式的功能性原则或规律，例如，心理学中的学习原则。而“个殊事件的学问”则尝试解释历史上发生的某些事件，虽然这些事件不可复制，但却是研究者试图追踪并建立的决定因素的结果……

奥尔波特（Allport）对个体特征研究法的强调，是为了凸显个体的独特性，但他过于关注“特质”（而不是事件，特别是动态的行为重构），这并未达到个体动态法所要表达的含义。这里应该明确的是，个体动态法与个体特征研究法存在差异。后者指的是针对一个人独特特征的研究，即样本量为 1 的统计分析。而个体动态法关注的是多重事件的动态组织，形成所谓的“个体事件宇宙”（idioverse）。通过时间维度上的动态组织，个人的经历历史使其与他人区分开来，并在这种经历中形成反复出现的特质动力模式。这些模式结合了普遍规律和人口统计学的一般化原则，为理解某个特定的“个体事件宇宙”提供了必要的关键线索。

这种个体动态法有几个明显优势（另见 Velicer et al.，2014）。第一，正如我们所建议的，针对个体内变异性的数据抽取和分析程序可以解决新的研究问题，并为这些数据提供不同的见解。第二，这种方法可以应用于那些传统的被试间研究设计不适合或难以实施的环境。第三，个体动态法在研究跨时间变化模式方面具有重要优势，可以用于确定所研究行为如何产生，以及解决变量之间随时间变化的关系问题。我们将在本章中详细探讨这些问题。

维利瑟（Velicer）、巴宾（Babbin）和帕伦博（Palumbo）（2014：430）解释了个体层面方法和群体层面方法在复杂动态系统理论研究中的互补性质：

严格遵守个体特征研究法或一般规律研究法可能会阻碍对心理现象的整体理解。这两种观点可能是不可分割的，因为一个独特的个体仍然是某个群体的成员，因此也是该群体的一种表现形式……另一种看待个体性 - 常规性概念连续体的方式认为，任何观察结果都可以从个体性（独特的）或常规性（普遍的）角度考虑。也就是说，任何观察结果都不需要被限定为其中任何一种，【而】沿着个体性 - 常规性连续体的观察点也同等重要。

◎ 研究问题

通过关注单独个体或单元内时间变化的程序，个体动态法使研究者能够提出许多有趣的问题，例如：

- 自我评价（如对动机、焦虑和能力）在任务过程中如何变化？
- 自我评价与其他评价（如研究者、同行或专家观察者给出的评价）之间有怎样的联系？

- 学习者将这些波动（即感知）归因于什么？
- 哪些因素（如流利程度、对话者）会影响自我评价和感知？
- 刺激因素的类型（如仅音频、仅视频或音频+视频）对学习者的自我评价或感知是否有影响？在哪些任务中有影响？
- 培训对自我评价和感知（如实用策略指导）有何影响？
- 自我评价和感知与其他生理测量指标（如心率、皮肤电导、脑电图和功能磁共振）有怎样的联系？

正如我们所见，个体动态法使研究者能够探究的问题可以是观察性的，也可以是实验性的。与观察性问题不同，在实验性问题的案例中，研究者会刻意操控某些因素，如对话者的身份或任务的难度，以研究它们对不同结果的影响。这些结果可以是心理方面的，如动机、焦虑和交流意愿；也可以是语言方面的，如词汇选择、语法准确性和语言流利程度。因此，个体动态法为研究者提供了有趣的个体层面实时数据，这些数据具备探索新问题、提供新见解的潜力。

关于在复杂动态系统理论研究中方法与目的相匹配的重要性，维利瑟、巴宾和帕伦博（2014：427）认为：

> 在许多情况下，群体层面的分析可能会给出误导性的答案。常规性方法的一个关键假设是积分常数，即假定样本中的每个参与者受干预的影响相同。这一假设可能会使问题模糊难懂，而不是帮助解决问题。因为通常情况下，没有人是恰好处于均值，所以得出的结论可能无法描述群体中任意个体的过程。这是一个重要的考虑因素，因为研究者提出的问题应决定其所使用的方法。

◎ 技术特点

简而言之，个体动态法就是对参与者进行录像，然后向其展示录像并让其对自己的表现评分。个体动态法的独特之处在于，它让参与者能够利用专门的软件系统性地对任务中的每一秒进行评分。有一款名为负离子变量测量仪（Anion Variable Tester）的软件可供研究者免费使用，且操作方便。[1]

具体来说，个体动态研究有一系列的标准步骤：

对参与者在从事一项任务的过程进行录像。

- 任务结束后，视频会立即被载入软件。
- 然后，要求参与者观看视频并对任务中每一秒的特定变量（如交流意愿）进行评分（量化数据）。
- 最后，让参与者通过刺激回忆法（Gass & Mackey，2000）对其评分做出解释（质性数据）。

该软件会就评分生成图表和Excel文件，而质性数据可以由研究者进行转录，以供进一步分析。研究者可以根据研究目的，通过比较不同参与者的模式进行横向分析。或者，研究者也可以针对某一个体的模式，进行纵向分析。

举例来说，假设苹果公司的现任首席执行官蒂姆·库克（Tim Cook）先生在百忙之中响应了一则为研究招募参与者的广告，参与了该项旨在从复杂动态系统理论角度研究焦虑的研究。研究者对其公开演讲进行了录像，然后让他坐在电脑屏幕前对自己演讲过程中的焦虑进行评分。负离子变量测量仪软件的截图如图17.1所示。库克（Cook）先生会观看几分钟自己的演讲，然后每秒都会点击“焦虑增加”或“焦虑减少”按键来评价自己在那一刻的感受。

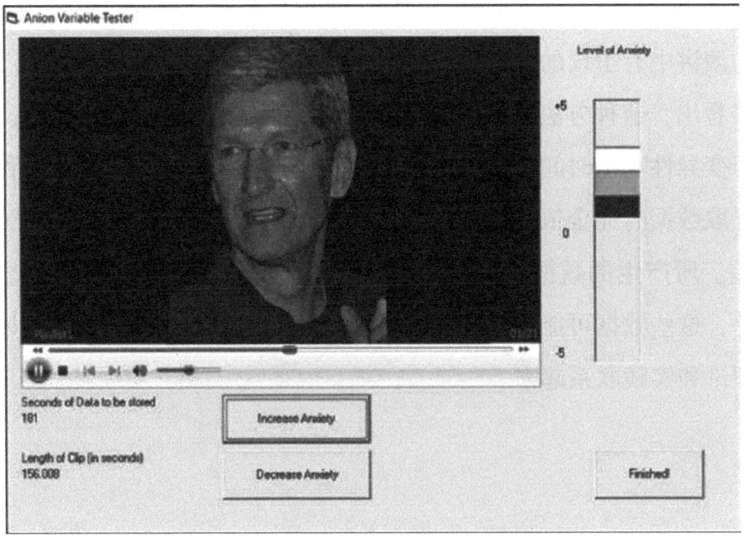

图 17.1　负离子变量测量仪软件的截图

任务结束后，软件会生成如图 17.2 所示的图表。从图中我们可以看出，库克（Cook）先生起初表现出高度的焦虑情绪，但随后急剧下降。然后焦虑情绪又急剧上升，接着再次下降。在最后阶段，评分趋于零。

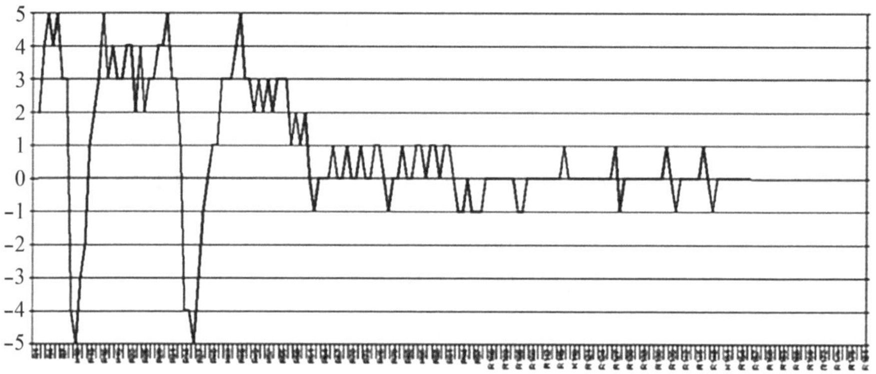

图 17.2　由负离子变量测量仪软件生成的假设的个体动态数据

量化研究者很可能会使用图 17.3 中的 Excel 表格进行后续分析（如时间序列分析，见第十四章）。质性研究者可能会使用刺激回忆法以收集后续数据，从而让库克（Cook）先生解释这些波动。库克（Cook）先生可能会解释说，他起初对观众对其演讲的反应而感到焦虑。但在演讲过程中，由于观众的掌声等积极反馈，他的焦虑情绪有两次骤降。在演讲接近尾声时，他的焦虑情绪开始逐渐消失，因为演讲中有争议的部分已经结束。

不难看出，这种方法提供了与复杂动态系统理论兼容的独特数据。个体动态法侧重于变异性和随时间的变化。对于参与者来说，视频的呈现是一种提示，可以避免提取数据时完全依赖于记忆。同时，研究者还应注意在自我报告中可能出现的偏差。所产生的数据量可能是巨大且混乱的，尤其是使用大量参与者样本时。此外，这些数据可能极具特异性和情境性，因此研究者需要考虑如何将研究结果与理论和实践联系起来。

	A	B
1	This program was generated by Anion Variable Tester v2.	
2	Created on 23-Sep for subject Tim Cook	
3		
4		
5		
6	Time	Anxiety
7		
8	1	0
9	2	2
10	3	4
11	4	5
12	5	4
13	6	5
14	7	3
15	8	3
16	9	-4
17	10	-5
18	11	-3
19	12	-2
20	13	1
21	14	2
22	15	3
23	16	5
24	17	3
25	18	4
26	19	3
27	20	3
28	21	4
29	22	4
30	23	2
31	24	4
32	25	2

Tim Cook's Anxiety

Ready

图 17.3　由负离子变量测量仪软件生成的 Excel 表格

彼得·麦金太尔（Peter Macintyre）（2012：364-365）论述了个体动态法与其他方法相比的一些特质：

个体动态法解决的是关于个体内变化模式的问题，这些问题无法通过横截面设计、纵向设计或回溯质性方法等研究设计解决。横截面研究关注样本中的个体差异。方差分析和相关性分析等统计工具将群体内的变异性或偏离回归线的变异性视为（不同的）误差。但变异性是个体动态法的主要关注点，它能解决不适合用传统的相关性分析或方差分析研究的问题。在采用重测法的纵向研究中，并不能直接对干预过程的展开进行研究，因此很难确定促成变化的关键因素。质性回溯研究可以更好地确定促成变化的因素，但随着事件及其回溯之间时间跨度的增加，记忆更容易出现各种偏差。人们已经得出一长串可能影响质性回溯描述的基本认知偏差，包括遗忘信息、心不在焉、阻断特定记忆、错误归因、暗示感受性、回溯性偏差以及持续的侵入性思维（Schacter，1999；另见Hilbert，2012）。就准确捕捉事件而言，简短的视频几乎总能战胜长时记忆。

◎ 实例研究

布德罗（Boudreau）等人（2018）着手研究个体动态范式中焦虑与愉悦之间的关系。鉴于情绪现象的高度动态性和情境性，情绪，尤其是像焦虑这样的离散情绪，非常适合采用这种研究方法。研究者招募了10名将法语作为第二语言的英语母语者。为了研究的目的，研究者要求参与者携带一张会让他们感觉到愉悦的照片到实验室。

每位参与者到达实验室后，都需要完成两项任务：照片叙述任务和口头采访任务（这两项任务的顺序可以颠倒）。在照片叙述任务中，参与者用第二语言对照片进行说明，解释他们认为它令人愉悦的原因。在口头采访任务中，参与者会被问到一系列难度递增的问题。他们需要：

- 描述自己当时的穿着；
- 详细讨论自己家乡省份的教育制度；
- 以10为单位数到100；

- 说出从实验室到当地购物中心的路线；
- 讨论议会在加拿大政府体系中的作用。

研究人员对这两项任务进行录像，并立即加载到负离子变量测量仪软件中。然后，参与者观看录像，并分别对自己的焦虑程度和愉悦程度进行评分（顺序可以颠倒）。

在随后的阶段，研究人员打印了一张评分图，并要求参与者解释其模式以及是什么原因引起了观测到的峰值和谷值。参与者有机会解释他们对焦虑 / 愉悦的评分，以及他们对这些评分中稳定趋势和波动趋势的归因。该阶段的访谈内容会被录音，以便日后转写。

在分析所产生的量化数据时，研究者检测了每位参与者的焦虑与愉悦之间的相关性。他们发现，总体而言，焦虑与愉悦之间存在着中高强度的负相关关系。然而，当他们更仔细地研究时，他们发现这种模式并不是连续的。在某一个体的某些片段中，这种相关性有时趋于零，有时甚至是正相关的。他们还注意到，在达到某个阈值后，焦虑的影响盖过了愉悦。研究者在文章中引用了参与者尝试说明这些模式的一些解释。

研究者还获得了一些有趣的方法论启示。一些参与者表示，在实验室环境中进行录像让人感觉相当不真实。因此，研究者建议探索在课堂等自然环境中进行个体动态研究的可能性。不过，研究者仍然强调了即时评分和刺激回忆法的重要性，以利用参与者的新鲜记忆。

研究者获得的另一个启示是，需要为参与者提供充足的机会练习使用软件。虽然研究者向每位参与者解释了如何使用该软件，但一些参与者似乎仍然没有按照规定的频率点击按键。参与者需要在视频的每一秒都点击鼠标，事件持续太久可能会引起疲劳或厌倦。研究人员推测，一个可能的解决方法是增大收集数据的时间间隔（例如每两秒而不是每一秒），这可能有助于改善这一问题。目前的软件版本，即 Anion Variable Tester V2，要求每秒提供一次评分。

◎ 扩展阅读

MacIntyre，P.D.（2012）The idiodynamic method：A closer look at the dynamics of communication traits. *Communication Research Reports* 29（4），361–367. doi：10.1080/08 824096.2012.723274.

在这篇短文中，个体动态法的创始人麦金太尔（MacIntyre）对该方法的各种特征进行了有效概述。他还较为详细地解释了该方法的原理及其与复杂动态系统理论的联系。

MacIntyre，P.D. and Legatto，J.J.（2011）A dynamic system approach to willingness to communicate：Developing an idiodynamic method to capture rapidly changing affect. *Applied Linguistics* 32（2），149–171. doi：10.1093/applin/amq037.

这是一篇使用个体动态法的开创性论文。研究者检验了六位女性学习者的交流意愿。研究者发现，在记忆中搜索词汇和语言焦虑是影响交流意愿的重要因素。他们还表示，对每位参与者使用一个总体平均值会导致个体层面重要变异性信息的缺失（即遍历性问题）。

Gregersen，T. and MacIntyre，P.D.（2017）Idiodynamics：An innovative method to build emotional intelligence through systematic self-assessment/reflection/critique. In T. Gregersen and P.D. MacIntyre（eds）*Innovative Practices in Language Teacher Education：Spanning the Spectrum from Intra-to Inter-Personal Professional Development*（pp. 33–53）. Cham：Springer.

在这一章节中，作者以教师情商为背景，对个体动态法进行了更深入的分析。作者展示了教师培训者如何将该方法作为一种工具，用于揭示积极与消极的思维模式，从而明确地解决这些问题。

Gregersen，T.，MacIntyre，P.D. and Meza，M.D.（2014）The motion of emotion：Idiodynamic case studies of learners’ foreign language anxiety. *The Modern Language Journal* 98，574–588. doi：10.1111/modl.12084.

在这篇文章中，研究者将个体动态数据与从心率监测仪得到的生理数据，以及自我报告的调查数据和质性采访的数据结合起来。研究者报告了这些数据源之间不同的汇聚与发散模式，并尝试解释这些研究发现。

◎ 注释

（1）在撰写本书时，该软件可在 http：//faculty. cbu.ca/pmacintyre/ 免费下载。

◎ 参考文献

Boudreau, C., MacIntyre, P. and Dewaele,J.-M. (2018) Enjoyment and anxiety in second language communication: An idiodynamic approach. *Studies in Second Language Learning and Teaching* 8 (1), 149–170. doi:10.14746/ ssllt.2018.8.1.7.

Chinn, C. A. and Sherin, B. L. (2014) Microgenetic methods. In R.K. Sawyer (ed.) *The Cambridge Handbook of the Learning Sciences* (pp. 171–190). Cambridge: Cambridge University Press.

Gass, S. and Mackey, A. (2000) *Stimulated Recall Methodology in Second Language Research*. Mahwah, NJ: Lawrence Erlbaum.

Larsen-Freeman, D. (2006) The emergence of complexity, fluency, and accuracy in the oral and written production of five Chinese learners of English. *Applied Linguistics* 27, 590–619.

Lowie, W.M. and Verspoor, M. H. (2019) Individual differences and the ergodicity problem. *Language Learning* 69 (s1), 184–206. doi:10.1111/lang.12324.

MacIntyre, P. D. (2012) The idiodynamic method: A closer look at the dynamics of communication traits. *Communication Research Reports* 29 (4), 361–367. doi:10. 1080/08 824096.2012.723274.

Rosenzweig, S. (1986) Idiodynamics vis-à-vis psychology. *American Psychologist* 41 (3), 241–245. doi:10.1037/0003-066X.41.3.241.

Rosenzweig, S. and Hackney, A. (2004) Idiodynamics and the idioverse. In W.E. Craighead and C.B. Nemeroff (eds) *The Concise Corsini Encyclopedia of Psychology and Behavioral Science* (3rdedn; pp. 456–458). New York/Chichester: Wiley.

Velicer, W., Babbin, S. and Palumbo, R. (2014) Idiographic applications: Issues of ergodicity and generalizability. In P. Molenaar, R. Lerner and K. Newell (eds) *Handbook of Developmental Systems Theory and Methodology* (pp. 425–441). New York: Guilford Press.

第四部分

复杂动态系统理论研究方法的前景

第十八章　方法融合

◎ 概述

在本书临近尾声之际，最合乎常理的话题可能就是探讨如何将迄今为止讨论的不同方法相结合。本书第二部分侧重于质性方法，第三部分则侧重于量化方法。最简单直接的答案就是采用所谓的混合方法（有时也称多方法研究），即研究者在一项研究中结合使用质性方法和量化方法。对很多人来说，主张结合多种方法将会更有意义，因为这样可以集各方法之长，克服任何单一方法不可避免的局限性，并自然而然地为正在研究的复杂现象提供更为丰富的见解。（参见 Hesse-Biber & Johnson，2015）。这也符合我们所论述的复杂性和动态系统理论的跨学科目标及其以问题为导向的科学探究方法。但是，如果我们仔细推敲，就会发现事情可能并不如我们所看到的那样简单。

许多已发表的应用语言学研究都标榜自己采用了混合方法（MM），但实际上仅仅只是流于表面。例如，有的研究在精心设计、周密执行大规模的量化研究之后，再进行简短的质性研究，仅仅引述一些简短的采访或者列举几个位于主要数据提取工具末尾的开放性问题，这种情况并不少见。此外，大多数此类研究使用质性部分主要是为了证明量化结果是有效的，并且可以说是为了证明所有基础都已涵盖在内。在一项雄心勃勃的质性研究中附加一个简单快捷（且可能不真实）的量化部分，以显示其质性分析是可信的，这种方式也很常见，不过相对少一些。

毫无疑问，许多读者都会认同，上述研究设计并非最佳方案。此外，这些设计可能与各自方法的原本使用意图相去甚远。然而，一些方法论学者甚至认为，这种情况没有补救办法；质性方法和量化方法根本就不该混合使用，因为它们代表着不同的、不可通约的世界观。此此相对，另一些方法论学者则认为，不应该简单地从表面上将两种方法混合使用，或将一种方法作为另一种方法的附属品，而应该在更深层次上进行整合。还有一些研究者提倡使用贝叶斯分析法，这是一种注入了核心质性元素的量化分析方法。接下来我们将对这些不同的立场进行概述。

◎ 混合方法的问题

少数方法论学者对质性量化混合方法的观点提出了质疑，一些读者可能会对此感到惊讶。毕竟，“混合方法”这一概念近年来已成为一个热门词，甚至连《混合方法研究杂志》（*Journal of Mixed Methods Research*）这样专门的同行评审期刊也日益受到重视。在应用语言学领域，方法论学者也对混合方法进行了详细的探讨，同时向知名研究者和研究生推荐该方法（Brown，2014；Dörnyei，2007；Mackey & Bryfonski，2018；Riazi，2017）。与此同时，也有人表达了一些疑虑。例如，德尔涅伊（Dörnyei）（2007：46）指出，当混合方法得到认可时，“这种假设背后的推理或逻辑并不像这一观点本身那样容易表达”。

将我们在第三章中对该主题的讨论延伸一下，这种对混合方法的担忧背后是更深层次的哲学混乱。一般来说，有两种占主导地位但又截然不同的世界观：客观主义和建构主义（见表 18.1）。客观主义者认为，现实是存在的，而我们作为研究者的工作就是试图理解它。它可能极其复杂，但我们会竭尽全力。另一方面，一些社会构建主义者认为，知识并不是为研究者的发现而存在，而是由“认知权威”创造的。引用林肯（Lincoln）和古巴（Guba）的话来说：

> 被认为存在的“现实”取决于认识者与“被认识”的事物之间在特定情境中发生的互动。这种互动必然是高度主观的，受认识者的先验经验和知识、政治地位和社会地位、性别、种族、阶层、性取向、国籍、个人价值观和文化价值观，以及他们对周围情境的解读（建构）所影响。知识不是被“发现”的，而是被创造的；知识只存在于产生它的时间 / 空间框架中。（Lincoln & Guba，2013：40，原文强调）

这种观点在极端情况下可能会让人认为“狭义相对论是正确的，因为科学界中那些提倡它的人战胜了反对者”（Ladyman，2007：307）。正如我们在第三章中详细讨论的，许多复杂主义者欣然接受批判现实主义，认为客观现实的确存在，尽管其复杂性在理论上和方法论上历来都是被低估的。表 18.1 总结了这两种哲学世界观。但需要注意的是，表 18.1 中的流程所描述的是一种广泛倾向，并不总是那么整齐划一，因为有可能出现交叉，尤其是在方法论和研究方法层面。

回到最初的话题，混合方法的定位是什么？它属于这两种范式之一，还是有自己的第三种范式？这些问题似乎还没有明确的答案。一些方法论学者认为，混合方法并不代表第三种哲学立场。他们有理有据地指出，大多数混合方法并不代表上述两种世界观中最好的部分，而只是披着（后）实证主义“外衣”来“掩饰实证主义的持续霸权”（Giddings，2006：195）以及“埋下实证主义探究的特洛伊木马隐患”（Giddings & Grant，2007：52）。克莱斯维尔（Creswell）（2011）列出了与混合方法研究相关的 11 项争议，从混合方法哲学基础的合理性到实际开展混合方法研究的实用性，这让情况变得愈加复杂。这些争议可能会让人产生疑虑，即混合方法是为了解决质性与量化范式之争，还是要火上浇油。

表 18.1　两种主要哲学观概述

本体论 （外面有什么？）	**客观主义**	**建构主义**
	存在独立于观察者	存在依赖于观察者
	⬇	
认识论 （我们如何知道外面有什么？）	**后实证主义**	**批判现实主义**
	真理由研究者发现	真理由社会行动者创造
	⬇	
方法论 （我们应采取什么总体方法？）	**（假设 – ）演绎**	**归纳法**
	从一般到具体	从具体到一般
	⬇	
方法 （有哪些可用工具和技术？）	**量化方法**	**质性方法**
	计量实证	主观解释

阿梅尔·艾哈迈德（Amel Ahmed）和鲁德拉·希尔（Rudra Sil）（2009：3）探讨了混合方法背后的意义：

我们的论点很简单：认为多方法研究本质上优于单一方法研究的说法建立在一个错误的前提之上，即一种方法可以为另一种方法的研究结果提供外在效度。不同的方法充其量只能相互印证研究结果，但这并不能得出更有说服力的推论。我们无法因为在不同的方法中左右逢源而得出更多或更好的研究结果，因为不同的方法都建立在不可通约的认识论基础之上，即便是最宏大的解释也无法克服这一点。虽然将不同方法结合使用可能而且经常会产生卓越的学术成果，但我们发现，多方法研究与针对同一问题的单一方法具有相同的认识论状态，而且使用单一方法研究产生卓越学术成果的可能性不亚于使用多方法研究。

另一方面，其他一些方法论学者则主张混合方法能够推动务实多元主义和折中主义，有助于揭示所研究现象的潜在（尤其是因果）过程（例如 Teddlie & Tashakkori，2010）。但是这种观点也并非毫无争议。顺序混合方法研究的一个典型例子是进行大 *N* 值（即大样本量）量化研究，得出某些变量之间的一些普适性关系。然而，由于这些研究结果可能无法揭示潜在的因果过程，因此混合方法研究者会选择一个子样本来做进一步的质性分析，然后利用质性分析来追踪潜在的因果路径，并提出进一步研究的假设。

但是，许多建构主义者会反对这种（错误）使用质性研究的做法。质性研究的目的并不是为进一步实证评估或反驳主张提供可证伪的假设。相反，质性研究的目的是了解社会行动者本身在相互作用过程中创造的受情境约束的主观现实。将质性研究用于假设生成和随后的假设演绎推理，不过是将其重新用于服务另一种对立世界观的目标，，这就是为什么一些学者认为，混合方法是实证主义的伪装。

西莱特（Seawright）（2016）举例说明了这一点。西莱特具有政治学背景，他回顾了一些关于山区发生内战可能性的研究，他报告了一个系数为 0.219。然后，他想知道质性分析如何深入解释这一数字。他以哥伦比亚为例进行研究，并讨论了可能与其他内战频发国家不相关的历史因素和情境因素。在承认了山地景观的潜在作用后，他提出了一个质性的驳论：

与此同时，首都波哥大附近的山区往往是哥伦比亚最安全的地区，也是国家力量最强大的地区。此外，东南部和加勒比海沿岸的无山地区也是反政府、非国家武装力量的重要避难区，从而加剧并延长了内战。例如，在20世纪90年代，哥伦比亚革命武装力量游击队的主要基地就设在哥伦比亚东南部的丛林地区。因此，以哥伦比亚为例进行的研究表明，多山地形在哥伦比亚冲突的某些阶段对某些行动者起着辅助性的因果作用，但在其他时刻并不相关。进一步的研究可能会揭示地形如何以及为何对哥伦比亚政治暴力的某些方面具有重要影响，而对其他方面则并非如此（Seawright，2016：6–7）。

在介绍了这两种对立观点之后，他提出了一个合理的问题："这一研究方法与估计的0.219系数如何比较？"（Seawright，2016：7）确实，面对质性研究中具体案例的清晰描述，0.219这一数值对质性研究者到底有什么帮助？这正是质性研究中一个常见的困境。不同的案例会有不同的特征和背景，即便是同一个案例，不同的建构主义研究者也可能会得出不同的解读和叙述。质性研究的结果对于所研究案例来说通常是特异性的，因此，我们没有理由期望将这种过程推广到其他案例。对于许多质性研究者来说，这只是一种常态，而非"困境"。

由于这些原因，许多学者毫不犹豫地将混合方法视作一种徒劳的努力。艾哈迈德（Ahmed）和希尔（Sil）（2012：944）认为，"'厚'叙事与'薄'形式模型进行更有意义整合之路上的障碍，是在解释社会行动时，支撑法则模型和个案叙述二者的本体论之间存在巨大的鸿沟"。其他研究者则认为，"质性工具和量化工具确实无法合作进行因果关系分析"，因为"无论在原则上还是在实践中，质性证据对有效的量化研究都没有什么帮助"（Seawright，2016：20）。还有一些研究者认为，使用混合方法揭示因果过程是一种矛盾的说法，因为"质性数据无法以任何有意义的方式与量化数据集相连"（Beck，2010：499）："对我来说，我感兴趣的是一般问题，所以除了人们应该了解并理解自身案例这一点以外，我并不清楚质性分析如何提供额外的效用。"（Beck，2006：350）

争论远不止于此。一些方法论学者还认为，混合方法对整个领域都有广泛影响，因为它可能颠覆方法论的多元化（Ahmed & Sil，2009，2012）。混合方法在应用语言学领域的兴起会产生一系列涟漪效应，包括在顶级期刊发表论文的概率、研究项目资助与奖项分配，以及聘用和授予终身职位的前景等均会受到影响。掌握更多方法的研究者将享有特权，而以某一特定方法为专长的专家却可能会受到质疑。这一变化可能是会以牺牲质量为代价的。有些读者可能会发现，本书中的质性与量化方法令人眼花缭乱，尽管我们在本书中并未穷尽复杂动态系统理论研究的所有可能方法（参见第十九章中的更多资源）。如果将所有这些方法都作为研究生课程的一部分进行教授，那么由于时间有限，我们将不得不分散对每种方法的重视程度，最终培养出一代缺乏深厚专业知识、博而不精的研究者。我们同意艾哈迈德和希尔的观点：

在当有一个劳动力库可供使用时，让所有劳动力成员都进行相同类型的投资，获得相同的技能组合，其收效并不明显。如果有任何收效，那就是会丧失由更专业化的培训和同一方法的反复应用所带来的效率。（Ahmed & Sil，2009：5）

另一个值得关注的问题是，我们对自我报告数据的依赖可以达到什么程度。越来越多的文献表明，个体对其自身行为的解释往往是幼稚的事后合理化，这些解释无意中反映了民间理论、文化规范和期望（参见例如 Al-Hoorie，2015；Kahneman & Tversky，2000）。显然，这在建构主义范式中不成问题，因为建构主义范式的首要目标是个体如何理解并建构其自身世界。然而，从后实证主义和批判现实主义的角度来看，这些解释的有效性和可靠性就很重要了。有些人可能会认为，这使得自我报告数据的贡献在理解量化结果时变得不那么重要，从而扩大了这两种世界观之间的差距。

在应用语言学领域中，米霍塞尼（Mirhosseini）（2018：473）调查了其中的一些问题，并强调了应用语言学研究倾向于忽视或避开这些问题。他认为，许多应用语言学家选择通过“幼稚的结合”质性和量化方法来进行“快速修补”，却鲜少关注它们所代表的两种世界观在根本上是互斥的。他还强调，混合方法并没有产生令人信服的、独一无二的第三种世界观。相反，混合方法研究者仍然在传统的客观主义或构建主义范式下工作，而没有解决这些更深层次的哲学问题。正如米霍塞尼所说，“如果混合方法确实有独特的认识论基础，那就需要明确引入其定义的知识类型。仅仅在不同门前徘徊、选择其中一个，无法令人信服”

（Mirhosseini，2018：473）。许多观察者都认同艾哈迈德和希尔（2012）对混合方法现状的描述：一种方法被用于完成主要的研究工作，而另一种方法却只是装点门面。

◎ 融合的混合方法

针对混合方法中的哲学问题提出的一个解决方案是方法融合。一些篇幅较长的文献对这一主题进行了深入讨论（例如 Seawright，2016；Teddlie & Tashakkori，2009）。一些提倡这种融合设计的学者认为，"三角互证"并不是一种合适的方法。三角互证的隐喻最初来源于几何学，在其中通过两个不同的视角来测量一个物体的距离（Seawright，2016：4）。当这两个测量结果一致时，我们会对该物体的确切距离更有信心。但是，如上文所述，质性与量化方法源于不同的哲学背景，因此无法直接比较他们的结果。两种方法可能会得出截然不同的结果，但这并不意味着其中一种方法是正确的，也不意味着另一种方法是错误的。

关于质性－量化三角互证的局限性，杰森·西莱特（JASON SEAWRIGHT）（2016：152）认为：

案例研究在逻辑上是否足以与实验兼容，从而解决因果推断的那些关键问题？与之相反的一个重要论点是，实验通常强调样本平均处理效果，而案例研究则更关注个案层面的因果关系，两者之间形成了鲜明对比（Goertz and Mahoney 2012：Part 1）。这是一个有说服力的论据，它反对对同一主题的实验分析和案例研究分析结果进行任何简单或直接的比较。由于这种根本上的差异，这两种方法可能会产生看似相反的结果，但并不相互矛盾。例如，人们可能会通过实验发现，某种方法对研究结果不存在因果效应，而通过案例研究却会发现有大量证据表明存在重要因果效应。这两种结果可能都是完全正确的，与实验研究相比，案例研究可能只是侧重于在因果关系上不同寻常的案例。

为了呼应本书中反复出现的一个主题，对实验和案例研究之间的整体因果效应进行三角互证式的比较，并没有带来多大益处。

方法融合被视为严谨研究的标志。西莱特（Seawright，2016：8）将融合设计定义为“将两种或两种以上方法精心组合，以支持单一、统一的因果推论的多方法设计”。通过这样的设计，一种方法将产生最终推论，而另一种方法则用于设计、检验、完善或加强产生该推论的分析。换句话说，其中的主要方法仍将完成繁重的工作任务，而另一种方法却并不仅仅是装点门面。也就是说，次要方法将在应用主要方法时弥补其不足（另见 Mackey & Bryfonski，2018）。如此，研究者仍将在其传统框架内进行操作，但会使用量化和质性“工具”来完善其设计。例如，建构主义者可以使用量化分析来进一步了解参与者的主观现实：

也许只有摆脱认识论上的混乱，才可以从建构主义角度和诠释性角度找到混合方法所声称的优点。不同的数据收集方法和诠释方法可以结合起来，而不必转移和混淆认识论立场。将数字数据和语言数据结合使用以获得深刻理解，并不意味着必须放弃有助益的认识论立场，而去建立或采用新的认识论立场。（Mirhosseini，2018：475）

同样，批判现实主义者可能会使用质性工具来加强他们的设计。三角互证法是指研究者独立使用一种以上的方法，并在最后对结果进行比较。而融合设计则要求主要方法（如量化方法）在整个过程中都通过次要方法（如质性方法）加以完善。因此，“与基于三角互证的研究中典型的线性顺序或并行设计不同，多方法融合设计涉及发现与完善的无限循环”（Seawright，2016：10）。我们认为，这是一种富有成效的方法，让我们开始超越科学孤岛，从不同的角度探讨问题。

西莱特（2016）讨论了一些通用融合技术，许多研究者可能会发现这些技术非常有用：

（1）检查假设：“假设”一词通常指统计检验或模型的假设。然而，在研究中，假设的应用范围要广泛得多（Vitta & Al-Hoorie，2019）。研究者在研究过程中会提出许多假设。如果研究涉及向参与者进行某种干预（如课堂教学方法），那么研究者就会假设，在整个研究过程中，参与者都按照研究者的预期接受、采纳和实施了该干预措施。这在通常的依从性概念下进行讨论。研究者可以根据研究的性质，通过质性工具（不仅仅是采访，还包括观察、日记等）来确定依从性。研究者可能会发现，一些参与者并未按照预期采用该措施，因此研究者可能需要将他们排除在外或重新编码为对照组，从而提高推理结果的质量。另一种重要的假设被称为稳定单位处理值假设（有时用不易理解的缩写 SUTVA 来表示）。这种假设要求不同组别参与者之间不进行会影响每个组所接受措施的互动（例如，不同班级接受不同的教学干预不能互相影响）。这种假设在实验室中相对容易满足，但在现场实验中，很容易发生措施溢出效应，而且在复杂动态的情境中几乎是意料之中的。质性研究可用于确保满足这种假设，或者至少可以用来确定这一假设在课外时间学生互动中被违反的程度。这种调查应该被系统地融合到研究设计中，而不仅仅是只在调查中增加一个相关项目。

（2）精细化测量：在严谨的研究中，精确测量是一个重要的考虑因素，尤其是对批判现实主义者来说。然而，在许多情况下，这种情况可能比研究者预想的还要多，即可用的测量工具并不能充分地反映所研究现象的复杂性。实验民族志是解决该问题的一种可能性。研究者并非完全依赖量化测量来评估研究中的变量，而是在试验前后采用深入访谈和其他质性方法。通过这些访谈，研究者可以更深入地了解人们的感受、情绪、认知过程等，而标准的调查方法很容易忽略这些。研究者可能会发现采取措施前后发生的质性变化，这些变化是很难通过数字捕捉的。实验民族志的设计融合了这种质性工具。本章后续的示例研究 1 提供了一个实验民族志研究的例子。

（3）实验现实主义：这一观点与有时所谓的外部效度和生态效度有关。研究结果是否适用于现实生活？这个问题实际包含两部分。第一部分简单明了，涉及研究结果的普适性。这是一个相对容易的问题，因为在不同情境中、使用不同的参与者重复进行研究，就能得知最初的研究结果是否仅适用于特定情境。第二部分是一个更为复杂的问题，即同样的过程和因果途径是否也适用于实验之外的情境。参与者在现实生活中的想法、决定和行为是否与实验中相同？如果不是，那么在不同的情境中重复实验可能无法解决这个问题。当然，这并不意味着这些实验结果是无效的，而是说如果它们不适用于实验条件之外，就会缺乏实验现实主义。解决方法之一是进行仔细的过程追踪（见第五章）或应用回溯质性模型（见第六章），并将结果与参与者在非实验条件下使用的过程进行比较。或者，研究者可以对其他非实验参与者的思维进行过程追踪，这些参与者在关键的人口统计变量上应与实验参与者相匹配。要实现这一点，需要将量化设计与适合的质性工具进行仔细融合。

因此，实验并不一定是一个“黑箱”。应该谨慎融合质性工具，以改进研究设计及其最终结果。研究者也不应为了“客观性”而远离研究，更不应将工作交给研究助理，让他们在电子表格中填入数字。研究者应以深入理解所研究的复杂现象为目的。实现这一点并不局限于上述三种技术，因为不同的研究问题需要不同的、创造性的融合设计［例如互动、迭代和协同设计，参见 Nastasi et al.（2010）］。例如，仔细观察复杂现象可能会让我们有机会发现断点回归设计，从而提供独特的视角。实例研究 2（见本章后文）描述了一个断点回归的实例。

总之，人们对混合方法的独特哲学立场似乎尚未达成共识。相反，研究者仍然能够在他们熟悉的范式中开展研究，同时使用不同的质性量化工具，以改进其设计并更好地理解复杂现象。我们认同西莱特（2016：16）的观点，即限制一种方法的作用（例如，认为量化方法应用于检验质性结果的普适性）是一种顽固的刻板印象。我们应该谨慎地融合这些工具，而不是将一种工具用作另一种的附属。将一种工具作为另一种的附属工具的方法可能也会对所研究现象提供更多的启示，但这种方式无法充分挖掘将不同方法有效结合起来时所蕴含的潜力。

◎ 贝叶斯方法

2011 年，心理学家达里尔·贝姆（Daryl Bem）发表了一项历时八年的实证系列研究，报告了 9 个实验来说明预知现象的存在，即普通人能够预见无法预测的未来事件。这些研究表明，参与者能够在统计意义上的显著水平预测计算机随机生成的性刺激。贝姆（2011）还发现，这种“时间逆转”现象在高度追求感官刺激（外向性的一个方面）的个体中最为显著，因此他提出了一种进化论的解释。贝姆（Bem，2011：423）认为，这种结果“就像心灵感应和千里眼一样，不仅挑战了我们对空间和距离的传统观念，还挑战了我们对时间和因果关系的传统观念”。

令许多观察者意外的是，这篇论文通过了严格的同行评审流程，被著名的《个性与社会心理学杂志》录用并发表。虽然贾德（Judd）和加夫隆斯基（Gawronski）（2011：406）在编辑评论中称这些结果“极其令人费解”，因为

"它们颠覆了我们对因果关系的传统理解"。但讽刺的是，该杂志桌拒了未能成功复制这些结果的研究，理由是该杂志"只发表最好的原创研究"（见 Aldhous，2011）。

可以理解的是，这项研究（再次）引发了围绕零假设显著性检验以及该方法规定的证据标准是否过低的争议（例如 Rouder & Morey，2011；Wagenmakers et al.，2011）。这些批评为如何解释贝姆的结果提供了贝叶斯观点。这种观点认为，"非凡的主张需要非凡的证据"（Wagenmakers et al.，2011：429）。也就是说，尽管贝姆的结果成功地超过了传统的 0.05 水平，但这仍不足以改变我们强烈的先验观点，即这种预知未来的超自然能力是不存在的。

> **安德鲁·赫尔曼（Andrew Gelman）（2018：21–22）论述了零假设显著性检验（NHST）对科学的不利影响：**
>
> 或许零假设显著性检验从来都不是一个好主意，在研究微小效应和复杂相互作用时，它尤其无用。或者也可以说，对于一些人来说，它是发表文章和引起关注的有效手段，但对于进行可复制的科学研究来说，它并不是一种有效方法……当前科学界的复制危机部分源于将零假设显著性检验用于研究具有噪声数据的微小效应所产生的不良影响。在这种情况下，表面上的成功易于实现，而真正可复制的结果却需要在理论、测量和数据之间建立更可靠的联系。

为了进一步说明这一点，我们可以设想一个相反的情况。假设一项医学实验在两种条件下各只有五名参与者。在施用试验药物后，两名参与者患病，其中一人不得不住院治疗，另外一人死亡。在这种情况下，尽管这些结果不太可能具有统计学意义（由于样本量很小），但按照常理，我们仍应终止实验，并得出该药物不安全的结论。然而，如果我们不以统计学上的显著性为依据，那么我们又以什么为依据呢？这种情况下的贝叶斯推理是，我们抱有一个非常微弱的先验观点，即那些被随机选中的年轻且健康的参与者会碰巧在摄入该药物后，由于与药物本身无关的原因而患病或猝死。由于这种巧合不太可能发生，所以我们愿意接受这种证据，即使这没有达到常规的 0.05 这一阈值。同样，当我们有一个强烈的预先信念认为预知未来是极其不可能的，我们自然会需要相应的强有力的证据才能被说服。

从上述情景中，我们可以窥见统计理论的两大范式巨头——贝叶斯学派和频率学派之间更深层次的冲突，这种冲突可以追溯到两个世纪以前［为了方便读者理解，请参见 McGrayne（2011）和 Salsburg（2001）］。正如之前所解释的，贝叶斯方法的一个独特之处在于，与频率统计中的零假设显著性检验不同，贝叶斯方法可以将质性、主观的先验观点和初始条件知识纳入统计模型，因此我们不必每次进行分析时都从零开始。贝叶斯分析正式解释了一种并不罕见的情况：研究者有时对某一结果持怀疑态度，尽管该结果在统计学上具有显著性，而有时他们又会欣然接受一个乍看薄弱的结果。这些特征正慢慢吸引着越来越多的第二语言发展（SLD）研究者（Norouzian et al.，2018；Ross & Mackey，2015）。

另一个引人注目的特征是，贝叶斯统计能够提供丰富而详细的信息。与简单的二元显著性结果或单效应量图不同，贝叶斯统计能够提供结果的分布，以图形方式显示每种结果的可能性。这样的结果非常丰富，并且可以随着对所研究复杂现象的了解不断增加而动态更新。这一切都可能意味着贝叶斯统计的结果是模糊的。事实恰恰相反，相较于所提供的解释并不直接的 p 值和置信区间（参见 Vitta & Al-Hoorie，2019），贝叶斯结果更加直观，可直接应用。例如，频率学派的 p 值，关注的是数据的概率，而我们通常更关心我们假设的概率（另见第十六章）。同样令人困惑的还有对置信区间的解释：95% 的置信区间实际上并不是指我们研究结果的概率——尽管我们很容易这样想——而是指如果我们将研究重复无数次，我们会在 95% 的时间里得到总体参数。我们自己的研究可能恰好是那 95% 的情况之一，也可能不是。这种解释使置信区间的实用性大大降低，远不如最初设想的那样有用，一些批评者甚至认为置信区间“在科学上毫无用处”（Bolstad，2007：228）。

维克斯（Vickers）（2010：61–62）对 p 值的扭曲解释：

最后，经过数小时的打包和装车，行李终于放进了车里，孩子们坐在儿童加高座椅里，零食触手可及，每个人都系好了安全带，我的手就放在启动开关上。这时，我的妻子问：“相机在哪儿？”作为一名统计学家，我立即将这个问题转换成两种假设：“相机在车里”和“相机还在家里”。鉴于回家寻找比卸下行李更容易，我决定检验第二种假设。几分钟后，我告诉妻子，我找遍了家里所有地方，都没有找到相机。于是我们得出结论“它一定在车内某个地方”，然后我们就出发了。

关于这个故事，有点奇怪的是，我们得出了一个结论（相机在车里），是因为我们找不到证据支持另一个结论（相机在家里）。但事实上，这正是我们进行统计检验时所做的事。首先，我们提出一个零假设，大致来说，就是没有任何有趣的事情发生……然后我们进行统计分析，以获得一个 p 值。p 值是在零假设为真的情况下，观察到的数据至少和实际数据一样极端的概率。所以，如果 p 值很低（比如，低于 0.05），那么我们就可以说，“如果零假设为真，这样的数据出现的可能性不大，因此它可能不成立”。因此，我们宣布我们得出的结果“在统计学上显著”，拒绝零假设，并得出结论：我们手头上确实有一个有趣的现象。

贝叶斯分析不仅适用于相对简单的问题，也可以处理更复杂的问题。任何将大量现有学术成果纳入一项研究的尝试，通常都会使问题变得过于复杂、难以处理。这就是为什么研究者倾向于转而采用简单的设计，一步一步地增进知识。频率统计所提供的唯一一种整合前人知识的方法可能是使用单尾假设，但这一方法目前仍存在争议（Freedman，2008）。另一方面，戈德斯坦（Goldstein）（2006）阐释了如何构建一个贝叶斯“信念网”，可以在复杂系统中以高度可靠性量化并管理不确定性。这让研究者能够通过不断更新先前的信念，融合不同来源的信息——例如，在试图定位失踪的潜艇和飞机时——从而使其“更高效、更灵活”，以至于“难以想象其他任何方法能做到这一点”（Goldstein，2006：405）。

◎ 动态方法融合框架

方法论学者已经提出了几种类型学方法，以概念化质性方法和量化方法之间的关系，以及如何将它们结合起来，最大限度地提高研究者从设计中学到的东西［相关概述请参见 Nastasi et al.（2010）］。在本节中，我们在这些成就的基础上提出了一个动态方法融合框架，以供跨学科的复杂动态系统理论研究者采用（见表 18.2）。

表 18.2 中呈现了三个不同的层次：目标、单位和方法。从目标入手，研究者可能会尝试探索一个研究问题，或者尝试通过观察或（准）实验来检验某些理

解或预期。正如我们在第三章中详细解释的，批判现实主义的视角假设确实存在待认知的现实，但由于其复杂性，我们最多只能尝试接近它。我们认为，尤其是在预测方面，尽管复杂的社会领域并不适合可应用于不同环境和不同群体的普遍规律，但通过与其他类似系统进行比较，在相似的条件和情境下，它仍可能形成某些普适性，并产生类似的结果（Uprichard，2009）。所以，批判现实主义者没有理由回避做出预测，然后检验这些预测。

表 18.2　动态方法融合的建议框架

目标		分析单位		方法
探索		个体		质性方法
↕	→	↕	→	↕
证伪：观察或（准）实验		群体		量化方法

注：所研究的问题可能是过程导向型的，也可能是结果导向型的，或者两者兼而有之。

还需注意的是，表 18.2 使用了“证伪”一词，而非“证实”。这是因为，无论我们认为我们的知识有多么详细准确，它都将被证明是对现实的不完整描述，最终会通过进一步的严谨研究而被否定。因此，试图“证实”我们的知识必然会以失败告终。因此，一些哲学家认为，积极的结果无法证实一个理论，只能印证理论，使其在实证上足够站得住脚（例如 Popper，1983，2002/1934；van Fraassen，1980）。一般来说，“证实”和“证明”这样的表达更适用于数学和演绎推理。

探索与证伪之间的双向箭头表明，批判现实主义者如果想使其研究信息量最大化，就不应该局限于其中任何一方。理想情况下，融合设计的特点应该是在这两个目标之间灵活切换。如果一项证伪研究能够提供的只是支持现有理论的积极结果，那么这还不如说是一次失败。这种研究并不能真正增进我们的理解，反而可能暗示着我们已经完全理解了当前的复杂现象。虽然对于许多读者来说，积极结果意味着我们已经完全理解了所讨论的主题，这听起来显得毫无意义，但这并不是从一些最新的应用语言学文献中读者会解读到的内容。在这些文献中，某理论已被结果所验证、证实甚至是证明，这种庆祝式的语气并不罕见（参见例如 Al-Hoorie，2018）。将一个理论描述为“已被证明”，却又声称我们仍未完全理解，更不必说需要证伪该理论，这显然是自相矛盾的。采用此处提出的探索-证伪方法，应该从根本上调整研究者的方向和目标，使他们积极寻求消极的、不确定的结果，而不是庆祝积极结果。因此，关于如何开展研究、如何解释研究结果，以及如何指出未来的研究方向，研究者的视角希望能发生转变。

下一个层次，即分析单位，与分析是在个体层面还是群体层面进行有关。在应用语言学研究的许多领域中，基于群体进行研究是常态，尽管基于个体的研究也可以做出实质性的独特贡献（见第十六章）。事实上，基于个体的研究可能更符合复杂动态系统理论的假设，本书各章对此进行了说明。基于个体的研究让研究者能够近距离地关注发展和变化，而无须将个体特质诉诸平均值。正如我们在第三章中提出的，鉴于复杂系统并不局限于代表某一个体，所以认为某一层面的数据可能优于另一层面的数据可能是一种（错误）解释。如果选择群体作为分析单位，或是选择任何比个体更高层次的系统，那么群体层面的数据可能更有意义。同时，表 18.2 中在个体和群体之间有一个双向箭头，意味着融合设计应该从这两种方法中都加以借鉴。基于个体的研究设计对单一被试进行细致的分析，而基于群体的结果则指向更广泛的趋势以及这些结果在群体中的差异。

动态方法融合框架的最后一个层次是方法。融合设计同时采用质性方法和量化方法，以增进某一研究领域的知识。一个常见的误解是，宏观层面的分析需要使用量化分析，而个体层面的分析则需要使用质性数据。复杂动态系统理论研究并不支持这种说法，正如我们在第三章中所提出的，它鼓励人们合理使用并混合适合所研究现象的量化方法或质性方法（参见第十章中的一个此类应用）。然而，正如本章前文详细解释的那样，应该谨慎地融合方法，而不是单纯地混合。两种方法应该以一种统一的方式支持研究问题。我们在前文中描述过，质性部分可以用于检查假设、完善测量、检验实验真实性。这意味着，质性数据不应被视为只与建构主义或后现代主义哲学兼容的工具（参见第四章）。

尽管表 18.2 所示框架的重点主要是纵向数据，但它也适用于横截面数据。我们重点关注纵向数据，只是因为它们通常与复杂动态系统理论更兼容。纵向数据仍可分为两类：结果导向型和过程导向型。结果导向型研究侧重于不同时间点的结果或模式，例如熟练程度或态度随时间发展的轨迹。过程导向型研究则侧重于解释如何产生结果的机制，例如熟练程度或态度所经历的阶段，以及每个阶段的影响因素。将过程导向型研究和结果导向型研究的观点结合起来，能够丰富研究议程（Gage & Needels，1989）。

总结一下，本节提出的框架呼吁人们关注探索目标与证伪目标、个体分析与群体分析、质性方法与量化方法进行动态融合的必要性。显然，这并不是说每项研究都必须包含这六个要素。相反，我们建议研究者尝试至少从一个层面将两方面结合起来。一项研究可能既有探索目标，又有证伪目标；既有个体分析，又有群体分析；或者既有质性方法，又有量化方法。例如，如果一项研究侧重于基于个体或群体的其中一方面，那么研究者最好尝试将探索与证伪层面或质性与量化层面整合起来。这样，一项基于群体的实验可以利用质性数据，而不仅仅是将其作为结尾的附加部分，而是作为融合进研究设计中的重要部分。事实上，质性数据甚至可以成为实验中收集数据的主要工具（参见实例研究 1）。相较于单一被式研究，复杂动态系统理论系列研究可以，也应该充分利用表 18.2 中的所有六个要素。

◎ 实例研究 1：民族志实验设计

我们先前强调过，质性数据可以以一种有意义的方式融合到量化设计中。实验民族志就是这样一种方法。它将质性数据作为标准实验设计中的重要数据收集工具。这就是为什么实验民族志被描述为质性研究与量化研究的紧密结合（Sherman & Strang，2004）。引用帕拉克（Paluck）（2010b：60，原文强调）的话，“实验，尤其是现场实验，可以、也应该成为质性研究的核心……它本质上并不是量化研究”。

帕拉克（Paluck，2010a）利用实验民族志进行了一项研究。这项研究是在饱受战争摧残的刚果民主共和国东部（经历了被称为“非洲世界大战”的事件）进行的，那里的民兵以战争暴行和强迫迁移持续地恐吓平民。帕拉克研究了“想象自我技术”的有效性，该技术鼓励人们换位思考，将自己想象成其他群体的成员。该研究通过每周一次的广播肥皂剧进行。研究者使用分层抽样技术，随机选择某些地区播放该广播剧（对照组），其他地区则在播放该广播剧后增加一个脱口秀节目，该节目鼓励人们换位思考，旨在增进群体间的宽容度。

这项研究共有842名参与者，他们每人填写了一份调查问卷，并参加了一次访谈和帮助行为测试。在帮助行为测试中，研究者向每位参与者发放了一袋2公斤重的盐（在当时的环境下，这是一种非常珍贵的商品），并询问他们是否愿意将其中一部分捐给他们的竞争对手群体。研究者和她的团队记录了参与者是否同意捐赠、愿意捐赠多少以及他们对这一决定的自发评论。这项研究的一个有趣结果是，标准问卷中没有反映出来的不满情绪在自发评论的分析中凸显出来了。自发评论被分为消极的（因敌意而拒绝捐赠）、策略性的（因希望停止攻击而同意捐赠或因害怕让敌人更强大而拒绝捐赠）、积极的（因宗教或无私的原因而同意捐赠）三类。一些消极评论过于极端，以至于标准问卷问题无法反映出来。例如，一些参与者表示，"他们杀死了我的母亲/他们让我们变得贫穷"，"我宁可去死也不帮助他们"。如果研究者在她的研究中完全且严格地依赖于李克特类型的问题，就像许多实验研究那样，那么选择"非常同意"选项就无法揭示这些负面情绪的显著性。许多情绪可能过于复杂，无法通过研究者预先设定的答案选项来捕捉。正如西莱特（Seawright，2016）所说，这里的想法通过使用深度访谈和其他质性方法，提供了对情绪、思维过程和理解模型的洞见，这超越了社会科学实验中最常见的结果测量策略——调查问题或对情境的行为反应，并且允许在这些领域和其他领域中通过归纳方式发现潜在的意外效应。（Seawright，2016：153）

帕拉克研究中另一个有趣发现涉及现实生活中应用干预措施的内在复杂性。与预期相反的是，受到想象自我技术干预的参与者在其态度（无论是在封闭式问卷中，还是在自发评论中）方面和捐赠行为方面，对外部群体的容忍度实际上都更低。更令人意外的是，那些与其他人讨论节目的参与者表现出最低的容忍度，而讨论节目这一策略本应提高参与者对干预方案的接受度。

由于这些研究发现与理论及许多实验结果相悖，而这二者都是这一干预方案的基础，所以帕拉克尝试推测这些出人意料的结果背后的原因。一种可能的解释与参与者的类型有关。多数支持该干预方案原则的理论研究都是基于西方大学生。该群体可能并不等同于帕拉克研究中的非洲人群体。事实上，根据汉里希（Henrich）等人（2010）的研究，发表于顶级期刊上的大多数人类心理学和行为学研究大多源于他们所谓的“WEIRD”社会：西方（Western）、教育发达（Educated）、工业化（Industrialized）、富裕（Rich）、民主（Democratic）的社会。汉里希（Henrich）及其同事认为，这是对人类进行概括时最不具有代表性的群体。在许多应用语言学的分支学科中，尽管有一些例外，但大量研究同样也是基于“WEIRD”社会，因此在其他背景下的适用性可能会大打折扣。

另一种可能的解释是现实生活的复杂性。即使研究者在受控条件下获得了有利的结果，也无法保证他们在自然条件下也会获得相同的结果（参见先前讨论过的实验现实主义）。这强调了实验室实验与现场实验，尤其是与实验民族志之间不可或缺的互补性。此外，对于应用语言学的某些专题研究领域（例如语言学习动机研究）来说，这也是一种警示。在这些领域中，提供给利益相关者和从业者的许多实用建议并非基于现场实验，而是基于观察设计，尤其是基于问卷调查的设计（Al-Hoorie，2018；Hiver & Al-Hoorie，2020；Lamb，2017）。“如果没有实验研究来支持这些教学建议，这种做法往好了说可能是误导，往坏了说可能会对该领域造成损害”（Al-Hoorie，2018：742）。

◎ 实例研究2：断点回归设计

首先，我们应该明确，断点回归并非一种统计检验（如多元回归），而是一种研究设计。当所需的随机实验条件无法被满足时，断点回归可以用于揭示一项干预措施的因果作用（Thistlethwaite & Campbell，1960）。这种设计涉及比较在施加某一措施（例如政策的变更）的节点前后发生的情况。

举一个具体的例子可能有助于澄清这一抽象概念。假设我们要研究吸烟对癌症的影响。在理想的情况下，研究者会将一些参与者分入实验组，让他们每天吸烟，再将另一些参与者分入对照组，并禁止他们吸烟，即使他们有想要吸烟的倾向。然后，研究者可以检验实验组参与者的癌症发病率是否更高。当然，这只是理想状况。然而，在现实世界中，尽管在研究方法论的历史上，违背伦理道德的暴行并非闻所未闻（例如塔斯基吉梅毒实验；Reverby，2009），但出于伦理道德方面的考虑，研究者仍无法进行此类实验。

让我们考虑另一种情景：假设一个国家受到了经济制裁。作为制裁的一部分，该国不能再进口烟草产品。现在，研究者可以比较人们在该制裁实施前后几年间的癌症发病率，因为吸烟者会由于无法得到烟草产品而突然被迫戒烟。进一步设想一下，该制裁实施前后几年间每月的癌症死亡人数与图 18.1 中的情况类似。中间的竖线代表制裁开始的时间。显然，死亡率出现了明显的骤降（另见第十一章的工具变量）。

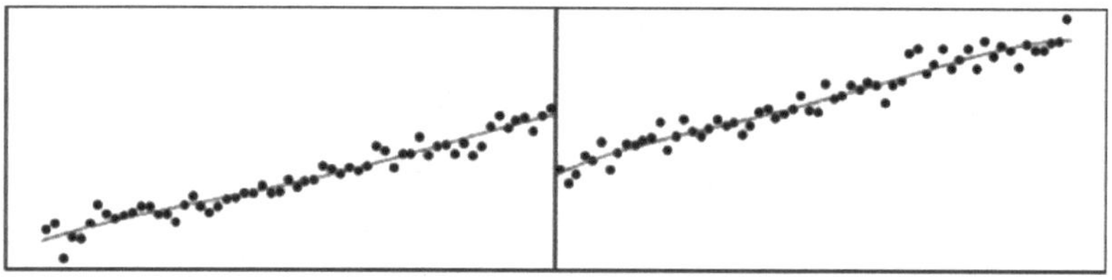

图 18.1　假设的断点回归数据

让我们举一个简单的例子说明研究者是如何使用这种方法的。安格里斯特（Angrist）和拉维（Lavy）（1999）使用断点回归设计来评估班级规模对学习成绩的影响。一般来说，很难在现实的学校中操控班级规模来检验小班是否带来更高的成绩。但是，安格里斯特和拉维所在地区的州法律规定，班级人数最多不得超过 40 人。一旦班级人数超过 40 人，学校就必须将该班分成两个班。安格里斯特和拉维发现，这正是对 40 人以下和 40 人以上（从而必须分班）的班级进行断点回归分析的好机会。

安格里斯特和拉维的论文中包含一些数学方程，这可能会让人难以理解。但是，他们的结论十分明确。他们发现，小班教学对五年级学生的阅读和数学成绩有积极影响这一假设得到了明确支持，对四年级学生有积极影响的假设得到的支持不明显，而对三年级学生有积极影响的假设几乎没有得到支持。与本章讨论相关的是，安格里斯特和拉维如何将质性研究与量化评估融合起来。他们仔细研究了当地的环境，以确定断点回归设计的稳健性。例如，他们考虑到了家长的故意操控，所以他们检验了家长为逃避大班教学而给子女转学的程度。这种“战略行为”会威胁到该设计的内部效度。研究者还考虑到了学校规模以及城市地区的学校总体规模更大的事实。另外，他们也考虑到学校内部可能存在的选择偏差，即校长可能刻意将后进生编入小班。他们还仔细研究了当地的环境，了解三年级学生的结果为何不同。他们发现，由于当时某些影响整个地区的非教育因素，该小组的测试条件有所不同。显然，对当地环境进行仔细的质性分析，对于应用和证明这一设计至关重要。对于上述假设的烟草制裁，亦是如此。起初，这似乎只是一个简单的量化研究：只需比较制裁前后的癌症发病率即可。然而，为了使读者相信其研究的内部效度，研究者需要仔细研究相关背景。他们需要考虑烟草产品是否仍然可以买到（例如通过走私）、吸烟者是否求助于替代产品（例如当地产品）、一些人是否可能越境来获取尼古丁，以及许多其他可能对结果的清晰解释造成威胁的可能性。研究这些问题需要将优秀的质性研究融合到量化设计中。

相对而言，我们并不关心我们所讨论的实例研究有什么实质影响（例如，是否存在有力证据表明小班确实比大班更好），这一点不言而喻。事实上，一些学者可能并不认同这些研究的某些决定和解释。我们所关注的纯粹是方法论问题，我们介绍这些实例研究是为了帮助读者理解所讨论的方法，激发读者对该方法的思考。

◎ 扩展阅读

Hesse-Biber，S. and Johnson，R.B.（eds）（2015）*The Oxford Handbook of Multimethod and Mixed Method Research Inquiry*. Oxford：Oxford University Press.

Seawright，J.（2016）*Multi-Method Social Science*：*Combining Qualitative and Quantitative Tools*. Cambridge：Cambridge University Press.

Tashakkori A. and Teddlie，C.（eds）（2010）*SAGE Handbook of Mixed Methods in Social & Behavioral Research*（2nd edn）. Los Angeles，CA：SAGE.

Teddlie，C. and Tashakkori，A.（2009）*Foundations of Mixed Methods Research*：*Integrating Quantitative and Qualitative Approaches in the Social and Behavioral Sciences*. Thousand Oaks，CA：SAGE.

关于混合方法、围绕混合方法的争议以及质性量化方法的最佳融合方式，这四本书提供了丰富信息。

Etz，A.，Gronau，Q.F.，Dablander，F.，Edelsbrunner，P.A. and Baribault，B.（2018）How to become a Bayesian in eight easy steps：An annotated reading list. *Psychonomic Bulletin & Review* 25（1），219–234. doi：10.3758/s13423-017-1317-5.

在这篇文章中，作者简化了我们的工作，提供了关于贝叶斯统计的扩展阅读清单。这篇文章是特刊的一部分，该特刊还包括其他一些关于贝叶斯统计不同方面的有用文章。

Okasha，S.（2002）*Philosophy of Science：A Very Short Introduction*. Oxford：Oxford University Press.

O' Gorman，K. and MacIntosh，R.（2015）Mapping research methods. In K. O' Gorman and R. MacIntosh（eds）*Research Methods for Business & Management：A Guide to Writing Your Dissertation*（2nd edn；pp. 50–74）. Oxford：Goodfellow.

Ladyman，J.（2007）Ontological，epistemological，and methodological positions. In T.A.F. Kuipers（ed.）*General Philosophy of Science：Focal Issues*（pp. 303–376）. Amsterdam：North Holland.

如果对复杂动态系统理论感兴趣的读者想了解不同的科学哲学，这份资料也是很有帮助的。这三本读物的内容详细程度层层递进，对科学哲学进行了重要的介绍。所有的内容都通俗易懂。

◎ 参考文献

Ahmed, A. and Sil, R. (2009) Is multi-method research really 'better'? *Qualitative and Multi-Method Research* 7 (2), 2–6.

Ahmed, A. and Sil, R. (2012) When multi-method research subverts methodological pluralism—or, why we still need single-method research. *Perspectives on Politics* 10 (4), 935–953. doi:10.1017/S1537592712002836.

Al-Hoorie, A. H. (2015) Human agency: Does the beach ball have freewill? In Z. Dörnyei, P. MacIntyre and A. Henry (eds) *Motivational Dynamics in Language Learning* (pp. 55–72). Bristol: Multilingual Matters.

Al-Hoorie, A. H. (2018) The L2 Motivational Self System: A meta-analysis. *Studies in Second Language Learning and Teaching* 8 (4), 721–754. doi:10.14746/ssllt.2018.8.4.2.

Al-Hoorie, A. H. (in press) Motivation and the unconscious. In M. Lamb, K. Csizér,

A. Henry and S. Ryan (eds) *The Palgrave Handbook of Motivation for Language Learning*. Basingstoke: Palgrave Macmillan.

Al-Hoorie, A. H. and Vitta, J. P. (in press) The seven sins of L2 research: A review of 30 journals' s tatistical quality and their CiteScore, SJR, SNIP, JCR Impact Factors. *Language Teaching Research*. doi:10.1177/1362168818767191.

Aldhous, P. (2011) Journal rejects studies contradicting precognition. *New Scientist.* See http://www.newscientist.com/article/dn20447-journal-rejects-studies-contradictingprecognition.html (accessed 10 January 2018).

Angrist, J. D. and Lavy, V. (1999) Using Maimonides' rule to estimate the effect of class size on scholastic achievement. *The Quarterly Journal of Economics* 114 (2), 533–575. doi:10.1162/003355399556061.

Beck, N. (2006) Is causal-process observation an oxymoron? *Political Analysis* 14 (3), 347–352. doi:10.1093/pan/mpj015.

Beck, N. (2010) Causal process 'observation': Oxymoron or (fine) old wine. *Political Analysis* 18 (4), 499–505. doi:10.1093/pan/mpq023.

Bem, D. J. (2011) Feeling the future: Experimental evidence for anomalous retroactive influences on cognition and affect. *Journal of Personality and Social Psychology* 100 (3), 407–425. doi:10.1037/a0021524.

Bolstad, W. M. (2007) *Introduction to Bayesian Statistics* (2nd edn). Hoboken, NJ: Wiley.

Brown, J. D. (2014) *Mixed Methods Research for TESOL*. Edinburgh: Edinburgh University Press.

Creswell, J. W. (2011) Controversies in mixed methods research. In N. K. Denzin and Y.S. Lincoln (eds) *The SAGE Handbook of Qualitative Research* (4th edn; pp. 269–284). Thousand Oaks, CA: SAGE.

Dörnyei, Z. (2007) *Research Methods in Applied Linguistics: Quantitative, Qualitative, and Mixed Methodologies*. Oxford: Oxford University Press.

Freedman, L. S. (2008) An analysis of the controversy over classical one-sided tests.

Clinical Trials 5 (6), 635–640. doi:10.1177/1740774508098590.

Gage, N. L. and Needels, M. C. (1989) Process-product research on teaching: A review of criticisms. *The Elementary School Journal* 89 (3), 253–300. doi:10.1086/461577.

Gelman, A. (2018) The failure of null hypothesis significance testing when studying incremental changes, and what to do about it. *Personality and Social Psychology Bulletin* 44 (1), 16–23. doi:10.1177/0146167217729162.

Giddings, L. S. (2006) Mixed-methods research: Positivism dressed in drag? *Journal of Research in Nursing* 11 (3), 195–203. doi:10.1177/1744987106064635.

Giddings, L. S. and Grant, B. M. (2007) A Trojan Horse for positivism? A critique of mixed methods research. *Advances in Nursing Science* 30 (1), 52–60.

Goldstein, M. (2006) Subjective Bayesian analysis: Principles and practice. *Bayesian Analysis* 1 (3), 403–420. doi:10.1214/06-BA116.

Henrich, J., Heine, S. J. and Norenzayan, A. (2010) The weirdest people in the world? *Behavioral and Brain Sciences* 33 (2–3), 61–83. doi:10.1017/S0140525X0999152X.

Hesse-Biber, S. and Johnson, R.B. (eds) (2015) *The Oxford Handbook of Multimethod and Mixed Method Research Inquiry*. Oxford: Oxford University Press.

Hiver, P. and Al-Hoorie, A. H. (2020) Re-examining the role of vision and imagery in L2 learners' motivation: A preregistered conceptual replication of You, Dörnyei, and Csizér (2016). *Language Learning* 70, 1–55. doi:10.1111/lang.12371.

Judd, C. M. and Gawronski, B. (2011) Editorial comment. *Journal of Personality and Social Psychology* 100 (3), 406. doi:10.1037/0022789.

Kahneman, D. and Tversky, A. (eds) (2000) *Choices, Values, and Frames*. New York: Cambridge University Press.

Ladyman, J. (2007) Ontological, epistemological, and methodological positions. In T. A. F. Kuipers (ed.) *General Philosophy of Science: Focal Issues* (pp. 303–376). Amsterdam: North Holland.

Lamb, M. (2017) The motivational dimension of language teaching. *Language Teaching* 50 (3), 301–346. doi:10.1017/S0261444817000088.

Lincoln, Y. S. and Guba, E. G. (2013) *The Constructivist Credo*. Walnut Creek, CA: Left Coast Press.

Mackey, A. and Bryfonski, L. (2018) Mixed methodology. In A. Phakiti, P. De Costa, L. Plonsky and S. Starfield (eds) *The Palgrave Handbook of Applied Linguistics Research Methodology* (pp. 103–121). New York: Palgrave Macmillan.

McGrayne, S. B. (2011) *The Theory that Would Not Die: How Bayes' Rule Cracked the Enigma Code, Hunted Down Russian Submarines, and Emerged Triumphant from Two Centuries of Controversy*. London: Yale University Press.

Mirhosseini, S.-A. (2018) Mixed methods research in TESOL: Procedures combined or epistemology confused? *TESOL Quarterly* 52 (2), 468–478. doi:10.1002/tesq.427.

Nastasi, B. K., Hitchcock, J. H. and Brown, L.M. (2010) An inclusive framework for conceptualizing mixed methods design typologies: Moving toward fully integrated synergistic research models. In A. Tashakkori and C. Teddlie (eds) *SAGE Handbook of Mixed Methods in Social & Behavioral Research* (2nd edn; pp. 305–338). Los Angeles, CA: SAGE.

Norouzian, R., de Miranda, M. and Plonsky, L. (2018) The Bayesian revolution in second language research: An applied approach. *Language Learning* 68 (4), 1032–1075. doi:doi:10.1111/lang.12310.

Paluck, E. L. (2010a) Is it better not to talk? Group polarization, extended contact, and perspective taking in Eastern Democratic Republic of Congo. *Personality and Social Psychology Bulletin* 36 (9), 1170–1185. doi:10.1177/0146167210379868.

Paluck, E. L. (2010b) The promising integration of qualitative methods and field experiments. *The Annals of the American Academy of Political and Social Science* 628 (1), 59–71. doi:10.1177/0002716209351510.

Popper, K. R. (1983) *Realism and the Aim of Science*. New York: Routledge.

Popper, K. R. (2002/1934) *The Logic of Scientific Discovery*. London: Routledge.

Reverby, S. M. (2009) *Examining Tuskegee: The Infamous Syphilis Study and Its Legacy*. Chapel Hill, NC: University of North Carolina Press.

Riazi, A. M. (2017) *Mixed Methods Research in Language Teaching and Learning*. Sheffield: Equinox.

Ross, S. J. and Mackey, B. (2015) Bayesian approaches to imputation, hypothesis testing, and parameter estimation. *Language Learning* 65 (S1), 208–227. doi:10.1111/lang.12118.

Rouder, J. N. and Morey, R. D. (2011) A Bayes factor meta-analysis of Bem's ESP claim. *Psychonomic Bulletin & Review* 18 (4), 682–689. doi:10.3758/s13423-011-0088-7.

Salsburg, D. (2001) *The Lady Tasting Tea: How Statistics Revolutionized Science in the Twentieth Century*. New York: Freeman.

Seawright, J. (2016) *Multi-Method Social Science: Combining Qualitative and Quantitative Tools*. Cambridge: Cambridge University Press.

Sherman, L. W. and Strang, H. (2004) Experimental ethnography: The marriage of qualitative and quantitative research. *The Annals of the American Academy of Political and Social Science* 595 (1), 204–222. doi:10.1177/0002716204267481.

Teddlie, C. and Tashakkori, A. (2009) *Foundations of Mixed Methods Research: Integrating Quantitative and Qualitative Approaches in the Social and Behavioral Sciences*. Thousand Oaks, CA: SAGE.

Teddlie, C. and Tashakkori, A. (2010) Overview of contemporary issues in mixed methods research. In A. Tashakkori and C. Teddlie (eds) *SAGE Handbook of Mixed Methods in Social & Behavioral Research* (2nd edn; pp. 1–41). Los Angeles, CA: SAGE.

Thistlethwaite, D. L. and Campbell, D. T. (1960) Regression-discontinuity analysis: An alternative to the ex post facto experiment. *Journal of Educational Psychology* 51 (6), 309–317. doi:10.1037/h0044319.

Uprichard, E. (2009) Introducing cluster analysis: What can it teach us about the case?

In D. Byrne and C. C. Ragin (eds) *The SAGE Handbook of Case-Based Methods* (pp. 132–147). New York: SAGE.

van Fraassen, B. C. (1980) *The Scientific Image*. Oxford: Oxford University Press.

Vickers, A. (2010) *What Is a p-Value Anyway? 34 Stories to Help You Actually Understand Statistics*. Boston, MA: Addison-Wesley.

Wagenmakers, E.-J., Wetzels, R., Borsboom, D. and van der Maas, H. L. J. (2011) Why psychologists must change the way they analyze their data: The case of psi: Comment on Bem (2011). *Journal of Personality and Social Psychology* 100 (3), 426–432. doi:10.1037/a0022790.

第十九章　复杂动态系统理论方法论术语表及拓展资源

◎ 概述

本书致力于如何设计并开展研究，以适应复杂动态的现实。在第一部分中，我们首先概述了复杂动态系统理论，然后探讨了其科学哲学。这是为了提供必要的背景知识，以便从复杂动态系统理论的参考框架开始思考和操作。但是，我们在第二章和第三章中回顾的许多观点都依赖于复杂动态系统理论中独有的术语，这些术语传达了技术含义。在最后这简短的一章中，我们为感兴趣的读者提供了一份复杂动态系统理论的术语表。虽然某些术语可能具有非复杂动态系统理论领域学者所使用的含义，但我们在此澄清了它们在复杂动态系统领域中的特定含义及用法，以避免歧义，并最大限度地提高一致性。如果没有前面几章提供的背景信息，单靠术语也无法为研究工作提供多少指导，而且其中许多词条是以第二、三章中各自的部分为基础进行扩展的。我们选择将这些术语解释放在本书的末尾，以免打断各个章节的脉络。我们也没有将其放在本书开头，以免让读者感到困惑。我们认为读者在阅读的过程中可以将该术语表作为一种资源使用，在必要时翻阅，以获取更明确的解释。通篇我们都有意提供了我们所使用术语的多个示例，并尽量仔细地选择和引用其来源，以便感兴趣的读者在挑战更具技术性的深入阅读时，能够发现与该主题有关的更多信息。（本章术语表的精彩补充见 www.complexityexplorer.org/ explore/glossary）

最后，我们总结了与复杂动态系统理论及其方法论相关的各种线上和线下资源及数据库，以此结束本章。我们希望感兴趣的读者可以通过这些资源继续探索复杂动态系统理论及其对应用语言学研究的贡献。

术语表

◎ 吸引子（又称吸引子态）

吸引子态（名词）是复杂系统随着时间的推移逐渐稳定或接近稳定状态的临界值、模式、解决方案或结果。吸引子态可视为某一系统的优先状态，但它并不是日常意义上的“吸引”。相反，它是一种描述系统处于稳定状态内行为的方式，有助于观察者了解系统在达到动态平衡时的行为。吸引子可以维持行为，也可以产生变化。（见第二章）

◎ 吸引域（又称吸引盆）

吸引域（名词）是指使复杂系统达到某一吸引子态的时间和环境上的所有初始条件的集合。吸引域是态空间中的一个特征，它让我们既能描述吸引子态的影响范围，又能描述吸引子态对复杂系统的影响强度。（见第二章）

◎ 自创生

自创生（名词）指复杂系统的一种自我指涉属性，它可以通过调节其组成和保护其边界，来维持并对自身进行更新。如果系统能够不借助任何其他外部目标（如增长、发展）独立地再生，并维持其复杂程度，那么该系统就称为自创生（形容词）系统。（见第二章）

◎ 分岔

分岔（名词）是态空间中发生的一种发展性变化，当系统参数的微小调整导致复杂系统发生重大的相位转变或引起系统产生质变时，就会发生分岔。系统分岔的方式有两种，一种是使系统达到更好的平衡状态（即周期倍减分叉将达到平衡所需的迭代次数减少一半）。分岔（动词），另一种是促成更大的变异性和复杂性的方式（即周期倍增分岔将所需的迭代次数增加一倍）。（见第二章）

◎ 共适应

共适应（名词）指复杂系统重组其内部工作部件，以适应周围环境或其他系统引起的问题。如果系统随着时间的推移不断进化，并试图优化与周围环境及其他系统之间的相互作用，那么这些系统就称为共适应（形容词）系统。（见第二章）

◎ 复杂

复杂（形容词）描述的是一个整体（例如一个系统），无法从其组成部分进行分析处理，并且各个部分组合起来所具备的涌现能力大于各个部分能力的总和。复杂是指事物存在的本质是相互关联的，是由不同的部分组合、联合而成，其性质只能作为整体被了解。（见第二章）

◎ 繁杂

繁杂的（形容词）事物、观点或问题涉及多个同时存在或同时发生的元素，从根本上说是可以分解成部分来理解的。与复杂相反，对于繁杂这一概念完整而准确地描述，可归于其内部组成部分的属性。（见第二章）

◎ 耦合

耦合（名词）是指将复杂系统与环境或复杂系统与另一系统之间的开放边界联系起来的关系。耦合（形容词）关系的存在使复杂系统与环境或复杂系统与另一系统之间的能量、信息或资源得以传递，并随着时间的推移形成适应性模式。（见第二章）

◎ 涌现

涌现（名词）是一种更高层次的结果，在这种结果中，复杂系统在性质上显示出新的行为或功能，而对这些行为或功能的描述或解释无法通过任何定义或控制复杂系统及其组成部分的限制来实现，也无法通过系统要素的相互作用来实现。如果随着时间的推移，一种模式的发展无法依靠系统和指导其存在的秩序参数来预测或追踪，那么这种模式就被称为涌现（形容词）模式。（见第二章）

◎ 等效性

等效性（名词）是复杂系统中的一个原则，即同样的结果可能源于不同的初始条件和不同的轨迹。如果两个过程或模型都能使某一系统达到相同的稳定状态，而不受任何初始条件和发展偶然性的影响，则称它们是等效（形容词）过程或模型。（见第三章）

◎ 遍历性

遍历性（名词）指整体随着时间的推移表现出与其部分相同的行为和属性，反之亦然。当系统和过程的每个时间序列或每个空间样本都同样代表整个实体或发展轨迹时，该系统和过程就是遍历性的（形容词）。（见第三章）

◎ 反馈

反馈（名词）指复杂系统输出的能量、信息或资源循环回来成为输入的内容，并影响变化。正反馈是自我强化反馈，它沿着发展路径扩大复杂系统的适应性改变，从而随着时间的推移增加回馈。负反馈是自我维持反馈，它抑制系统的变化或适应，使复杂系统保持在一定的参数范围内稳定运行。（见第二章）

◎ 分形

分形（名词）是指在复杂系统的所有尺度上都能观察到的自相似的图案集合。

分形（形容词）描述的是在多个尺度（例如整体和局部）上被同时可观察到的具有相同维度或相似特征的图案。

◎ 硬组装

硬组装（形容词）机制是系统适应的过程，具有固定的流程，而且是为有限和特定的结果而设计的。这种过程和机制的存在独立于系统所嵌套的当前情境，且无法灵活应对变化或变异。硬组装机制适用于多种情境，与性能无关，并以某种不活跃的绝对态存在于离线状态。（见第二章）

◎ 滞后现象

滞后现象（名词）是指复杂系统的当前状态取决于其当时历史的现象。这往往表现为输入与输出之间的动态滞后，或启动初始实施条件与涌现系统范围的影响之间的延迟。就像池塘中的涟漪一样，初始时期的影响会引起后续影响，后续影响又对所有连续的迭代产生某些因果影响，这样的系统就被称为滞后（形容词）系统。

◎ 初始条件

初始条件（名词）是指观察者开始观察复杂系统的发展时，各种复杂系统的要素、系统维度与参数以及环境条件的状态。由于系统行为与发展始终具有连贯性，所以初始条件是相对于观察者而言的，而非字面意义上的“初始”。（见第二章）

◎ 自组织

自组织（名词）是复杂系统内协调重组和形成的自发过程或内部演变过程，其结果是出现新的结构和功能。如果一个过程在没有任何人刻意指导设计的情况下存在并进行，并且引起更高层次（即系统层面）的结果，那么该过程就被称为自组织（形容词）过程。自组织是一种普遍且强大的过程，能引起涌现结果。（见第二章）

◎ 自组织临界

自组织临界（名词）是指复杂系统达到两个不同稳定阶段或平衡阶段之间（即临界）的转折点——例如，当自组织系统达到临界质量或临界速度时。这个值与态空间中的其他值有本质上的区别。系统达到自组织临界的结果往往是急剧转变为新阶段或新吸引子态。（见第二章）

◎ 软组装

软组装（形容词）过程是多个相互作用的要素之间的一种即兴适应形式，这些过程根据系统的环境、任务和发展历史随时进行自由组合。这些适应行为依赖于系统变化的原则，而这些原则只有在某一情况或任务的当前情境下才会出现并得以实现。软组装（名词）涉及复杂系统对其环境的某种特定适应性。它受限于情境，是临时性的，实时发生，并且仅涉及当前可用且必要的工具和结构。（见第二章）

◎ 态空间

态空间（名词）是系统在任何特定时间可能出现的全部结果配置的N维景观。复杂动态系统理论使用这种地形隐喻来捕捉动态行为发生的位置以及系统可能存在的模式化结果。态空间为复杂系统的所有潜在现象学结果提供了或多或少的全面解释。（见第二章）

◎ 随机性

随机性（形容词）过程是指以随机（即数学意义上的）和非确定的方式随着时间的推移发生的过程，表现出无法精确预测的随机概率分布。随机性（名词）是复杂系统的一个特征，会产生与确定性结果相反的概率性结果和行为。（见第三章）

拓展资料及资源

◎ 线上资源

对于有兴趣深入探索复杂动态系统理论主题的读者而言，有几个极好的线上资源是非常值得推荐的。在某些方面，这些资料中的佼佼者甚至可以与长篇技术信息资料相媲美，因为它们提供的信息涵盖面更加广泛，而且都是由复杂性科学领域的世界一流专家精心编策的。

● 圣塔菲研究所（SFI；https：//www.santafe.edu/）是世界知名的复杂性科学跨学科主题研究中心。SFI 成立于 1984 年，是一个独立的非营利性研究机构，致力于探索复杂系统科学前沿。正如其一位著名捐赠者在圣塔菲研究所网站上所说的那样："当我思考科学领域时，当一切都在走下坡路时，当不了解的事物在增加时，如果你还保有一个可以重新开始发散思维的地方，那一定是圣塔菲研究所。"自其成立以来，圣塔菲研究所接待了来自世界各地的学者，他们研究的项目和问题跨越一切学科，在寻找共同模式和原则的过程中，他们关注的问题提纲挈领又看似棘手，是真正的跨学科研究。圣塔菲研究所网站提供以下信息：

● 正在研究的主题和项目；

● 从事这些研究的学者和社区合作伙伴；

● 关于复杂性的出版物和资源；

● 复杂性科学方面的奖学金和助学金；

● 暑期课程和研讨会。

● 复杂性探索者（Complexity Explorer；https：//www.complexityexplorer.org/home）是圣塔菲研究所面向公众提供复杂性科学教育的中心。该平台由约翰邓普顿基金会（John Templeton Foundation）拨款资助，于 2011 年推出，并在

2013年初推出了第一门课程，注册学生超过7000名。复杂性探索者的首要目标是最大限度地传播和应用复杂性科学。为了实现这一目标，网站提供了许多成为一名复杂性学者所需要的工具和应用程序，包括：

- 大规模开放式线上课程；
- 专题教程；
- 资源与教学大纲库；
- 词汇表；
- 虚拟实验室；
- 复杂性挑战问题；
- 工作小组与兴趣小组。

正如我们一样，有兴趣沉浸研究复杂性的读者会发现，复杂性探索者是全网最接近一站式学习中心的地方。

- 复杂性科学地图（Map of the Complexity Sciences；http：//www.art-sciencefactory.com/ complexity-map_feb09.html）是复杂性理论跨学科性质的可视化图表，由布莱恩·卡斯特拉尼（Brian Castellani）创立并策划。该“地图”可大致按照时间顺序阅读，以十年为单位展示了复杂性科学的进程。沿着这一发展轨迹，复杂性科学广泛使用的关键学术主题和方法，标记在了它们成为主要研究领域的大致时间点上（例如，自创生出现于20世纪70年代末）。与其中每个主题和方法相关联的是创立它们的学者，或是那些对复杂性科学作出贡献的最具领域代表性的学者（例如，温贝托·马图拉纳（Humberto Maturana）和弗朗西斯科·瓦雷拉（Francisco Varela）与地图中的自创生相关）。复杂性科学地图历经数次修订，创建者仍在不断对其进行更新。
- 复杂性文摘（Complexity Digest；https：//comdig.unam.mx/）是复杂系统学会（Complex Systems Society）的官方新闻频道和社区网络站点，由卡洛斯·格申森（Carlos Gershenson）编选。该网站提供的信息包括论文和书籍、活动和会议，以及在全社区举办的讲座和播客（另见https：//ww w.scoop.it/u/complexity-

digest)。复杂系统学会成立于2004年，其宗旨是为复杂系统的教育问题及复杂系统与社会之间关系的拓展提供帮助和建议，促进来自不同国家的复杂系统科学家之间的互动，在复杂性科学家中建立认同感，并在国际层面上代表复杂性研究社区。其网站（https：//cssociety.org/ home）还展示了其全球成员组成的不同区域组织的工作、即将举行的复杂系统研究学术会议和研讨会，复杂性科学的主题论文征集、该领域的从业机会及其他信息。

- 新英格兰复杂系统研究所（New England Complex Systems Institute；NECSI；https：//necsiglobal.org/）是一家独立的学术研究和教育机构，比圣塔菲研究所的历史稍短一些，有学生、博士后研究员和教职员工。其既定目标包括将社会问题重新定义为科学问题，并通过提高复杂系统科学在社会中的作用来拓展知识的边界。除庞大的内部研究团队之外，NECSI还赞助其他大学的教职员工、学生以及附属机构，并主办复杂性研究、网络模型和数据分析方面的证书培训项目和研讨会。NECSI网站是复杂系统科学研究和教育机会的宝库。除了关于复杂性热点问题（例如，复杂社会是否可控？如何解决种族暴力问题？）的论文集和类似百科全书的词条外，它还包括复杂性研究相关主题研讨会的视频档案、播客和有教益的讲座等。其拥有的学术著作和信息资源涵盖了复杂性研究领域的各个主题和困境。

◎ 期刊和杂志

- 《复杂性》（*Complexity*）是一本线上开放获取的同行评审期刊，创刊于1995年，早期隶属于圣塔菲研究所。自2017年起，该期刊由威利（Wiley）出版社和欣达威（Hindawi）出版社（https：//www.hindawi.com/journals/c omplexity/）联合出版。《复杂性》从最广泛的层面上报道了各学科在复杂系统科学研究领域取得的重要进展。该期刊曾刊登发表的概念包括：复杂系统的适应性、稳健性、复原性；复杂网络；临界性；演化与涌现行为；非线性动态性；模式形成；以及自组织。其论文涵盖的理论、方法论或实践重点各不相同。2017年之前出版的期刊可在威利线上图书馆（Wiley Online Library；https：//onlinelibrary.wi ley.com/journal/10990526）上查阅。

●《复杂：国际复杂性与教育期刊》（*Complicity: An International Journal of Complexity and Education*）（https://journals.library.ualberta.ca/complicity/index.php/compli city）是一本线上开放获取的同行评审期刊。该期刊刊载有关教育各个方面的概念性、实证性论文。这些论文都以复杂性为基础，无论是技术、应用、哲学还是理论方面。该期刊隶属于美国教育研究协会的混沌与复杂性理论特别兴趣小组（Chaos and Complexity Theories Special Interest Group of the American Educational Research Association），是相关会议论文集的论坛。在撰写本书时，《复杂》即将更名为《国际教育复杂性期刊》（*the International Journal of Complexity in Education*）并过渡到一个新平台（https://ijce.m ercy.edu/index.php/ijce/）。

●《涌现：复杂性与组织》（https://journal.emergent publications.com/）是一本线上开放获取的同行评审期刊，内容涉及复杂系统的组织与行为，尤其是作为复杂系统的人类组织与社会结构。该期刊的宗旨是构筑学术理论与专业实践之间的桥梁，复杂性思维的数学与隐喻之间的纽带，形而上的理想化与实际人类组织的联结。虽然该期刊的主题重点主要在于人类组织的发展与管理，但其更广泛的目的是为以下主题提供研究平台：

- 复杂系统的理论基础；
- 复杂系统的历史方面和哲学方面；
- 以数据为导向的复杂系统研究方法；
- 非线性动态；
- 自组织、模式形成与集体行为；
- 复杂网络的结构和动态；
- 复杂系统的可持续性与适应性；
- 复杂系统与教育；
- 复杂系统在人文社会科学中的应用。

●《复杂性期刊》（https://www.sciencedirect.com/journal/journal-of-comp lexity）是复杂性科学领域中历史最悠久的同行评审期刊（创刊于1985年）。该期刊是复杂性研究中计算方法的技术论坛，也正因如此，它的特点是所刊载的内容远比本节中列出的其他期刊更具数学性。《复杂性期刊》还会每年颁发约瑟夫·E. 特劳布（Joseph E. Traub）奖，以表彰人们在基于信息的复杂性方面取得的成就。该期刊涉及的复杂性主题包括：

- 计算推断统计学；
- 分布式计算与并行计算；
- 高维与无限维度的问题；
- 基于信息的复杂性；
- 噪声数据；
- 系统优化。

此外，还有其他更侧重于数学性的同行评审期刊，例如《动力系统：国际期刊》（*Dynamical Systems*：*An International Journal*；https：//www.tandfonline.com/toc/cdss20/current）和《工业与应用数学会应用动力系统期刊》（*SIAM Journal on Applied Dynamical Systems*；https：//www.siam.or g/Publications/Journals/SIAM-Journal-on-Applied-Dynamical-Systems -SIADS）。这些期刊是非线性动力系统不同分支之间交流的论坛，也是促进动力系统数学理论与各领域应用之间互动的平台。这类期刊的特点是提供高技术含量的信息，应用语言学领域的许多人可能会觉得很难理解。读者可以在这些期刊中找到的主题包括以下应用：

- 非线性微分方程；
- 分岔理论；
- 哈密顿动力学和拉格朗日动力学；
- 双曲动力学；
- 遍历理论；
- 拓扑动力学和平滑动力学；
- 随机动力系统；
- 不确定性量化。

◎ 书籍与选集

● 《斯普林格理解复杂系统系列丛书》(*Springer Series in Understanding Complex Systems*(UCS))由 J. A. 斯科特·凯尔索(J.A. Scott Kelso)编辑(https://www.springer.com/series/5394?details Page=titles),收录了关于理解和实现复杂系统在各个领域中应用进展的 120 多本分册,包括专著、讲义、精选编辑稿件等。《斯普林格系列丛书》的创始人明确将 UCS 作为一个跨学科平台,详尽阐述了各个描述层次、各个科学领域的复杂系统的概念、方法和工具。该系列丛书旨在鼓励人们跨越社会科学、人文科学、自然科学等各领域,创新地应用复杂系统思想。该系列丛书中的书目为如何研究复杂系统运作中的共性与差异并将其传播给广大读者提供了极好的范例。

● 由大卫·拜恩、布莱恩·卡斯特拉尼(David Byrne, Brian Castellani)和艾玛·尤普里查德(Emma Uprichard)编辑的《劳特利奇社会科学复杂性系列丛书》(*Routledge Complexity in Social Science Series*(CISS);https://www.routledge.com/Complexity-in-Social-Science/book-series/CISS)是一套鼓励社会科学家采用复杂系统方法研究人文社会领域的系列丛书。《社会科学复杂性系列丛书》涵盖话题广泛,包括大数据与时代、全球化与健康、城市与人口、政策与治理、可持续与不平等、思考与学习、方法论应用等。该系列丛书是倡导将复杂性研究,随着学科的不断发展、数据的持续多样化以及全球性社会问题的连续挑战,拓展到各个学科领域的首创性学术著作。该系列丛书收录了社会科学领域应对复杂性挑战的各种书目——重点是跨越各个社会学科展开批判性对话,并在各种社会学科中加以应用。

● 由罗伯特·A. 迈尔斯(Robert A. Meyers)编辑的《复杂性与系统科学百科全书》(*Encyclopedia of Complexity and Systems Science*)(https://www.springer.com/us/book/97803877588 86)共 10 册,是一个信息宝库,汇集了复杂性科学中所有能想到的主题。在理解和应用复杂性与系统理论的基本原理以及分析复杂系统的工具与措施方面,这部百科全书是绝无仅有的资源,是最权威的信息来源。编辑顾问委员会和章节编辑包括至少 7 位诺贝尔奖获得者,以及众多沃尔夫奖（Wolf Prize）、菲尔兹奖（Fields Medal）、图灵奖（Turing Award）、拉斯克奖（Lasker Award）、电气电子工程师学会荣誉勋章（IEEE Medal of Honor）等荣誉的获得者。我们在诺丁汉大学攻读博士学位时，偶然发现了这本书，这也是我们第一次发现这部百科全书。我们当时立即意识到，在复杂动态系统理论和复杂动态系统理论研究方面，我们不会再找到任何比这部拥有近600个词条的书更深入、更权威的复杂性科学著作。

- 最后，我们发现，稍微了解一下邻近学科的学者如何处理他们的研究问题，以及他们使用何种方法来处理这些问题，对于研究者和其他对复杂动态系统理论研究感兴趣的人是非常有帮助的，也是明智之举。在此，我们列出了几本来自其他社会科学领域的选集，为感兴趣的读者提供多种实用的复杂动态系统理论方法。

◎ 文献目录

Allen, P., Maguire, S. and McKelvey, B. (eds) (2011) *The SAGE Handbook of Complexity and Management*. Thousand Oaks, CA: SAGE.

Byrne, D. and Ragin, C. C. (eds) (2009) *The SAGE Handbook of Case-Based Methods*. Thousand Oaks, CA: SAGE.

Diehl, M., Hooker, K. and Sliwinksy, M.J. (eds) (2015) *Handbook of Intraindividual Variability across the LifeSpan*. New York: Routledge.

Granott, N. and Parziale, J. (eds) (2002) *Microdevelopment: Transition Processes in Development and Learning*. Cambridge: Cambridge University Press.

Koopmans, M. and Stamovlasis, D. (eds) (2016) *Complex Dynamical Systems in Education: Concepts, Methods and Applications*. New York: Springer.

Molenaar, P. C. M., Lerner, R. and Newell, K. (eds) (2014) *Handbook of Developmental Systems Theory and Methodology*. New York: Guilford.

Newell, K. and Molenaar, P. C. M. (eds) (1998/2014) *Applications of Nonlinear Dynamics to Developmental Process Modeling*. New York: Psychology Press.

Valsiner, J., Molenaar, P. C. M., Lyra, M. and Chaudhary, N. (eds) (2009) *Dynamic Process Methodology in the Social and Developmental Sciences*. New York: Springer.